POSITIVE PSYCHOLOGY
COACHING in PRACTICE
Suzy Green & Stephen Palmer

ポジティブ心理学
コーチングの実践

スージー・グリーン & ステファン・パーマー 編
西垣悦代 監訳
Etsuyo Nishigaki

金剛出版

Coaching Psychology coaching in practice
Series Editor : Stephen Palmer

First published 2019
by Routledge

Copyright© Suzy Green and Stephen Palmer
All Rights Reserved.

Authorised translation from the English language edition published by Routledge,
a member of the Taylor & Francis Group LLC
through Japan UNI Agency, Inc., Tokyo

日本語版に寄せて

　われわれの *Positive Psychology Coaching in Practice* の出版と流通が成功した後，本書が日本語に翻訳されると知り，心から喜んでいます！　本書の執筆に込めたわれわれの願いは，エビデンスベースドなコーチングの実践者たちが，ポジティブ心理学をコーチング実践の中に取り込んでほしいということでした。ポジティブ心理学は「傘用語」（umbrella term）で，それゆえ本書に収め切れないほど数多くのトピックが，コーチングの文脈で利用可能です。本書は，これらの新しい，あるいは既に知られているポジティブ心理学のトピック——たとえばポジティブリーダーシップ，ACT，マインドフルネスなど——についての素晴らしいスタート地点となります。われわれは，コーチング心理学とポジティブ心理学という二つの相補的な分野の統合は，コーチングの焦点がパフォーマンスだけにとどまらず，ウェルビーイングや人の最適な機能というより広い概念に拡張する上で，不可欠であると強く信じています。

　最後に，本書を翻訳してくれた日本の仲間たちに対して，お礼と感謝の気持ちを捧げます。われわれは，本書がポジティブ心理学コーチングを日本で確立する上で役立つことを，心から願っています。

2019 年 9 月 16 日

スージー・グリーン博士（DPsych）

ステファン・パーマー教授（PhD）

はしがき

コーチング心理学シリーズ編集者　ステファン・パーマー

『ポジティブ心理学コーチングの実践』はポジティブ心理学コーチングの科学と実践の粋を統合し，最新の研究に光を当て，コーチングの各要素におけるポジティブ心理学の応用可能性を強調する包括的な概論書である。国際色豊かな執筆陣による本書は，ポジティブ心理学をエビデンスベースドなコーチング実践に統合しようとしている人たちにとって，他に類を見ない参考書となるだろう。

本書はポジティブ心理学コーチングの概論から始まり，ウェルビーイング理論の検討，マインドフルネスに基づく研究の検証，関連する神経科学への案内，ストレングスアプローチに対するレビューへと続く。さらに ACT の適用，ポジティブ心理学のウェルネスおよびレジリエンスコーチングにおける役割，ポジティブリーダーシップ理論を省察する章に加えて，人生の重大な転換期におけるコーチングと関連する発達心理学的理論も含んでいる。各章では，理論と研究を丹念に考察した上で，コーチング実践に直接応用し，関連する文献リストとケーススタディを提供する。最後は編著者によるポジティブ心理学コーチングの将来への展望で締めくくる。

『ポジティブ心理学コーチングの実践』はプロフェッショナルコーチの実践およびエビデンスベースドな実践を高めるためのトレーニングにコーチングを実践しているサイコロジスト，ポジティブ心理学の実践家，コーチング・コーチング心理学・ポジティブ心理学の研究者および学生にとって必読の書となるだろう。

推薦のことば

ポジティブ心理学と健康とウェルビーイング

キャリー・クーパー

　セリグマンとチクセントミハイ（Seligman & Csikszentmihalyi, 2000）は，アメリカン・サイコロジスト誌にポジティブ心理学について画期的な論文を発表し，心理学はポジティブなウェルビーイング文化の創造，希望，個人の成長や繁栄に関する専門であり，行動のネガティブな側面について取り上げ，癒しや回復にだけ携わる専門ではない，と論じた。このことは，他の人々（研究者）にも取り上げられた。職場のメンタルヘルスを向上させるには，ストレスマネジメントだけではなくウェルビーイングを高めること，職場において人々が信頼され，価値を認められていると感じ，より高いコントロールと自律性を与えられて，仕事と個人／家庭生活のバランスが取れるような環境を造るようにリーダーたちを励ますことが含まれている，と示唆されたのである。この時以来，職場におけるポジティブ心理学の影響に関する研究は興隆し，ウェルビーイングムーブメントへと発展した。職場における心理的ウェルビーイングは，精神的な健康障害，ストレス関連の欠勤，離職者を減らし，パフォーマンスと生産性を高めることが，研究によって示された。

　本書によって，ポジティブ心理学のコーチングへの拡張という，これまでとは別の，非常に重要な発展が得られた。本書は，職場のウェルビーイング領域における画期的な書物である。なぜなら，本書にはあらゆる理論，神経科学，可能な介入方法，リーダーシップモデルなど，より支持的なコーチングと職場経験を提供するために必要なものがすべて含まれているからであ

る。もう一度繰り返すが，とりわけ「ストレスマネジメント」アプローチからは離れ，コーチングモデルを通じて，よりレジリエントで繁栄的なアプローチへと進もうではないか。スージー・グリーンとステファン・パーマーは，将来のために，個人と組織に対応する，よりポジティブなアプローチを取る「コーチング地図」を造り上げた。これは，よりレジリエントで柔軟なリーダーシップと，長期的に持続可能な価値システムの元で，職場がいっそう生産的になるための手助けとなる。急速に変化する世界の中で，ふり返る時間を持つことは重要である。ポジティブ心理学コーチングは，これを促進することができる。かつてレオナルド・ダ・ヴィンチは，ストレス状態の時に記している：「時々，立ち去って少しリラックスしなさい。常に仕事をし続けていると，判断力を失う。少し離れてみなさい。そうすれば，仕事に奥行き感が出て，調和の欠如がよく見えるから」ポジティブ心理学ムーブメントと今後のコーチングにとって，このスペースを提供することは，挑戦である。

サー（勲爵士）・キャリー・クーパー教授

マンチェスター大学

ALLIANCE　マンチェスター・ビジネス・スクール

文　献

Hart, P.M., & Cooper, C.L. (2001). Occupational stress: Towards a more integrated framework. In N. Anderson et al. (Eds.), *Handbook of Work, Industrial and Organizational Psychology: Volume 2*, London: Sage.

Johnson, S., Robertson, I., & Cooper, C.L. (2018). *Wellbeing: Productivity and Happiness at Work.* (2nd ed.). London: Palgrave Macmillan.

Robertson, I., & Cooper, C.L. (2010). *Wellbeing: Productivity and Happiness at Work.* London: Palgrave Macmillan.

Seligman, M., & Csikszentmihalyi, M. (2000). Positive psychology: An introduction. *American Psychologist*, 55, 5-14.

編著者と著者紹介

編著者

スージー・グリーン（Suzy Green）

　グリーン博士はクリニカルサイコロジスト兼コーチングサイコロジストである。人生・学校・職場にポジティブ心理学の研究と応用を届ける，ポジティブな組織 Positivity Institute の創設者であり，相補的な領域であるコーチング心理学とポジティブ心理学の先駆者である。応用ポジティブ心理学としてのエビデンスに基づくコーチングを世界で初めて研究し，2006 年に *Journal of Positive Psychology* 誌に論文を掲載。世界で初めてコーチング心理学大学院課程を設立したシドニー大学において，上級特任講師として，応用ポジティブ心理学の講義を 10 年にわたり担当。国際コーチング心理学会名誉副会長。Institute for Positive & Psychology Education（IPPE），オーストラリア　カトリック大学，メルボルン教育大学院，メルボルン大学，Black Dog Institute に名誉職位を有する。ケンブリッジ大学ウェルビーイング研究所の客員研究員でもある。

ステファン・パーマー（Stephen Palmer）

　パーマー博士・教授は，受賞歴のあるカウンセリングサイコロジスト，コーチングサイコロジストである。Centre for Coaching（UK，ロンドン）の創設者兼所長。ウェールズ職場学習研究所，ウェールズ・トリニティ・聖

ダビデ大学の臨床教授。2005 年に当時教授を務めていたロンドン・シティ大学にコーチング心理学専攻課程を創設。2016 年にデンマークのアールボルグ大学コーチング心理学専攻課程の兼任教授に就任。ブラジルのリオデジャネイロ連邦大学コーチング心理学専攻課程の名誉コンサルタント兼ディレクター。国際コーチング心理学会および国際ストレスマネジメント学会の名誉会長兼顧問。英国心理学会コーチング心理学特別グループの初代議長。『コーチング心理学ハンドブック』など，50 冊以上の書籍を編集・執筆。*European Journal of Applied Positive Psychology* 誌を含め，数多くの学術誌の編集者を務める。

著者

イローナ・ボニウェル（Ilona Boniwell）

　ボニウェル博士はヨーロッパを中心に活躍するポジティブ心理学者である。ヨーロッパ初の応用ポジティブ心理学（MAPP）大学院課程を設立することに尽力し，フランスの l'Ecole Centrale Paris と HEC（École des hautes études commerciales）でポジティブ・マネジメントを教える。Positran（ポジティブな変革の継続を支援する小規模コンサルティング会社）の理事，Schola Vie（ウェルビーイング，レジリエンス，教師向けコーチングなど各種プログラムを提供するポジティブな教育実践の研究施設）の所長として，世界中でコンサルティングを行う。

レイチェル・コリス（Rachel Collis）

　ブリスベン（オーストラリア）を拠点としてキャリア，エグゼクティブ，リーダーシップを扱うコーチ。クイーンズランド工科大学にて，エグゼクティブ MBA プログラムで教鞭をとる。コーチングやリーダーシップへの文脈的行動科学の応用に関心を持っている。

ファティマ・ドマン（Fatima Doman）

　Authentic Strengths Advantage® の CEO で，著名な作家，講演者，エグゼクティブコーチである。人が強みを生かし，レジリエンス，パフォーマ

ンス，フルフィルメント（充足感）を高めるためのコーチングに情熱を注いでいる。数十年にわたり，五大陸の国々にある多くの企業と仕事をし，成功を収めてきた。著書，*Authentic Strengths*（本物の強み）は，ハフィントンポスト，Psychology Today，その他テレビやラジオで取り上げられた。コロンビア大学の上級コーチング認定，フランクリンコービーのグローバルエグゼクティブコーチングプラクティス，フランクリンコービー／コロンビア大学のエグゼクティブコーチング認定を取得している。

ウェブサイト：http://www.AuthenticStrengths.com/

ダニエラ・ファレッキ（Daniela Falecki）

教師の能力とレジリエンスを開発するためのポジティブ心理学を専門とする Teacher Wellbeing の創始者。教育に関する多方面かつ 20 年以上の経験に加え，教育学修士（リーダーシップ），教育学学士（HPE），Rudolf Steiner Education の認定ライフコーチおよび NLP の認定を受けている。ダニエラは Positivity Institute のシニアメンバーで，国際コーチ連盟および国際ポジティブ心理学会の会員である。ウエスタンシドニー大学で講義を担当している。

ジョン・フランクリン（John Franklin）

博士（学術）と修士（臨床心理学）の学位を持つ。オーストラリア心理学会名誉会員。30 年以上の経験を有するコンサルタント，クリニカルサイコロジスト，コーチングサイコロジストである。マッコーリー大学（シドニー）で，コーチングとポジティブ心理学の教育課程を確立した。2 冊の書籍と 60 以上の論文があり，繁栄成長理論および成功と幸福の 101 自己開発プログラムを開発した。頻繁にメディアに出演し，60 を超える組織のコンサルタントを務めてきた。コーチング，研修，研究，執筆活動を積極的に行っている。

トラヴィス・ケンプ（Travis Kemp）

ケンプ博士は，オーストラリア圏を牽引する実務家として，また，リーダーシップ，コーチング，ピーク・パフォーマンス，組織心理学分野のリーダー

として，産業界と専門家の間で国際的に著名である。実践の中心は，エグゼクティブのリーダーシップ開発，パフォーマンス・コーチング，発達コーチング，組織の維持・革新である。運動・スポーツ心理学，カウンセリング心理学，組織心理学を専門とする認定サイコロジストであり，教師資格，国際認定のコーチングサイコロジスト，Certified Professional Manager（CPM）でもある。現在，サウスオーストラリア大学ビジネススクールにおける，オーストラリアビジネス成長センターにて非常勤教授の職位にある。それまでの10年間は，シドニー大学のコーチング心理学専攻課程で非常勤上級講師を務めた。

クライヴ・リーチ（Clive Leach）

　個人，チーム，組織のパフォーマンス向上のためにポジティブ心理学を応用する組織コーチ。オーストラリア，中国，東南アジア，ヨーロッパ，アメリカ，イギリスの，企業，政府，教育機関におけるウェルビーイングと強みの開発，メンタルタフネスへのエビデンスに基づくアプローチを行っている。シドニー大学で組織コーチングの修士号を取得し，イーストロンドン大学の応用ポジティブ心理学・コーチング心理学の修士課程で講義を行っている。

サラ・マッケイ（Sarah Mckay）

　サラ・マッケイ博士は，脳健康分野における影響力のあるコメンテーターである。博士号を持つ神経科学者であり，脳科学研究をわかりやすく，役に立つ方法でパフォーマンスとウェルビーイングの分野に翻訳するライターでもある。マッケイ博士は，オックスフォード大学で神経科学の修士号と博士号を取得している。2014年，Neuroscience Academy を設立し，神経科学，ポジティブ心理学，心身医学を生活や仕事に応用するための，ライブおよびオンラインのトレーニングを提供している。

ミシェル・マクアイド（Michelle McQuaid）

　著名な作家で，職場のウェルビーイングのインストラクター。遊びに満ちた変化（playful change）の仕掛け屋でもある。世界中の大規模な組織で10

年以上にわたりシニアリーダーシップの経験を持ち，ポジティブ心理学と神経科学に関する最先端の研究を，健康，幸福，ビジネスの成功のための実践的な取り組みに転用しようと熱心に取り組んでいる。メルボルン大学教育学研究科の名誉フェローで，Psychology Today とハフィントンポスト他に定期的に記事を書いている。

ライアン・M・ニミエック（Ryan M. Niemiec）

　ニミエック博士は，キャラクターストレングスに関する教育，研究，実践における先駆的な人物である。シンシナティに本部を置くグローバルな非営利団体で，キャラクターストレングスに関する科学を発展させている VIA インスティチュートの教育責任者。受賞歴のあるサイコロジストで，ペンシルベニア大学の年次講師，国際的な基調講演者，国際ポジティブ心理学会のフェローを務める。*Character Strengths Interventions*（性格の強みを伸ばす介入）や *Mindfulness and Character Strengths*（マインドフルネスとキャラクターストレングス）をはじめ，複数の書籍を執筆している。

シュバーン・オリオーダン（Siobhain O'Riordan）

　オリオーダン博士は，英国心理学会認定サイコロジスト，認定科学者，認定コーチングサイコロジスト兼フェロー，国際コーチング心理学会のスーパーバイザーである。ロンドンのポジティブトランジションセンターおよびコーチングセンターの副所長。*The Coaching Psychologist* および *International Journal of Health Promotion and Education* の元編集者。現在は，*European Journal of Applied Positive Psychology* など，心理学や健康増進の分野に関する多数の出版物の編集者，共編集者として活動を続けている。

シーラ・パンシャル（Sheila Panchal）

　英国心理学会認定サイコロジスト，ビジネスサイコロジスト。15 年以上にわたり，官民さまざまな機関にかかわった経験を有する。ポジティブ心理学とポジティブトランジションを専門としている。*Developmental Coaching*: *Life transitions and generational perspectives*（発達コーチング：

人生の転換期と世代性の視点）の共編者で（パーマーとの共編，2011 年），ポジティブトランジションセンターの共同所長。ウェストミンスター大学およびロンドンシティ大学で客員講師を務め，組織心理学，コーチング心理学，ポジティブ心理学の論文を執筆している。

レベッカ・レイノルズ（Rebecca Reynolds）

オーストラリア栄養学会の認定栄養士。ライフスタイルコンサルタント会社，The Real Bok Choy の経営者。ニュー・サウス・ウェールズ大学(シドニー)の講師兼研究員。神経性過食症を含む摂食障害の研究に従事している。人，動物，環境に関心を持ち，バランスの取れた，現実的で，倫理的なライフスタイルと習慣の増進に専念している。

レイチェル・スキューズ（Rachael Skews）

ロンドン大学ゴールドスミス校，経営研究所における職業心理学の講師。中心的な研究領域は，コーチング心理学における文脈的行動科学。イギリス心理学会とコーチング心理学特別グループのメンバーで，国際コーチング心理学会の名誉幹事。

ウェンディ・スミス（Wendy Smith）

オーストラリアとフランスの認定サイコロジストで，コーチとしてのトレーニングも受けている。コーチング心理学の小規模コンサルティング事業，ECLOREV の責任者。変革，チームの首尾一貫性，リーダーシップ開発，ウェルビーイングの向上，レジリエンスに関する，ポジティブコーチング心理学の原則に則った，個人とチームの支援に取り組んでいる。国際ライオンズクラブの会員で，さまざまな役員を務めている。以前，パリでの生活への適応に関するアドバイスを提供する駐在員誌のコラムニストも務めていた。

ゴードン・B・スペンス（Gordon B. Spence）

シドニービジネススクール（ウロンゴン大学）のビジネスコーチング修士課程のプログラム責任者で，特にマインドフルネス，リーダーシップ，従

業員エンゲージメント，職場ウェルビーイングを専門としている。15 年間，エグゼクティブコーチング，職場コーチング，研修，コンサルティングサービスを，さまざまな組織に対して提供してきた。ハーバード大学コーチング研究所の科学諮問委員会の元共同議長，*Sage Handbook of Coaching*（セージコーチングハンドブック，2017）の共編集者。

エリック・ウィンタース（Eric Winters）

　レジリエンスの高いマインドセットに関する専門家で，人が困難に直面したとき（つまり，従業員や，他者に関わるすべての人にとっての多くの時間）に，よりよく脳を発達させ，より巧みに脳をマネジメントできるように支援を行う。人間の行動変容に関する二つの修士号と，ハイパフォーマンス者およびハイパフォーマンスチームにおいて，技術的・心理的な能力開発を行った 30 年間の経験を，仕事の支えにしている。講演やワークショップの合間には，ハリモグラと一緒に国立公園の散歩を楽しんでいる。

目　次

日本語版に寄せて　　　　　　　　　　　　　　　　　　3

はしがき　　　　　　　　　　　　　　　　　　　　　4

推薦のことば──ポジティブ心理学と健康とウェルビーイング　　5

編著者と著者紹介　　　　　　　　　　　　　　　　　　7

序　章　　　　　　　　　　　　　　　　　　　　　17

第 1 章　ポジティブ心理学コーチング
　　　　科学を実践に活かす　　　　　　　　　　　　23

第 2 章　成功と幸福の達成
　　　　ポジティブ心理学コーチング実践におけるウェルビーイングと繁栄の
　　　　理論の関連性　　　　　　　　　　　　　　　49

第 3 章　成長における静寂
　　　　マインドフルネスのコーチングプロセスにおける役割　　75

第 4 章　神経科学とコーチング
　　　　実践的応用　　　　　　　　　　　　　　　　97

第 5 章　ポジティブ心理学コーチングにおける
　　　　キャラクターストレングスアプローチ　　　　115

第 6 章　ポジティブ心理学におけるアクセプタンス＆
　　　　コミットメント・トレーニングの実践　　　　139

第 7 章　PERMA 活性化コーチング
　　　　繁栄的な生活の基礎を築く　　　　　　　　163

第 8 章　健康とウェルビーイングのための
　　　　ポジティブ心理学コーチング　　　　　　　193

第 9 章　レジリエンスとウェルビーイングを高めるコーチング ············ 217

第 10 章　ポジティブ・リーダーシップのための
　　　　　ポジティブ心理学コーチング ································· 241

第 11 章　人生の発達的転換期におけるコーチング ····················· 269

第 12 章　ポジティブ心理学コーチングの将来 ························· 293

付録 1　関連する組織 ··· 303

付録 2　質問紙と調査票 ··· 307

引用文献に含まれる日本語訳のある書籍一覧 ························· 311

監訳者あとがき ··· 317

索　　引 ··· 323

序　章

　ポジティブ心理学（PP）領域の研究と実践は今や 20 年の歴史があり，1998 年に公式に発足して以来，目覚ましい成長を遂げてきた。PP がさまざまな学問分野の多様なトピックを包括する「傘用語」（umbrella term）であることは徐々に認識されつつある。ラスクとウォータース（Rusk & Waters, 2013）の文献レビューによると，PP で最も人気のあるトピックは生活満足度／幸福感，動機づけ／モチベーション，楽観性，組織におけるシティズンシップ／公平性 である。同様に，コーチング心理学（CP）も研究と実践において目覚ましい成長を経験してきた。現在，三つのメタアナリシス研究とひとつのシステマティックレビューがあり，コーチングが有効であることを明らかにしている。ランダム化比較対照試験が実施されれば，さらに役に立つだろう。PP と CP の領域は，以前は相補的なものと定義されていたが，両者を統合した学術論文や学会発表がすでにいくつか発表されている。しかし，両方のアプローチを統合し，――たとえばポジティブ心理学コーチングなど――科学的に支持された観点から執筆された学術的なテキストは存在しない，ということにわれわれ共編著者は気づいた。そこでわれわれは本書で，ポジティブ心理学コーチングの概要および，特にエビデンスベースドな実践において，ポジティブ心理学とコーチング心理学がなぜ統合されるべきなのか，ということをエビデンスベースドなコーチやポジティブ心理学の実践家たちに伝えることにした。

本書は，ポジティブ心理学とコーチング心理学という二つの相補的な科学領域は，どうすれば最適な統合ができるかについて，共編著者が長年にわたって膨大なディスカッションを続けた結果が結実したものである。われわれの間の遠い距離（スージーはオーストラリア，ステファンは英国在住）にもかかわらず会話は続けられ，その思いを共同プロジェクトやオーストラリア，英国，ヨーロッパ大陸での学会発表を通して発展させてきた。このトピックに関する書籍や論文は多少あるものの，ポジティブ心理学の研究と実践をエビデンスベースドコーチングの文脈でとらえ，ひとつのタイトルのもとに統合した出版物は未だかつてなかった。こうして『ポジティブ心理学コーチングの実践』は生まれたのである。

　われわれの主たる目的は，科学と実践の粋を統合したテキストを編集することであり，最新の研究に焦点を当てるだけではなく，その科学がエビデンスベースドなコーチング実践の中でどのように活かされるか，あるいは活かされないのか，をレビューすることに重きをおいた。

　われわれはまず各章の執筆者として，①エビデンスベースドなコーチングの実践者で，②ポジティブ心理学の特定分野のエキスパートで，ポジティブ心理学のさまざまなトピックの最新の研究の粋を統合できる人，を選んだ。われわれは執筆者たちが「プラカデミックス」（pracademics），すなわち科学によく精通していることはもちろん，何よりもまずコーチングの実践者であることを最も重視した。

　次にわれわれは執筆者たちに対して，まずそれぞれのトピックについての導入と概論を書き，その領域の発展と研究の現状について（たとえばマインドフルネスについてなど）明らかにするように求めた。その上で実践に焦点を当て，執筆者自身がコーチとして，クライアントあるいは場合によってはより広範な組織制度のために，コーチは何を考えるべきか，という問題について考察するように求めた。コーチが準備段階で，あるいはコーチングから最善の結果を引きだすために，何を知っておくべきかということは，理論をどう実践に適用するかを明らかにすることによって示される。

　そして，そのアプローチがどのようなクライアントに，あるいはどのようなコーチング関係に役立つかを，コーチングで取り上げる問題に絡めて記述

するように求めた。さらに，そのアプローチが特定の分野に適用される際に，何らかの制約がある場合には（たとえばレジリエンス，あるいは健康とウェルビーイングのコーチングなど），それを明らかにすることを求めた。最後に，各章をケーススタディで締めくくるよう求めた。

1章はわれわれ共編著者が，ポジティブ心理学コーチングへの導入と歴史的外観を紹介する。その後の各章でポジティブ心理学の個々の領域と，コーチングへの適用について個別に取り上げる。

2章では，ジョン・フランクリンが自己決定理論，PERMA，彼自身による欲求に基づく繁栄理論など，ウェルビーイングと繁栄の中心的な理論を概観する。エビデンスベースドな実践家は，特にウェルビーイング科学においては，理論を完璧に理解しておくことが必須である。ポジティブ心理学コーチングでは，単なる達成ではなく達成とウェルビーイングが両立しなければならない。3章ではゴードン・B・スペンスが，急成長するマインドフルネスの研究を「繁栄の基盤」として取りあげ，マインドフルネスがコーチングにおいてコーチとクライアントの双方にとってきわめて重要な役割を持っていることを明らかにする。われわれはマインドフルネスがさまざまな意味において，エビデンスベースドなコーチにとって核となるツールであり，本書のこれ以降の章のさまざまなアプローチやストラテジーの適用においても基礎となると考えている。

4章では，サラ・マッケイとトラヴィス・ケンプが，神経科学の最新状況の要約および批判的考察を行い，心理教育や神経可塑性の概念など，コーチングの文脈に適用できる可能性のある中心的な領域を解説する。5章では，ミシェル・マクアイド，ライアン・ニミエック，ファティマ・ドマンがコーチングの強みベースのアプローチをレビューする。このアプローチは，ポジティブ心理学コーチにとって，もうひとつの核となるツールであり，すでに多くのコーチが活用しているかもしれない。著者らは，エビデンスベースドな強みのアセスメントツールを綿密にレビューし，特にコーチングに強みを適用することを本当に手助けするにはどうすればよいか，という点に焦点を当てている。なぜなら，この問題は間違いなく，強みに基づくアプローチを取る際の最大の難問だからである。

6章では，レイチェル・コリスとエリック・ウィンタースがACT（アクセプタンス・コミットメントセラピー）のコーチングへの適用について，素晴らしい概説と実践におけるふり返りを行っている。ACT はもともと心理療法のアプローチであるが，コーチングの文脈に適用できる可能性が大きいと認識されつつある。7章では，ダニエラ・ファレッキ，クライヴ・リーチ，スージー・グリーンがセリグマンの PERMA をコーチングの文脈でとらえ，PERMA の個々の要素がコーチング関係の中でどのように形成されるかを考察する。

8章では，レベッカ・レイノルズ，ステファン・パーマー，スージー・グリーンがヘルスコーチングに着目する。ヘルスコーチングは，ウェルネスを創出し，糖尿病など生活習慣病予防のための生活習慣の行動変容に対するアドヒアランスをサポートするための前向きなアプローチとして，地域社会での関心が高まっている。9章では，レイチェル・スキューズ，ステファン・パーマー，スージー・グリーンが，レジリエンスに関する文献をレビューし，コーチングによってレジリエンスとメンタルタフネスを高めるためのアプローチについて論じる。

10章では，イローナ・ボニウェルとウェンディ・スミスがポジティブリーダーシップの理論と実践を，エビデンスベースドコーチングの文脈で生活に取り入れる。11章では，シーラ・パンシャル，ステファン・パーマー，シュバーン・オリオーダンが発達心理学理論の適用を，人生における重要な転換期のコーチングと関連づけて検討する。

共編著者らによる最終章では，われわれがポジティブ心理学コーチングの将来について信じていることについて言及している。ポジティブ心理学の第二の波も含め，今後の研究の方向性と実践への示唆をレビューしている。また，関連する組織・団体（付録1），質問紙や測定具（付録2）のリストも付した。

本書は何よりもまず，エビデンスベースドなコーチング実践にとって役に立つと思われる，さまざまなポジティブ心理学アプローチを紹介することを目指した。しかしながらわれわれは，ポジティブ心理学コーチが，優れたコーチがそうであるように，科学の知見をクライアントに試す前に，まず自分自

身や自分の人生に適用することを薦める。同様に，本書はコーチの「ありか
た（way of being）」をサポートするような使い方を奨励したいと考えている。
　最後に，本書のために素晴らしい貢献をしてくれた執筆者たちに，感謝の
気持ちを捧げたい。

文　献

Green, L.S. (2014). Positive education: An Australian perspective. In P.A. Alexander, M.J. Furlong, R. Gilman, & E.S. Huebner (Eds.), *Handbook of positive psychology in schools* (2nd ed.). Abingdon, UK: Routledge.

Green, S., & Spence, G.B. (2014). Evidence-based coaching as a positive psychological intervention. In A.C. Parks & S. Schueller (Eds.), *The Wiley Blackwell handbook of positive psychological interventions* (pp. 273-285). Oxford, UK: Wiley Blackwell.

Jones, R.J., Woods, S.A., & Guillaume, Y.R.F. (2015). The effectiveness of workplace coaching: A meta-analysis of learning and performance outcomes from coaching. *Journal of Occupational and Organizational Psychology*, 89(2), 249-277.

Lai, Y., & McDowall, A. (2014). A systematic review of coaching psychology: Focusing on the attributes of effective coaching psychologists. *International Coaching Psychology Review*, 9(2), 118-134.

Rogers, C.R. (1980). *A way of being*. Boston, MA: Houghton-Mifflin.

Rusk, R.D., & Waters, L.E. (2013). Tracing the size, reach, impact, and breadth of positive psychology. *The Journal of Positive Psychology*, 8(3), 207-221.

Seligman, M.E.P. (1998). Building human strength: Psychology's forgotten mission. *APA Monitor*, 29(1), 2.

Seligman, M.E.P., & Csikszentmihalyi, M. (2000). Positive psychology: An introduction. *American Psychologist*, 55(1), 5-14.

Sonesh, C.S., Coultas, C.W., Lacerenza, C.N., Marlow, S.L., Benishek, L.E., & Salas, E. (2015). The power of coaching: A meta-analytic investigation. *Coaching: An International Journal of Theory, Research and Practice*, 8(2), 73-79.

Spence, G.B., & Grant, A.M. (2005). Individual and group life coaching: Initial findings from a randomised, controlled trial. In M. Cavanagh, A.M. Grant, & T. Kemp (Eds.), *Evidence-based coaching. Volume 1: Theory, research and practice from the behavioural sciences* (pp. 143-158). Bowen Hills, QLD: Australian Academic Press.

Theeboom, T., Beersma, B., & van Vianen, A.E. (2014). Does coaching work? A meta-analysis of the effects of coaching on individual level outcomes in an organizational context. *The Journal of Positive Psychology*, 9, 1-18.

第1章

ポジティブ心理学コーチング

科学を実践に活かす

スージー・グリーン & ステファン・パーマー

はじめに

　ポジティブ心理学（PP）分野の研究と実践は今や20年の歴史があり，1998年に正式に始まって以来目覚ましい成長を遂げてきた（Seligman & Csikszentmihalyi, 2000）。PPがいわゆる「傘用語（unbrella term）」であり，幅広い学問分野に由来する多くの異なるトピックを包括していることは，徐々に認識されつつある。ポジティブ心理学の学術論文も急速に増加していて，ラスクとウォータース（Rusk & Waters, 2013）による比較的最近の文献レビューによると，最も集中的に取りあげられるポジティブ心理学のトピックは，人生満足度／幸福，動機づけ／達成，楽観性，組織におけるシティズンシップ／公平性である。

　同様に，コーチング心理学も研究および実践論文の目覚ましい発展を経験してきた。三つのメタアナリシス研究（Theeboom, Beersma, & van Vianen, 2014; Jones, Woods, & Guillaume, 2015; Sonesh, Coulas, Lacerenza, Marow, Benishek, & Salas, 2015）と，ひとつのシステマティックレビュー（Lai & McDowall, 2014）によって，コーチングの効果に光が当てられ，ランダム化比較対照試験によるさらなる発展が期待されている（たとえばSpence & Grant, 2005）。200人以上が参加したコーチング心理学実践の国際的な調査の結果，「コーチング／コーチング心理学実践において，あなたが最もよく用いるアプ

ローチまたはモデルは何ですか」という質問に対して，ポジティブ心理学に裏
づけられた実践の影響が増えていることが明らかになった。回答のトップ10
に挙げられたアプローチは以下の通りである（Palmer & Whybrow, 2017）。

1. 認知行動コーチング（CBC）
2. 解決志向認知行動コーチング（SFCBC）
3. ポジティブ心理学および解決志向コーチング（SFC）（同順位）
5. NLP
6. コーアクティブおよびエクレクティック（同順位）
8. 統合アプローチ，マインドフルネス，精神分析的コーチング（同順位）

　上位四つのアプローチに対する関心の理由は何だろうか。過去20年をふ
り返ると，コーチングにおける認知行動的アプローチと解決志向アプロー
チは，アンソニー・グラント（Anthony Grant, 2001）の草分け的な博士論
文によって2001年に人気に火が付いた。グラントはこの二つの治療的アプ
ローチをコーチングに適用すると，コーチング実践がまさに一番焦点を当て
ている領域——すなわち個人の成長と目標達成——に効果的であることを見
出したのである。グラントはまた，この二つのアプローチはポジティブ心理
学のプラットフォームを提供できると示唆している。コーチング心理学の
分野で最もよく知られ，多くの論文を発表している複数の研究者や著者が，
CBC，SFCBC，SFCの論文や著書を出版し，これらのアプローチが目標へ
の努力（たとえばGreen, Oades, & Grant, 2006），メンタルヘルス問題の予
防，パフォーマンスの増進，仕事に関するストレス（Palmer & Gyllensten,
2008），ハイパフォーマンス，ウェルビーイングやレジリエンスの強化，疲労，
（Grant, 2017など）などの異なる分野の実践に，どのように適用できるかを
示した。これらの数多くの研究や実践の公表は，エビデンスベースドコーチ
ング（EBC）の実践に関心を持つ実践家たちに，ポジティブ心理学の哲学
に裏づけられ影響を受けたCBC，SFCBC，SFCを組み合わせて使おうとい
う気にさせたことだろう。
　さらにこれらのアプローチは，ポジティブ心理学の実践家たちもよく用い

ている。コーチとコーチングサイコロジストたちに最も人気のある枠組みあるいはモデルは GROW であることを，それぞれ別個に行われたコーチングとコーチング心理学実践に関する二つの調査結果が示していることは注目に値する（Palmer & Whybrow, 2017 を参照）（第 12 章の 257 ページでは，ポジティブ心理学に直接関連した調査の結果を紹介する）。

ポジティブ心理学のコーチングにおける役割

ポジティブ心理学とコーチング心理学の二つの分野は相補的であると定義され（Green, 2014），両者の統合に特化した学術論文や学会発表がある一方で，二つのアプローチの組み合わせに関するテキストの出版——特に科学的観点に立つポジティブ心理学コーチング（PPC）など——は現時点では限られている。本章では，この二つの領域が同時期に興隆してきた経緯と，現在の状況の概要，さらに今後どのように統合されていくかについて，筆者らの見解を述べる。

ポジティブ心理学の興隆

ポジティブ心理学は 1998 年にマーチン・セリグマン（Martin Seligman）の米国心理学会（1999）における会長講演によって公式に始動した。学術領域としてのポジティブ心理学には，5,000 本近くの論文（最近，PsychoInfoで「ポジティブ心理学」を検索すると 4,955 件ヒットした）がある。この領域に特化した国内外の学術団体，学術会議，雑誌も存在する（たとえば国際ポジティブ心理学協会，*Journal of positive psychology*, *European Journal of Applied Positive Psychology* など）。

ポジティブ心理学は「人を最適な機能に導く状況と過程に関する科学」であると公式に定義されている（Gable & Haidt, 2005, p.104）。また，人を最適な機能に導く状況と過程に関する実証科学的な探求としての「ポジティブ心理学」と，ポジティブ心理学の研究を実践へと適用する「応用ポジティブ心理学」は，区別されるようになってきている。

さらに，ポジティブ心理学は「傘用語」(Linley & Joseph, 2004) として使用されてきたことに留意することも重要である。この傘用語の下に複数の心理学的概念がぶら下がっており，ポジティブ心理学コーチや実践家が，感謝，赦し，心的外傷後成長，マインドフルネスなど，クライアントや聴衆のニーズに応じて引きだすことのできる膨大な研究の蓄積がある。

ポジティブ心理学の創始以来，数多くの「応用ポジティブ心理学」研究が行われてきた。この種の介入は「ポジティブ心理学介入」(Positive Psychology Intervention: PPIs)[訳注1] と呼ばれている。PPIs は「ポジティブな気分，行動，認知の醸成を目的とした治療的方法あるいは意図的な活動」と定義されている (Sin & Lyubomirsky, 2009)。本書の出版までの間に，PPIs に関する二つのメタアナリシスが行われた。シンとリュボミルスキー (Sin & Lyubomirsky, 2009) は，4,266 人を対象に行われた 51 の PPIs を分析している。結果より，PPIs は実際にウェルビーイングを有意に向上させ(平均 r=.529)，抑うつ的症状を低減させる (平均 r=.531) ことが明らかになった。2013 年にボリヤーとヘヴェルマン，ウェストルフ，リペア，スミット，ボルメイヤーら (Bolier, Haverman, Westerhof, Riper, and Bohlmeijer) が別の PPI のメタアナリシスを完了し，PPI が抑うつ的症状を低減させるだけではなく，主観的，心理的なウェルビーイングを向上させる効果があることを見出した。どちらのメタアナリシスにもコーチング介入が含まれており，コーチングは PPIs のひとつとして認識されている (Green et al., 2006; Spence & Grant, 2007)。

コーチング心理学の興隆

コーチング心理学は「子どもと大人の学習理論あるいは心理学的理論およびアプローチに基づくコーチングモデルに裏づけられ，個人の生活と仕事の分野におけるウェルビーイングとパフォーマンスを増進させるもの」(Grant & Palmer 2002 を元に改変) と定義されてきた。もしくはコーチング心理学

訳注1) 複数の場合に PPI に s をつける。

は，「コーチング文脈における行動科学のシステマティックな応用で，個人，集団，および組織における人生経験，仕事のパフォーマンスおよびウェルビーイングの増進」であるとも定義されている。（Grant, 2007a p.23）。後者の定義では，コーチング心理学は応用科学であり，行動科学など特定分野の知識を利用することに焦点を絞っている。

　どちらの定義でも，心理学および行動科学を実践に応用することの重要性が認識されている。ポジティブ心理学とその PPI への応用と同様に，コーチング心理学の応用は，「エビデンスベースドコーチング」（EBC）の中にある。われわれ著者は，「エビデンスベースドコーチング」という学術語の使用によって，コーチングは科学的な理論と研究に基づくものであることを明示し，コーチング心理学の科学のエビデンスを参照しているかどうかわからない「普通のコーチング」（coaching as usual）とは一線を画すことを信じている。

　グラントとストーバー（Grant & Stober, 2006）は，EBC を，「コーチングをいかに伝えるかについて，現時点における最高の知見が実践の専門家の判断に統合され，知的で良心的に用いられたもの」（Grant & Stober, p.6）としており，「現時点における最高の知見」とは，「適切で有効な，研究，理論，実践によってもたらされる最新の情報」（Grant & Stober）であると定義されている。このように，EBC の実践は，複数の学術分野（心理学，社会学，成人学習，教育，組織行動，経営管理など）から知識を得ることができる。エビデンスベースドコーチおよびポジティブ心理学コーチにとって，クライアントのウェルビーイングを増進させるために，ポジティブ心理学の知識の基盤を参照する必要性が明白かつ緊急になってきたことを，このようなコーチング心理学の定義は明確に示している。

　コーチング心理学は「応用ポジティブ心理学」であると定義づけられてきたので（オーストラリア心理学会コーチング心理学部会の定義），本章におけるわれわれの狙いは，双方の領域の相補性を探索し，統合し，さらにポジティブ心理学コーチングの将来の発展のために，さらに現実的に言うならば「ポジティブ心理学コーチ」のために，何を提供すべきかを明らかにすることである。

ポジティブ心理学とコーチング心理学：最良の友

　すでに述べたように，ポジティブ心理学は「人々，集団，組織が繁栄（ウェルビーイング）または最適に機能することに貢献する状況や過程についての研究」と定義されてきた（Gable & Haidt, 2005, p.103）。このようにコーチング心理学とポジティブ心理学の定義を比較すると，二つの学問の関連性，つまり両者とも最適な機能とウェルビーイングの醸成に焦点を当てていること，が明確に強調される。

　しかしながら，両者は応用の部分では明らかな違いがある。すなわちPPIは基本的にウェルビーイング（たとえば喜び，エンゲージメント，関係性，意味，達成［PERMA］の養成など：Seligman, 2011）を増進させることを最終目的とする意図的な活動であるのに対して，一方のEBCは個人に対して協力的な関係性の枠組みの中で，個人にとって意味のある目標を設定し，繁栄することを奨励する。その最終目標はあくまで目標達成であるが，ウェルビーイングはしばしば目標に向かって努力する過程での副産物となる（Green et al., 2006）。

　EBCはウェルビーイングへ向かう筋道を提供できることが研究によって明らかにされているので（Green et al., 2006; Spence & Grant, 2007），コーチングを応用ポジティブ心理学と見なすことも可能である。しかしながら，グリーンとオコナー（Green & O'Connor, 2017）が論じているように，われわれも以下の点を議論したい。すなわちポジティブ心理学がより明示的に使われた場合，単にウェルビーイングを増進させることだけを目指す標準的なPPI以上のものを提供することができ，いわば「増幅器」になるのに対して，コーチングは他のPPIを使うことで向上したウェルビーイングを維持する方法論として用いられる，ということである。この点については以下に論じる。

　コーチングの文脈において，個人的あるいは職業的な目標には，「論文を完成させる」とか「本を執筆する」といったさまざまな特定の目標がありうる。しかし筆者らの経験によると，ライフコーチング，ウェルネスコーチング，エグゼクティブコーチング，リーダーシップコーチングのいずれにおいても，人々は全体的なウェルビーイングを高め，個人としての成長と発達に関する

こと（たとえば最適に機能することなど）も同時に求めている。個人，集団，組織の繁栄を支援する状況の中で，エビデンスベースドコーチがクライアントの目標や願いを支援するために，これらのトピックに関するポジティブ心理学の最新の科学の知見を参照しようとする理由は明らかである（Gable & Haidt, 2005）。

　コーチが純粋なファシリテーターであるかどうかについては（たとえばコーチはコンサルテーションや助言は行わないなど），長年さまざまな議論がなされてきたが，エビデンスベースドコーチがクライアントのウェルビーイングと最適な機能を高める目標を支援するために，最新のベストプラクティスを共有するという「注意義務」を負う必要が——特に専門家として法的・倫理的な責任のもとに行われるときには——あるだろう，とわれわれは考える。

最適な機能とウェルビーイングのためのコーチング

　最適な機能とウェルビーイングを高めるためのコーチングは，1980 年代に「エグゼクティブコーチング」が最初に登場したときから存在している。しかしながら，初期のエグゼクティブコーチングは，ウェルビーイングの増進，全体的な最適の機能や自己実現より，どちらかというとピークパフォーマンスや，専門家としての，あるいは組織の目標の達成に焦点を当てていた。（Witters & Agrawal, 2015）しかし，近年，ワークライフバランスがエグゼクティブおよび組織の中での共通の目標として登場し，エンゲージメントとパフォーマンスに対して，ウェルビーイングが重要な役割を果たすことが認識されるようになってきた。このことで，コーチングはエグゼクティブに対しても被雇用者に対しても，より全人的で幅広い健康とウェルビーイングに焦点を当てるようになった。

　組織以外の場では，ウェルビーイングはさらに注目されている。「ライフコーチングブーム」（Naughton, 2002）の中で，人々は「ライフコーチ」と契約し，より広い人生の目標や，人生の転換期（定年など），キャリアチェンジ，起業，人間関係，ライフスタイルの変容（身体的・精神的な健康増進），など多様な問題に対処する際に，コーチングの支援サービスを受ける

ようになった。同様に，心理学的ウェルビーイングと広範な健康関連問題を取り上げるヘルスコーチング（Palmer, Tubbs, & Whybrow, 2003; Palmer, 2004），ウェルビーイングコーチング（Palmer, 2012），ウェルネスコーチング（Auerbach, 2014）なども登場してきた。

ポジティブ心理学とコーチング心理学の戦略的統合

　これまで述べてきたように，ポジティブ心理学と PPI とコーチング心理学と EBC は，さまざまな場面におけるウェルビーイングと最適な機能のために利用することができる。ただし，現時点ではこれらのアプローチの大多数は個別に実践されている。たとえば，企業や学校が「リーダーシップコーチング」を企画する場合，PPI（強みの測定や開発など）をプログラムの一部に利用するとは限らない。同様に，企業や学校がポジティブ心理学，ポジティブ組織研究，ポジティブリーダーシップのトレーニングやワークショップに資金を投じ，さまざまな PPI を職場に活用したとしても，持続可能性を担保するための「伝達トレーニング」（Olivero, Bane, & Kopeiman, 1997）の手段として，職場のより広い範囲にリーダーシップコーチングや EBC を取り入れるとは限らない。

　いかなる企業や学校も，指導者とスタッフ（学生・生徒），そこに関わる多くの人々の全体的なウェルビーイングおよび最適な機能を向上させたいと願うなら，トレーニングとコーチングとコンサルティングの統合的アプローチの導入を考慮すべきである，とわれわれは主張したい。ポジティブ心理学的科学のトレーニングやワークショップに投資すると，ウェルビーイングや最適な機能の拡大について，科学はわれわれに何を教えてくれるのかについての「共通の理解」（Mroz & Quinn, 2010）がまず得られる。一方，EBC は「増幅器」として働き，知識の定着を助け，トレーニングの転用を増大させ，持続可能な戦略の統合された一部分となる（Green & O'Connor, 2017）。たとえば，「メンタルタフネス」のワークショップを受けた後，スタッフはフォローアップのコーチングを受けることで，獲得した知識をコーチングの関係性の中で，個人的・職業的に有意味で適切な方法を使って応用する。そのこ

とで，学びはより個人化され，その人は目標を完全に自分のものにできるようになる（Spence & Oades, 2011）。

さらに，PPC は感謝，親切，赦し，など他のポジティブ心理学の概念に関して，新たな目標を設定する際にも使うことができる。それは単独でもワークショップのフォローアップとしても可能だし，個人でも集団ベースでも実践できる。このようにして，コーチングは目標設定や目標に向かって成長する方法論を引き出すことで，人々がポジティブ心理学の概念を自分の人生の中に実用的に応用することを可能にする。

企業や学校が，トレーニングとコーチングの両方を使うことを考慮すべきもうひとつの理由は，人間のシステムの異なるレベルで生起するインパクトの可能性である。PPI と EBC は個人のレベルでウェルビーイングを高めることが知られている。ソーシャルネットワーク分析を用いた近年のコーチングの実践研究によると，(PPI を使用していなくても）職場でのコーチングは「波及的」効果によって，コーチング介入を直接受けた人だけではなく，職場のチーム全体の楽観性を高めることがわかった（O'Connor & Cavanagh, 2013）。

それゆえ，もし企業がより魅力的で支持的な組織文化を創りたいと願うなら，PPI はその状況を創出するための有益な方法を提供してくれる（たとえば，管理職がチームの強みを使うなど），また，それが EBC や単独のポジティブ心理学コーチングによって補完されるなら，これら PPI の方法がどのように個人，チーム，組織全体のレベルに有益に適用されるかを一人ひとりが探索するにつれて，変化はシステムの中にさらに深く浸透するだろう。

トレーニング，コーチング，ポジティブ心理学コーチング

今日，多くの企業がスタッフの学習や発達の活動に，多額の投資を行っている。当然のことながら企業は，その投資効果が最大化されるかどうかに敏感である。つまり企業はトレーニングで学習されたことが，仕事上の持続可能な行動に転用されることが保証されるかどうかを知りたい。よく引用されるオリヴェロ（Olivero et al., 1997）らの研究によれば，コーチングはトレーニングの伝達を十分に拡大すると報告されている。研究者たちは，トレーニ

ングとコーチングにおいて生じる学習の型には質的な違いがあると議論している。トレーニングが知識の抽象的な学びを支援するのに対して，コーチングは個人の学びをその人の個人生活および職業生活において，個別的に応用することを支援する。さらにコーチングは，トレーニングやその個人的な応用において学習された題材について建設的なフィードバックを増し，練習する機会を提供する。グリーンとスペンス(Green & Spence, 2014)は，ポジティブ心理学の理念に基づくいかなる明示的なトレーニングにおいても，トレーニングの伝達や持続的な応用を手助けするコーチングの利用によって，効果はさらに拡大されると以前から論じている。

　加えて，われわれはポジティブ心理学の科学（ポジティブ組織研究，ポジティブリーダーシップ）を学ぶトレーニング（ワークショップ）の活用と，それを有意義に応用するための事後トレーニングとして，コーチングの活用を勧めている。さらに PPC は個人またはチームに対する単独の介入あるいはサービスとしても機能すると勧めている。なぜなら両者ともポジティブ心理学的科学のコーチングの文脈における学びと応用であるからだ。

ポジティブ心理学コーチングの興隆と歴史

　「ポジティブ心理学コーチング」（PPC）という語はロバート・ビスワス－ディーナーとベン・ディーン（Robert Biswas-Diener & Ben Dean, 2007）による同タイトルの書籍で初めて使用された。ビスワス－ディーナーは，ポジティブ心理学分野の研究者兼実践家としてよく知られている。彼は同じテーマでさらに『ポジティブ心理学コーチングを実践する』という書籍を，コーチングとポジティブ心理学の実践家向けに出版した。これはウェルビーイングや最適に人が機能することに関するポジティブ心理学の広範囲な研究を，実践家が活用するためのガイドである(Biswas-Diener, 2010)。ドライバー（Driver, 2011）は，『ポジティブにコーチングする：コーチのためのポジティブ心理学からのレッスン』と題する書籍で，彼の言う「ポジティブコーチング」に焦点を当てた。ドライバーは広範囲なトピックをカバーしつつ，ポジティブ心理学がコーチング実践に情報を提供してくれることを強調した。オーエ

表 1-1　歴史的に重要なポジティブ心理学コーチングの出版物

カウフマンとスクーラー（2004）	エグゼクティブコーチングにおけるポジティブ心理学に向けて（書籍『ポジティブコーチング実践』）
カウフマン（2006）	ポジティブ心理学：コーチングの中心にある科学（書籍『エビデンスベースドコーチングハンドブック』）
セリグマン（2007）	コーチングとポジティブ心理学（雑誌：*Australian Psychologist*）
リンレイとカウフマン（2007）	ポジティブコーチング心理学（雑誌：*International Coaching Psychology Review* 特集号）
ビスワス−ディーナーとディーン（2007）	『ポジティブ心理学コーチング』（書籍）
カウフマン，ボニウェル，シルバーマン（2009）	ポジティブ心理学コーチング（書籍『SAGE　コンプリートコーチングハンドブック』）
ビスワス−ディーナー（2010）	『ポジティブ心理学コーチングを実践する』（書籍）
グラントとカバナフ（2011）	コーチングとポジティブ心理学（書籍：『ポジティブ心理学をデザインする』）
カウフマンとリンレイ（2011）	心のミーティング：ポジティブ心理学とコーチング心理学（雑誌：*Leadership Development*）
グリーンとノリッシュ（2013）	青年期のウェルビーイングを高める：学校におけるポジティブ心理学とコーチング心理学の介入（書籍『こどもと青少年のための研究，応用，介入：ポジティブ心理学の観点から』）
パスモアとオーデ（2014）	ポジティブ心理学コーチング：コーチング実践のモデル（雑誌：*Coaching Psychologist*）
パスモアとオーデ（2015）	ポジティブ心理学のテクニック：ポジティブなケースの概念化（雑誌：*Coaching Psychologist*）
プリチャードとヴァン・ニューワーバーグ（2016）	リスク状態にある青年期女子に対するコーチングとPPIの集団プログラム介入後の人生経験に対する知覚変化（雑誌：*International Coaching Psychology Review*）
グズマン，他（2017）	映像と劇場要素を取りいれたポジティブ心理学コーチングを用いた介護施設におけるスタッフトレーニングの評価（雑誌：*International Journal of Older People Nursing*）

　ルバッハとフォスター（Auerbach & Foster）の『コーチングにおけるポジティブ心理学』（2015）は，経験を拡張することを目的とした，科学に基づく鍵となる介入に焦点を当てた。著者らは，ポジティブ心理学はコーチング技法を向上させる科学的基礎を提供してくれると述べている。これらの書籍

は科学的なテキストではなく，研究の参考文献を付した実践ガイドであり，コーチング実践に活用できる応用やツールに焦点を当てているという点に注意することが重要である。

　さらに，ポジティブ心理学とコーチングのいずれの学会においても，コーチングの文脈におけるポジティブ心理学の活用について，非常に多くの会議報告が行われてきた。編著者ら（Green & Palmer, 2014）も，ポジティブ心理学とコーチング心理学領域の（コーチングに裏づけられた科学領域としての）より大きな統合について発表し議論を行っている（Green & Palmer, 2014; Green Palmer, & Boniwell, 2016）。

　すでに述べたように，コーチングの中にポジティブ心理学を統合したり，実用化することに関する学術的出版物は早くから存在した（表1-1 参照）。2007 年には，*International Coaching Psychology Review* がポジティブ心理学の特集号を出版している。しかし，PPC という語がいくつかの影響力のある書籍が出版された結果として，よく知られるようになったのはこの 10 年ほどのことである（Biswas-Diener & Dean 2007; Biswas-Diener, 2010）。

　コーチングとポジティブ心理学的アプローチを併せた研究は数多くあるが（PsychInfo の検索によると 185 がヒットした），現在のところ「ポジティブ心理学コーチング」という語を使用している学術研究はひとつだけである。しかしこの研究をレビューしてみると，個別の一対一の（ポジティブ心理学）コーチングというより，ポジティブ心理学トレーニングにコーチングアプローチを組み合わせて使用しているようである（Guzmán, Wenborn, Ledgerd, & Orrell, 2017）。

　過去には，ポジティブ心理学的概念を従属変数に用いた EBC 研究が発表されているということも重要である。それらの中には，ライフコーチングのランダム化比較対照実験としては世界初の論文である，目標への努力，ウェルビーイング，希望を拡大するためのライフコーチング研究（Green et al., 2006）と，それに続く，プロによるコーチングとピアコーチングの比較研究が含まれている（Spence & Grant, 2007）。これらの研究で使われた EBC の手法は，ポジティブ心理学的な技法（感謝の訪問や，親切行動など）は特に含まれておらず，研究目的は目標への努力とウェルビーイングの両方を増進

させることであった。これらの研究は，先に紹介した PPI の二つのメタア
ナリシスの中にも含まれている。

　コーチング心理学とそれに関連した EBC の実践は多面的であり（Palmer
& Whybrow, 2008)，たとえば強みベースのアプローチの利用などは，事実
上「ポジティブ心理学」と認識されやすい。しかしそれ以外にもポジティ
ブ心理学研究の中に，明らかに EBC や PPC に応用できる領域があるとわ
れわれは主張したい。筆者らは，以前 PPC は「祝賀のファシリテーター」
(facilitators of felicitation）になると論じたことがあった（Green & Palmer,
2014)。それは PPC がポジティブ心理学研究をコーチング実践に活用するこ
とで，ウェルビーイングを実現させる役割を果たすことができるという意味
である。

　ポジティブ心理学とコーチングを取り上げた最も初期の文献とされている
2004 年のカウフマンとスクーラー（Kauffman & Scoular）の「エグゼクティ
ブコーチングにおけるポジティブ心理学に向けて」は，『ポジティブコーチ
ング実践』(Linley & Joseph, 2004）という影響力ある書籍の 1 章に収録さ
れており，ポジティブ心理学とコーチング心理学の関連を明確に示している。
同様に，セリグマンは 2007 年の *Australian Psychologist* 誌において，ポジ
ティブ心理学とコーチングが共有する目標をわかりやすく設定した。セリグ
マンは，「ポジティブ心理学はコーチングの実践の範囲を定め，効果のある
介入や測定具を提供し，コーチとして適切な資質についての見解を提供する」
と述べている。(p.266)

　先に述べたように「ポジティブ心理学コーチング」という語は，2007 年
にビスワス－ディーナーの書籍において正式に発表された。ビスワス－
ディーナーは，科学的な定義づりをしていないが，2009 年にカウフマンら
が *Complete Handbook of Coaching* という書籍の中の『ポジティブ心理学が
コーチングに接近する』という章において（ポジティブ心理学コーチングは）
「クライアントがウェルビーイングを高め，強みを拡大・応用し，パフォー
マンスを改善し，価値ある目標を達成することを支援する科学的な根拠を持
つアプローチ」であると定義している。(p.158)

　最近ビスワス－ディーナーは，PPC とコーチングはもともと種類が異な

るのではなく，むしろコーチングそのものへの接近であると示唆している。これにはいわゆる「ふつうのコーチング」——つまり，もしあなたが誰かのコーチングを観察したら，そこで見ることになるだろう，トピックの設定，パワフルな質問，責任（アカウンタビリティ）といったおなじみの要素のコーチング——も含まれている。しかし，よいコーチングの基礎に上乗せされるのは，ポジティブ感情を利用し，強みを開発し，希望を高める，などのポジティブ心理学的科学に基づく一連の介入となる。これらのことは，すぐれたコーチたちはどのみちやっていることであるが，「ポジティブ心理学コーチは，強力な研究の知見によってまっすぐに導かれる」のである（ビスワス－ディーナーとの個人的なコミュニケーションに基づく 2014）。

ポジティブ心理学コーチング：新たな作業定義

　上記のように PPC を定義づける試みはいくつかあるが，われわれはここで PPC を「ポジティブ心理学の理論と研究に裏づけられた，レジリエンス，達成，ウェルビーイングを高めるためのエビデンスベースドなコーチング実践」（Green & Palmer, 2014）と定義することを提案する。この三つの鍵となる領域は関連しあっているが，それぞれにその裏づけとなる研究の主体があり，また，それぞれがコーチング介入の主たる焦点となり得る。たとえば，クライアントは，MTQ48[訳注2] などの査定の結果を受けて，メンタルタフネスとレジリエンスを特に高めたいと希望するかもしれない。また，別の例では，クライアントは，論文を完成させるといった特定の目標達成に焦点を当てたいと望むかもしれない。最後に，PPC にとってよくあることだが，クライアントは幸福とウェルビーイングのレベルの向上に心底集中したいと願うかもしれない。このように，コーチング介入はたとえばウェルビーイングという，特定の領域に焦点を当てることができる。しかしながら，エビデンスベースドコーチは，レジリエンスや達成といった関連する領域も参照し，これらの領域がどのように相互に関連しているかについて，クライアントと

訳注 2）Mental Toughness Questionnaire（メンタルタフネス質問票）。

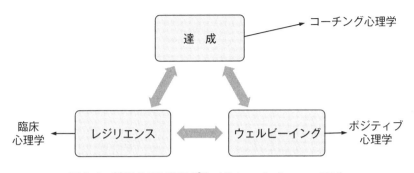

図 1-1　繁栄の RAW モデル（グリーンとパーマー, 2014）

話し合う機会を持つことができる。

繁栄（flourishing）の RAW モデル（図1-1）は（われわれ著者に）これらのアプローチがどのように結びついているかを考え，さらに EBC の文脈の中でポジティブ心理学とコーチング心理学の統合を理解する枠組みを提供してくれた。

繁栄の RAW モデル

RAW モデルは三つの核となる構成要素から成り立っている。

1. R：resilience（レジリエンス）
2. A：achievement（達成）
3. W：wellbeing（ウェルビーイング）

以下にこれらの構成要素について簡単に説明する。

■ レジリエンス（resilience）

「レジリエンス」の構成要素は，歴史的には発達心理学や社会科学の中で行われてきた研究を利用している。レジリエンスは「多次元的な構成概念」（Masten, 1989, Cicchetti & Garmezy, 1993; Luthar, Doernberger, & Zigler, 1993; Gartland, Bond, Olsson, Buzwell, & Sawyer, 2011）と定義されており，共通の定義の合意に向けて現在も議論が続けられていることから，ポジティ

ブ心理学の実践家には，レジリエンスに関する幅広い研究だけではなく，た
とえば「メンタルタフネス」(Clough, Earle, & Searle, 2002)「グリット」
(Duckworth, Peterson, Matthews, & Kelly, 2007)「心理的資本（サイコロジ
カル・キャピタル）」(Luthans, 2002) など，関連する概念の科学的研究を
参照することを勧める。これらは比較的容易に EBC の文脈に導入すること
ができるだろう。

　また，臨床心理学の分野で生み出された多くの「臨床的な」ツールは，不
安のコントロール法など臨床的な障害の治療の場でしばしばクライアントに
教示されている。これらのツールは，レジリエンスコーチングの中で予防的
に教えることができる，あるいは教えるべきである，とわれわれは主張した
い。そのためには実践家はこれらのアプローチの使い方を完璧に習得するこ
とが必要である。さらに，コーチングのクライアントを，認知行動的，マイ
ンドフルネス，ACT.などのトレーニングコースに紹介し，その手法を深く
学ぶことを支援するのも有益だろう。それによって，コーチングはこれらの
スキルを教える場としてではなく，トレーニングで得た知識を日常の実践に
移行させるための場として使うことができる。スキューズ，パーマー，グリー
ン (Skews, Palmer, & Green) の執筆による本書の9章では，レジリエンス
に関する文献の概観と，レジリエンスを EBC の文脈でどのように使うかを
紹介している。

■ 達成（achievement）

　「達成」の構成要素は，コーチング心理学が注目されはじめたときから存
在し，ポジティブ心理学コーチに対して素晴らしい贈り物を提供してくれる
とわれわれは主張したい。セリグマンは（2011）PERMA の理論とモデルに
おいて，「成就」(accomplishment) がウェルビーイングの鍵となる構成要
素であるとしているが，目標とウェルビーイングの研究には長い歴史がある
（それらはコーチング心理学の文献の中に含まれることが多い）と指摘してお
くのは重要なことである。これらの文献は成就またはコンピテンスにおける
ウェルビーイングの重要性についても実証している (Deci & Ryan, 2000)。

　すべての目標が同じではないことは，研究によって明らかにされている

(Ryan, Sheldon, Kasser, & Deci, 1996)。すなわち，ある種の目標はウェルビーイングを支援するどころか損なうことがわかった。要は目標の内容が問題なのである。「アメリカンドリームの負の側面：経済的成功への野望」と題された記事によると，経済的成功への追求は，それが人生の他の目標よりも優先されるとき，心理的適応と負の関連性があることが示されている（Kasser & Ryan, 1993）。

　同様に，自己決定理論は目標志向や動機づけにおいて，制約された動機づけを自律的な動機づけから区別することの重要性に着目し，制約された動機づけは目標達成とウェルビーイングのいずれも低下させることが，一貫して示されている（Deci & Ryan, 2000）。

　さらに，目標への動機づけ，目標へのコミットメント，目標への努力，目標達成などのトピックについては広汎な心理学の科学的研究の膨大な蓄積があり，これらはエビデンスベースドコーチによって絶えず「普通のコーチング」の実践に利用されている。しかし，EBC の明確な教育や訓練を受けていないポジティブ心理学の実践家も，コーチング心理学の領域をさらに探索することで豊かな知識を得ることができる。

■ ウェルビーイング（wellbeing）

　「ウェルビーイング」の構成要素は，ポジティブ心理学研究の領域にある（たとえば Green et al., 2006; Sin & Lyubomirsky, 2009; Green & Norrish, 2013）。感謝，親切，心的外傷後成長（PTG），赦しなどのトピック（についての研究）は，クライアントの心理的ウェルビーイングのレベルを向上させる支援を目的とする EBC にとって，知識の宝庫を提供している。大学院あるいはそれ以上のレベルのポジティブ心理学の訓練を受けたポジティブ心理学実践家にとって，この領域はよく精通した分野だろう。訓練のプログラムによって，コーチングはカリキュラムに含まれたり含まれなかったりするが，たとえ含まれていたとしてもそれはコーチング心理学修士や専用のコーチトレーニングが提供しているほどの深さはない。現時点では，ポジティブ心理学とコーチング心理学を含む科目を持っている修士課程は二つしかない。それは英国のイーストロンドン大学と，アイルランドのコークユニバーシティカレッジであ

る。

　コーチング心理学の科学の訓練を受けたエビデンスベースドコーチに対しては，われわれはポジティブ心理学とウェルビーイングに関する教育に投資することは重要であり，継続教育の一部にすべきであると勧めたい。ポジティブ心理学の科学と実践の十分かつ広範囲な知識を持つことは，コーチ自身とクライアントのウェルビーイング，および全体としての最適な機能を支援する助けとなるだろう。

■ RAW の実践

　RAW の枠組みは一対一のコーチング，グループコーチングやチームコーチング，あるいはトレーニングにも使える。コーチやトレーナーは，このシンプルなモデルを紹介し，三つの核となる構成要素について，コーチまたはクライアントの現在あるいは将来の望ましい状況と関連づけながら話し合うことができる。上述したように，トレーニングやコーチングセッションで，ひとつの構成要素だけに話題を絞ることも可能である。しかし，このモデルを紹介することで，参加者やクライアントは，この三つの核となる繁栄の領域がどのように関連し，互いに支えたり損ない合ったりしているかを見ることができる。たとえば，「気骨のある」クライアントが目標に向かって前進していても，その人のウェルビーイングが損なわれていたりレジリエンスが低下している，という状況を見ることはよくある。RAW モデルの全体としての目的は，それぞれの構成要素がいかにして互いの要素を支え合っているかを強調することである。

　比較対照として，三つの構成要素を持つ一目瞭然な萎縮的（あるいは退化的）WAR モデルを紹介しよう。

1. **W**：ウェルビーイング（wellbeing）の破壊：貧弱な栄養，運動不足，劣悪な睡眠パターンなど
2. **A**：達成（achievement）の障害：回避，先延ばし，優先順位をつけるスキルの欠如など
3. **R**：レジリエンス（resilience）の毀損：自己受容の欠如などレジリエ

ンスを低下させる思考，頑固な完璧主義的信念など

この代替モデルは，クライアントが自分の状況に対して非常に否定的な見方をしている時に，RAW モデルへの足がかりとしてコーチングの最初の話し合いに使うことができる。

ポジティブ心理学コーチングから
最も利益を受けるのは誰か

PPI は臨床群および非臨床群のどちらにも使用されてきたが，ほとんどの研究は「正常な」あるいは「非臨床的」な人々を対象に実施されている。一方，議論はあるものの EBC は主として「正常な」人々のためのものである。誰かをコーチングする，ということは，引き上げられた目標に向かって人の背中を押すことであり，臨床的水準の抑うつや不安を経験している人にとっては，害になるかもしれないという懸念に基づいている。

よってわれわれは，EBC も PPI も共に診断可能なレベルの臨床的障害を持たない人を主たる対象にしていると主張したい。グラントによって提唱された目標達成努力とメンタルヘルスのモデルでは（2007b），「ストレスを受けているが機能している」人，あるいは四分法の「黙従」（図 1-2 参照）に分類されている人である。

われわれの経験では，本当に繁栄している人は，それが発達的コーチングや最上を目指すコーチングでない限り，職場でのコーチングあるいはヘルスコーチングやウェルビーイングコーチングを求めることはまれである。しかしながら，グラントとスペンス（2010）は，このモデルを紹介した章の中で，そのような人にとってのコーチングの焦点は，仕事のパフォーマンスの量ではなく質にあると論じている。

四分法の「黙従」に分類される人は，メンタルヘルスはよいものの，意図的な目標への努力は比較的低い——つまり幸せだが没頭していない——，価値，強み，目標，を探索することで，彼らを「繁栄」の領域に押し上げる好機が生まれるだろう。

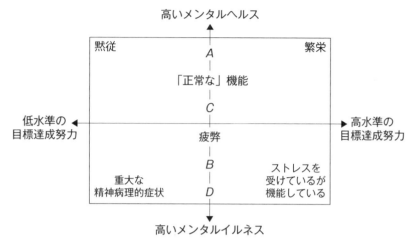

図 1-2　目標達成努力とメンタルヘルスの提案モデル
(A. グラントの許可による掲載)

「疲弊」の領域――ストレスを感じているが機能している――に分類される人は，強く没頭しており意味のある目標への努力を経験しているが，多くの場合，自身のウェルビーイングを損なっている。そこには臨床的あるいは臨床的に近い事象が発生しているかもしれず，臨床的な訓練を受けていないコーチにとっては難題となるだろうと，グラントとスペンス (2010) は指摘している。

発展しつつある PP2.0 (Wong, 2011) やポジティブ心理学の第二の波 (Lomas & Ivtzan, 2016; Sims, 2017) は，人の状況や経験のポジティブとネガティブの（あるいは暗い）両面を包含しようとしている。たとえば，不安は通常否定的な感情とみなされる。しかし，実際に生命に危機が及ぶような状況では，この感情は生命を救う行動を引き起こすきっかけとなる。もし，救命的でありうるのなら，コーチの視点から見て，不安はいかなる状況においても常に否定的な感情とみなされるべきだろうか。あるいは，ネガティブな構成要素の大部分は状況なのではないだろうか？　興味深いことに，クライアントはしばしばストレスや逆境を通して人として成長し，レジリエンスが高まったと報告する。一方で，多くのクライアントにとって，仕事上のパ

フォーマンスに対する不安は，実際のパフォーマンスを低下させるため，否定のしようもなくネガティブなものとみなされる。これは PPC がさまざまな技法を用いて対応できる領域である。パーマーとジレンステン（Palmer & Gyllensten, 2017）はコーチングがどのようにメンタルヘルスの悪化を抑制し，パフォーマンスを上げ，仕事関連のストレスを低減させるかを強調している。そこでわれわれはクライアントと感情について話し合う際には，より繊細なアプローチを取ることを勧める。われわれは，ポジティブ心理学の第二の波は困難な感情の問題にもかかわらず，あるいはそれゆえに，コーチングを含めるべきだというシムス（Sims, 2017）の主張に賛成である。そうすれば，適切な能力を備えたポジティブ心理学コーチは，このような感情を経験して疲弊の領域に落ち込んでいるクライアントを支援することができるだろう。

最後に PPI と EBC は個人，集団，組織，コミュニティ，あるいはさらに広い社会的なレベルに対して提供できるとわれわれは認識している。しかし，PPC は現在のところ一対一のコーチング文脈での個人レベルの対応が主であり，それは PPI も同様である（Sin & Lyubomirsky, 2009）。しかしながら，先に指摘したように，EBC はどのような PPI に対しても「増幅器」として使えるという認識と理解が今後進んでいくだろうと確信する。たとえば，日々の感謝の実践を実行したいと望んでいる人にとって，EBC はその目標を達成することで，成功を高めることができるだろう。

ディスカッションのポイント

発展しつつある PPC の領域についてさらに理解を深めたい人のために，以下の質問を出しておきます。

1. あなたが EBC の中ですでに使っている PPI は何ですか？
2. コーチング心理学と EBC において，あなたに不足している知識——これは専門的継続教育の目標となり得ます——は何ですか？
3. ポジティブ心理学と PPI において，あなたに不足している知識——これは専門的継続教育の目標となり得ます——は何ですか？

4. あなたの EBC の実践にポジティブ心理学の知識をさらに統合するた め，どのような機会を持ちたいと思っていますか？

推奨文献

Auerbach, J., & Foster, S.L. (2015). *Positive psychology in coaching: Applying science to executive and personal coaching pe,fect paperback* (1st ed.). Arroyo Grande, CA: Executive College Press.

Biswas-Diener, R. (2010). *Practicing positive psychology coaching: Assessment, diagnosis and intervention.* New York: John Wiley & Sons. 宇野カオリ（監修・翻訳）・高橋由紀子（翻訳）(2016) ポジティブコーチングの教科書：成長を約束するツールとストラテジー　草思社

Biswas-Diener, R., & Dean, B. (2007). *Positive psychology coaching: Putting the science of happiness to work for your clients.* Hoboken, NJ; John Wiley & Sons.

Driver, M. (2011). *Coaching positively: Lessons for coaches from positive psychology.* Maidenhead, UK: Open University Press.

Green, S., & Spence, G.B. (2014). Evidence-based coaching as a positive psychological intervention. *The Wiley Blackwell handbook of positive psychological interventions,* 273-285.

文　献

Auerbach, J. (2014). *Well-being coaching workbook: Everything needed for the coaching participant paperback* (1st ed.). Arroyo Grande, CA: Executive College Press.

Auerbach, J., & Foster, S.L. (2015). *Positive psychology in coaching: Applying science to executive and personal coaching perfect paperback* (1st ed.). Arroyo Grande, CA: Executive College Press.

Biswas-Diener, R. (2010). *Practicing positive psychology coaching: Assessment, diagnosis and intervention.* New York: John Wiley & Sons.

Biswas-Diener, R., & Dean, B. (2007). *Positive psychology coaching: Putting the science of happiness to work for your clients.* Hoboken, NJ: John Wiley & Sons.

Bolier, L., Havennan, M., Westerhof, G.J., Riper, H., Smit, F., & Bohlmeijer, E. (2013). Positive psychology interventions: A meta-analysis of randomized controlled studies. *BMC Public Health,* 13 (1), 119.

Cicchetti, D., & Garmezy, N. (1993). Prospects and promises in the study of resilience. *Development and Psychopathology,* 5, 497-502.

Clough, P.J., Earle, K., & Sewell, D. (2002). Mental toughness: The concept and its measurement. In I. Cockerill (Ed.), *Solutions in sport psychology* (pp. 32-43).London: Thomson.

Deci, E.L., & Ryan, R.M. (2000). Self-determination theory and the facilitation of intrinsic motivation, social development, and well-being. *American Psychologist,* 55 (1), 68.

Driver, M. (2011). *Coaching positively: Lessons for coaches from positive psychology.* Maidenhead, UK: Open University Press.

Duckworth, A.L., Peterson, C., Matthews, M.D., & Kelly, D.R. (2007). Grit: Perseverance and passion for long-term goals. *Journal of Personality and Social Psychology,* 92 (6), 1087-1101.

Gable, S.L., & Haidt, J. (2005). What (and why) is positive psychology? *Review of General Psychology,* 9, 103-110.

Gartland, D., Bond, L., Olsson, C.A., Buzwell, S., & Sawyer, S.M. (2011). Development of a multi-dimensional measure of resilience in adolescents: The Adolescent Resilience Questionnaire. *BMC Medical Research Methodology,* 11, 134.

Grant, A.M. (2001). *Towards a psychology of coaching: The impact of coaching on metacognition, mental health and goal attainment.* Unpublished doctoral thesis. Macquarie University, Sydney, Australia. Available at: http://files.eric.ed.gov/fulltext/ED478147.pdf.

Grant.A.M. (2007a). Past, present and future: The evolution of professional coaching and coaching psychology. In S. Palmer & A. Whybrow (Eds.), *Handbook of coaching psychology: A guide for practitioners* (pp. 23-39). Hove, UK: Routledge.

Grant, A.M. (2007b). A model of goal striving and mental health for coachingpopulations. *International Coaching Psychology Review,* 2 (3), 248-262.

Grant, A.M. (2017). Solution-focused cognitive-behavioral coaching for sustainable high performance and circumventing stress, fatigue, and burnout. *ConsultingPsychology Journal: Practice and Research,* 69 (2), 98-111.

Grant, A.M., & Cavanagh, M.J. (2011). Coaching and positive psychology. In K.M. Sheldon, T.B. Kashdan, & M.F. Steger (Eds.), *Designing positive psychology: Taking stock and moving forward* (pp. 293-309). New York: Oxford University Press.

Grant, A.M., & Palmer, S. (2002). *Coaching psychology workshop.* Annual Conference of the Counselling Psychology Division of the British Psychological Society, Torquay, 18 May.

Grant, A.M., & Spence, G.B. (2010). Using coaching and positive psychology to promote a flourishing workforce: A model of goal-striving and mental health. In P.A. Linley, S. Harrington, & N. Page (Eds.), *Oxford handbook of positivepsychology and work* (pp. 175-188). Oxford: Oxford University Press.

Grant, A.M., & Stober, D.R. (2006). Introduction. In D.R. Stober & A.M. Grant (Eds.), *Evidence based coaching handbook: Putting best practices to work for your clients* (pp. 17-50). Hoboken, NJ: John Wiley & Sons.

Green, L., Oades, L., & Grant, A. (2006). Cognitive-behavioral, solution-focused life coaching: Enhancing goal striving, well-being, and hope. *The Journal of Positive Psychology: Dedicated to Furthering Research and Promoting Good Practice,* 1 (3), 142-149.

Green, L., Palmer, S., & Boniwell, I. (2016). *Conference presentation.* European Conference of Positive Psychology, Angers, 28 June to 1 July.

Green, L.S. (2014). Positive education: An Australian perspective. In M.J. Furlong, R. Gilman, & E.S. Huebner (Eds.), *Handbook of positive psychology in schools* (2nd ed.) (pp. 401-415). New York: Taylor & Francis.

Green, L.S:, & Norrish, J.M. (2013). Enhancing well-being in adolescents: Positive psychology and coaching psychology interventions in schools. In C. Proctor & P.A. Linley (Eds.), *Research, applications and interventions for children and adolescents: A positive psychology perspective* (pp. 211-222). New York: Springer Science & Business Media.

Green, S., & O'Connor, S. (2017). Partnering evidence-based coaching and positive psychology. In M.A. White, G.R. Slemp, & A.S. Murray (Eds.), *Future directions in well-being* (pp.63-69). New York: Springer.

Green, S., & Palmer, S. (2014), *Positive psychology coaching: Enhancing resilience, achievement & well-being.* Workshop presented on 15 November 2014, at the 4th International Congress of Coaching Psychology, Melbourne, Australia.

Green, S., & Spence, G.B. (2014). Evidence-based coaching as a positive psychological intervention. In A.C. Parks & S.M. Schueller (Eds.), *The Wiley Blackwell handbook of positive psychological interventions* (pp. 273-285). Oxford, UK: Wiley-Blackwell.

Guzmán, A., Wenborn, J., Ledgerd, R., & Orrell, M. (2017). Evaluation of a Staff Training Programme using positive psychology coaching with film and theatre elements in care homes: Views and attitudes of residents, staff and relatives. *International Journal of Older People Nursing*, 12, e12126. DOI: 10.1111/opn. 12126.

Jones, R.J., Woods, S.A., & Guillaume, Y.R. (2015). The effectiveness of workplace coaching: A meta-analysis of learning and performance outcomes from coaching. *Journal of Occupational and Organizational Psychology*, 89 (2), 249-277.

Kasser, T., & Ryan, R.M. (1993). A dark side of the American dream: Correlates of financial success as a central life aspiration. *Journal of Personality and Social Psychology*, 65, 410-422.

Kauffinan, C. (2006). Positive psychology: The science at the heart of coaching. In D.R. Stober & A.M. Grant (Eds.), *Evidence based coaching handbook: Putting best practices to work for your clients* (pp. 219-253). Hoboken, NJ: John Wiley.

Kauffinan, C., Bonniwell, I., & Silberman, J. (2009). The positive psychology approach to coaching. In E. Cox, T. Bachkirova, & D. Clutterbuck (Eds.), *Complete handbook of coaching* (pp. 158-171). London: Sage.

Kauffman, C., & Linley, P.A. (2011). The meeting of the minds: Positive psychology and coaching psychology. In M.F.R. Kets de Vries & K. Korotov (Eds.), *Leadership development* (pp. 436-442). Northampton, MA: Edward Elgar Publishing.

Kauffman, C., & Scoular, A. (2004). Toward a positive psychology of executive coaching. In P.A. Linley & S. Joseph (Eds.), *Positive psychology in practice*. Hoboken, NJ: John Wiley & Sons.

Lai, Y., & McDowall, A. (2014). A systematic review of (SR) coaching psychology: Focusing on the attributes of effective coaching psychologists. *International Coaching Psychology Review*, 9 (2), 118-134.

Linley, P.A., & Joseph, S. (2004). Applied positive psychology: A new perspective for professional practice. In P.A. Linley & S. Joseph (Eds.), Positive psychology in practice (pp. 3-12). Hoboken, NJ: John Wiley & Sons.

Linley, P.A., & Kauffman, C. (Eds.). (2007). Positive psychology and coaching psychology [Special Issue]. *International Coaching Rsychology Review*, 2 (1), 5-102.

Lomas, T., & Ivtzan, I. (2016). Second wave positive psychology: Exploring the positive-negative dialectics of wellbeing. *Journal of Happiness Studies*, 17 (4), 1753-1768.

Luthans, F. (2002). The need for and meaning of positive organizational behavior. *Journal of Organizational Behavior*, 23, 695-706.

Luthar, S., Doemberger, C.H., & Zigler, E. (1993). Resilience is not a uni-dimensional construct: Insights from a prospective study of inner-city adolescents. *Development and Psychopathology*, 5 (4), 703-717.

Masten, A.S. (1989). The roots of resilience as a focus of research. In D. Cicchetti (Ed.), *The emergence of a discipline: Rochester Symposium on developmental psychopathology*, (Vol.1, pp. 261-294). Hillsdale, MI: Lawrence Erlbaum Associates.

Mroz, D., & Quinn, S. (2010). Positive organizational scholarship leaps into the world of working. In P.A. Linley, S. Harrington, & N. Garcea (Eds.), *Oxford Handbook of Positive Psychology and Work* (pp. 251-264). New York: Oxford University Press.

Naughton, J. (2002). The coaching boom: Is it the long-awaited alternative to the medical model? *Psychotherapy Networker*, 42, July/August, 1-10.

O'Connor, S., & Cavanagh, M. (2013). The coaching ripple effect: The effects of developmental coaching on wellbeing across organisational networks. *Psychology of Well-Being: Theory, Research and Practice*, 3 (2), 1-23.

Olivero, G.B., Bane, K.D., & Kopelman, R.E. (1997). Executive coaching as a transfer of training tool: Effects on productivity in a public agency. *Public Personnel Management*, 26 (4), 461-469.

Palmer, S. (2004). Health coaching: A Developing field within health education. *Health Education Journal*, 63 (2), 189-191.

Palmer, S. (2012). Health coaching toolkit. Part 1. *Coaching at Work*, 7 (3), 36-38.

Palmer, S., & Gyllensten, K. (2008). How cognitive behavioural, rational emotive behavioural or multimodal coaching could prevent mental health problems, enhance performance and reduce work related stress. *The Journal of Rational Emotive and Cognitive Behavioural Therapy*, 26 (1), 38-52.

Palmer, S., Tubbs, I., & Whybrow, W. (2003). Health coaching to facilitate the promotion of healthy behaviour and achievement of health-related goals. *International Journal of Health Promotion and Education*, 41 (3), 91-93.

Palmer, S., & Whybrow, A. (2008). *Handbook of coaching psychology: A guide for practitioners*. Hove, UK: Routledge.

Palmer, S., & Whybrow, A. (2017). *What do coaching psychologists and coaches really do? Results from two International surveys*. Invited paper at the 7th International Congress of Coaching Psychology 2017. Theme: Positive and Coaching Psychology: Enhancing Performance, Resilience, and Well-being. Presented on 18 October, 2017, London.

Passmore, J., & Oades, L.G. (2014). Positive psychology coaching: A model for coaching practice. *The Coaching Psychologist*, 10 (2), 68-70.

Passmore, J., & Oades, L.G. (2015). Positive psychology coaching techniques: Positive case conceptualisation. *The Coaching Psychologist*, 11 (1), 43-45.

Pritchard, M., & van Nieuwerburgh, C. (2016). The perceptual changes in life experience of at-risk young girls subsequent to an appreciative coaching and positive psychology interventions group programme: An interpretative phenom-enological analysis. *International Coaching Psychology Review,* 11 (1), 57-74.

Rusk, R.D., & Waters, L.E. (2013). Tracing the size, reach, impact, and breadth of positive psychology, *The Journal of Positive Psychology: Dedicated to Furthering Research and Promoting Good Practice,* 8 (3), 207-221.

Ryan, R.M., Sheldon, K.M., Kasser, T., & Deci, E.L. (1996). All goals are not created equal: An organismic perspective on the nature of goals and their regulation. In P.M. Gollwitzer & J.A. Bargh (Eds.), *The psychology of action: Linking cognition and motivation to behavior* (pp. 7-26). New York: Guilford.

Seligman, M.E.P. (1998). *Positive psychology network concept paper. Philadelphia.* Available from www.psych.upenn.edu/seligman/ppgrant.html.

Seligman, M.E.P. (1999). The President's Address (Annual Report). American Psychologist, 54, 559-562.

Seligman, M.E.P. (2007). Coaching and positive psychology. *Australian Psychologist,* 42 (4), 266-267.

Seligman, M.E.P. (2011). *Flourish.* New York: Simon & Schuster.

Seligman, M.E.P., & Csikszentmihalyi, M. (2000). Positive psychology: An introduction. *American Psychologist,* 55, 5-14.

Sims, C. (2017). Second wave positive psychology coaching with difficult emotions: Introducing the mnemonic of 'TEARS HOPE'. *The Coaching Psychologist,* 13 (12), 66-78.

Sin, N.L., & Lyubomirsky, S. (2009). Enhancing well-being and alleviating depressive symptoms with positive psychology interventions: A practice-friendly meta-analysis. *Journal of Clinical Psychology: In Session,* 65, 467-487.

Sonesh, S.C., Coultas, C.W., Lacerenza, C.N., Marlow, S.L., Benishek, L.E., & Salas, E. (2015). The power of coaching: a meta-analytic investigation. *Coaching: An International Journal of Theory, Research and Practice,* 8 (2), 73-95.

Spence, G.B., & Grant, A.M. (2005). Individual and group life-coaching: Initial findings from a randomised, controlled trial. *Evidence-Based Coaching,* 1, 143-158.

Spence, G.B., & Grant, A.M. (2007). Professional and peer life coaching and the enhancement of goal striving and well-being: An exploratory study. *Journal of Positive Psychqlogy,* 2 (3), 185-194.

Spence, G.B., & Oades, L.G. (2011). Coaching with self-determination theory in mind: Using theory to advance evidence-based coaching practice. *International Journal of Evidence-Based Coaching and Mentoring,* 9 (2), 37-55.

Theeboom, T., Beersma, B., & van Vianen, A.E. (2014). Does coaching work? A meta-analysis on the effects of coaching on individual level outcomes in an organizational context. *The Journal of Positive Psychology,* 9 (1), 1-18.

Witters, D., & Agrawal, S. (2015). Well-being enhances benefits of employee engage-ment. *Gallup Business Journal.* Retrieved 26 November 2017, from www.gallup. com/ businessjoumal/186386/enhances-benefits-employee-% 20engagement. aspx?.

Wong, P.T. (2011). Positive psychology 2.0: Towards a balanced interactive model of the good life. *Canadian Psychology/Psychologie Canadienne,* 52 (2), 69-81.

第 2 章

成功と幸福の達成

ポジティブ心理学コーチング実践における
ウェルビーイングと繁栄の理論の関連性

ジョン・フランクリン

　人がコーチングを依頼する理由はさまざまだが，その理由のほとんどは成
功と幸福の達成に関連している。クライアントは（特にエグゼクティブコー
チングでは），コーチングの目的を成功だけだと考えがちだが，成功を追求
することから生じる感情的な影響（すなわち幸福とウェルビーイングへの影
響）を考慮することなしに成功することはほぼ不可能である。本章で明らか
にするが，この二つの目標は常に密接に関連している。両方の結果を考慮す
ることが不可欠で，パフォーマンスコーチング（performance coaching）と
違って，変革型コーチング（transformational coaching）の場合は間違いな
く当てはまる。本章では，ウェルビーイングの成長繁栄（thriving）と繁栄
（flourishing）に関するポジティブ心理学の主要な理論を検討し，それらが
アジェンダとポジティブ心理学コーチングのプロセスの双方にどのように役
立つかについて議論する。この理解がコーチングの焦点を明確にし，コーチ
ングの有益な効果を大きく高めることを論じる。

理論の重要性

　コーチングは一見単純に見えるだろう。詳しくみると，複雑さがずっとはっ
きりしてくる。この複雑さが生じるのは，コーチングがより良く生きるコツ
に関与しているためである。たとえば，成功と幸福が意味することは何だろ

うか？　多くのクライアントは，非常に狭く個人的なとらえ方から成功に焦点を当てるので，有意義かつ役立つ方法で幸福を定義することが困難である。明確に定義された目標は常に達成しやすい。目標が明確でないのは，暗闇の中でダーツをやるようなものである。ウェルビーイングおよび成長繁栄と，繁栄の理論は，この議論に大いに役立つものであり，クライアントの動機づけに高い効果を与えて，変化のプロセスを導くことができる。

　本章では以下の理論を検討し，コーチングに対する影響を示した後に，効果的なコーチングにおけるこれらの理論の重要性を考察する。

- セリグマン（Seligman）のウェルビーイングの PERMA 理論
- リフ（Ryff）の心理的ウェルビーイング理論（PWBT）
- デシ（Deci）とライアン（Ryan）の自己決定理論（SDT）
- フランクリン（Franklin）の成長繁栄と生存理論（TST）

用語の定義

　われわれが各理論を検討する前に，幸福（happiness），そしてウェルビーイング（wellbeing），成長繁栄と繁栄との関係性について検討する必要がある。
　「**幸福**」（または主観的ウェルビーイング）は，生活満足感およびネガティブ感情よりも多いポジティブ感情経験とで構成される，と歴史的には定義されてきている（Compton & Hoffman, 2013）。われわれが検討しようとしている理論は，若干異なる構成要素が提案されているものの，すべて欲求を基本としたウェルビーイング理論である。「**成長繁栄(thriving)**」あるいは「**繁栄(flourishing)**」
訳注1) という用語は，実際には言い換えが可能であり，欲求の満足，特に人生の目的を追求し，その可能性を実現する欲求を意味している（Dunn & Dougherty, 2008; Seligman, 2011）。「**ウェルビーイング（wellbeing)**」という用語は，一般的に，成長繁栄と普遍的と従来考えられていた願望の結果（人生の満足，成功，健康／活力，主に快適な感情経験）とで構成されたものを

訳注 1) flourishing は繁栄と訳し，thriving は成長繁栄と訳す。

指す。ある研究者らは用語をさらに拡張し，欲求の充足につながるスキル，行動（自己効力感（self-efficacy）やレジリエンス（resilience）の発達など），外的リソース（雇用や住居など）も含めている（Huppert & Linley, 2011; OECD, 2013）。「レジリエンス」という用語は，一般に，人々が逆境に効果的に対処することを可能にする一連のライフスキルを指す語として使われている（Padesky & Mooney, 2012）。

　本章では，成長繁栄という用語を繁栄の同義語として使用し，ウェルビーイングという用語は，上記で定義したよりも狭い定義，すなわち欲求の充足と，人が普遍的に望むであろう結果あるいは目的に限定する。同様に，**ポジティブ感情**（positive emotions）は快適な感情を指し，**ネガティブ感情**（negative emotions）は不快な感情を指す際に用いる。この二つの感情は異なる方法で役立つと考えられている（Fredrickson, 2009）。同様に，**ポジティブ行動**は望む結果を達成する際に有効，あるいは役立つ行動を指し，**ネガティブ行動**は，結果を達成するのに役に立たない行動を指す際に用いられる。

ウェルビーイングと成長繁栄（thriving）と 繁栄（flourishing）の理論

セリグマンによるウェルビーイングの PERMA 理論

　マーティン・セリグマンのウェルビーイングの PERMA 理論は，幸福は人生の選択可能な三つの道筋から生まれるということを提唱した，彼の初期の「本当の幸せ論」（Authentic Happiness Theory）（Seligman, 2002）の発展形である。最初の道筋は，ポジティブ感情や喜びを最大化し，ネガティブ感情を最小化することを目的とした**楽しい人生**（Pleasant life）である。セリグマンは，この快楽主義的な生活を指向することは楽しく，中毒性すらあるかもしれないが，エンゲージメントと意味の追求が加わった生活志向を補充しないと，最終的には空虚なものになる可能性があることを認めている。**没頭した人生**（Engaged life）は，自分の本来の強みを活かし，フロー状態を生み出すための自分のスキルとぴったりと一致するような，慎重に評価した課題に取り組むことを含んでいる。フロー（Flow）は，スキルが課

題や機会にぴったりと調和している本質的にやりがいのある活動に完全に浸っていることを特徴とした，注意と感情の状態である（Csikszentmihályi, 1990）。最後に，セリグマンは，良い人生は単なる自己利益よりも，大きくて何らかの価値のある結果の追求も含むと主張した。**意味のある生活（The Meaningful Life）**（しばしばギリシャ語で「**ユーダイモニア（Eudaimonia）**」と呼ばれる）は，他人また自己を超えた何かに恩恵をもたらす目的や結果に向かって取り組むことを含んでいる。これは，他の人々の福祉を促進することなど，さまざまな方法で達成することができ，自分の宗教や人生哲学によっても影響される。本当の幸せ論では，このように本当に満足のいく良い人生は，程度はさまざまだとしてもこれらの道筋の追求が必要であると提唱している。

　セリグマンの PERMA 理論（Seligman, 2011）は，この初期の理論をさらに拡げ，二つの要素，すなわちポジティブな関係性と達成を追加した。したがって，PERMA は以下のようになっている。

P　ポジティブ感情（楽しい人生）
E　エンゲージメント（没頭した人生）
R　ポジティブな関係性
M　意味（意味のある人生）
A　達成

　ポジティブな関係性，達成，および意味／目的を欲求とみなすこともできるかもしれなが，PERMA 理論は真の欲求を基本とした理論ではなく，むしろ幸福への五つの道筋を示すものである。しかしながら，この理論はウェルビーイングを促進するのに使える実証済みのさまざまな方略をコーチに提供してくれる。この実用性に焦点を当てたことが，この理論の影響力や汎用性に大きく貢献している。

■ コーチングへの示唆

　成功や達成など何かひとつの目的や道筋だけを追求することでもウェルビーイングは高まるだろうが，人生により広くアプローチした時には及ばな

い。短期的な目標指向コーチングでは，絞り込んだ追求がふさわしいし，あるいは必要ですらあるだろう。しかし，変革的（コーチング）またはライフコーチングでは，相互に高め合い強化するような道筋や方法を検討することで進展していく。短期的な目標指向コーチングでも，コーチングプログラムの全体的な目的と各セッションの目標を決定する前に，狭い成功追求のコストをほんの少しだけでも検討すべきである。PERMA プロファイラーと名づけられた便利で簡単な 23 項目の PERMA 尺度がバトラーとカーン（Butler & Kern, 2014）によって開発されている。この尺度は五つのコアスケールに，幸福，健康，孤独の短い尺度が追加されたものである。職場版のプロファイラーは現在開発中である。[訳注2]

リフの心理的ウェルビーイング理論

キャロル・リフ（Carol Ryff）の PWBT は，加齢の質に関する彼女の研究の成果であったが，その後年齢に関係なくすべての成人に対象が拡大された（Ryff & Keyes, 1995）。

1989 年にリフは，心理的ウェルビーイングの現在の理論は，理論的根拠がほとんどなく，ウェルビーイングの概念が人生の満足度と感情バランスとの組み合わせでしかないことに気づいた（Ryff, 1989a）。ポジティブな心理的機能と寿命の発達に関する主要な研究論文をレビューした後，リフは他の多くの要因を含めることで心理的ウェルビーイングの理解はさらに有用なものになりうると提案した。これらの研究論文を精査した結果をまとめると，ポジティブなウェルビーイングは追加された要因を含めた 6 次元構造であると理解するほうがよいだろうとされた：それらは**自己受容（Self-Aooeptanoe）**，**ポジティブな対人関係（Positive Relations with Others）**，**自律性（Autonomy）**，**環境制御力（Environmental Mastery）**，**人生における目的（Purpose in Life）**，そして**個人的成長（Personal Growth）**。その後の研究で，これらの六つの要因は，人生の満足度ならびにポジティブ感情，ネガティブ感情に加えて，幸福および抑うつにも明確かつ有意に関連

訳注2）職場版のプロファイラーは 2014 年に Margart,L. Kern によって The Workplace PERMA Profiler として作成されて，University of Pennsylvania のサイトに紹介されている。

していることが示された（Ryff, 1989b; Ryff, Lee, Essex, & Schmutte, 1994; Ryff & Keyes, 1995; Ryff & Singer,1998）。その後，要因の独立性が疑問視されているが（van Dierendonck, 2005; Ryff & Singer, 2006; Springer, Hauser, & Freese, 2006; van Dierendonck, Diaz, Rodriguez-Carvajal, Blanco, & Moreno-Jimenez, 2008; Burns & Machin, 2009; Abbott, Ploubidis, Huppert, Kuh, & Croudance, 2010），この心理的ウェルビーイングの概念は大きな影響力を持ち，リフが開発した心理的ウェルビーイング尺度は調査研究や介入研究において非常に広い範囲で使われている。尺度はオリジナルの120項目版から，多用されている18項目版に至るまで，さまざまな長さで利用可能である。

　残念なことに，リフによって特定された六つの心理的欲求は，セリグマンおよびこの分野の他の研究者によって特定されたものと正確には一致していない。またそれらは心理的欲求のみに関係しているため，よく知られているマズロー（Maslow）の欲求理論で特定された生理学的および安全欲求については，リフの理論では言及されていない（Maslow & Lowery, 1998）。本章で検討している理論において特定されている欲求の比較を図2-1に示した。リフの**ポジティブな対人関係**は，セリグマンのポジティブな関係性に対応しており，**人生における目的**は，セリグマンの意味の概念にかなりよく似ている。残念ながら，他の欲求はどれも対応していない。**環境制御力**はほぼ自己効力感のことを指しており，価値ある目的を達成することに関連する数項目がいくつかあるが，セリグマンの達成尺度と同等の尺度はない。ポジティブ感情とエンゲージメントも含まれていないが，リフはこれらを欲求というより，むしろ結果とプロセスであると考えている。

■ コーチングへの示唆

　リフの欲求のリストは，セリグマンの三つの欲求を**人間的成長，自己受容，環境制御力，自律**を含めて拡大した利点がある。クライアント自身のとらえ方（自己受容と環境制御力）と人間的成長の程度がウェルビーイングの本質的な要素であると考えている多くの実践者は，これに直感的に強くひかれる。自律性尺度が含まれていることは，思考と行動の独立性を重視する個人主義

マズローの欲求階層	セリグマンのPERMA	リフの心理的ウェルビーイング	デシとライアンの自己決定理論	フランクリンの繁栄と生存論
自己実現	達成	環境制御力	コンピテンス	達成
所属	ポジティブな関係性	ポジティブな関係	関係性	つながり
承認		自己受容＋環境制御	コンピテンス首尾一貫性	ポジティブな自己評価
自己実現	エンゲージメント 意味	人生における目的＋個人的成長	自律性（自由選択またはコントロール）内発的動機づけ	改善（進歩,成長）
安全 生理的			生理的	セキュリティ身体的
	ポジティブな情動	自律性（社会的自立あるいは自己決定	自律性支援	

図2-1　ウェルビーイングの理論で同定された欲求

の西欧諸国では，自己決定と社会的自立を測定できるとして有用性が高まる可能性がある。より集団主義的な社会では，個人主義を測定する必要性はそれほど重要ではないだろうし，社会的結束のグループ規範に従うのを嫌がっていると，否定的な見方で解釈されるかもしれない。

デシとライアンの自己決定理論

　SDTは，実際にウェルビーイングを促進または阻害するような社会的および文化的状況を検討するウェルビーイング理論の中でもユニークなものである。この理論が大きな影響を与えたのは，仕事，教育，ヘルスケア，スポーツ，宗教，心理療法など多様な分野において，動機づけとウェルビーイングを高める要因を検討し，強調してきたからである（Williams, Cox, Hedberg, & Deci, 2000; Deci, Ryan, Gagne, Leone, Usunov, & Bornazheva, 2001; Kasser, 2002; Baard, Deci, & Ryan, 2004; Gagne & Deci, 2005; Deci & Ryan, 2008a, La Guardia & Patrick, 2008; Meyer & Gagne, 2008）。したがって，SDTはコー

チングの実践と深い関連がある。

　SDT は，最初の出発点として，人は自分たちの生活経験を成長させ統合しようとする本質的な傾向を持っている，という仮説に立っている（Deci & Ryan, 2000; Vansteenkiste & Ryan, 2013）。デシとライアンは，最高の状態の人間は好奇心があり，活気に満ち，やる気があることに気づいた。そのような人たちは学び，自らを伸ばし，新しいスキルを習得して活用しようと努力する。この理論によれば，人間は幅広い行動にエンゲージするよう本質的に動機づけられているが，そのための適切な栄養を提供する環境におかれない限り，成長する傾向は容易に崩壊し，無関心，疎外，病気につながる可能性があるとされる（Deci & Ryan, 2000, 2008b）。この栄養素の研究は，コーチングと人材育成において，この理論を非常に価値あるものにしている。

　SDT は，人間は三つの心理的な欲求を持っていると主張する。すなわちコンピテンス（有能感），自律性，関係性という欲求である。生理学的な欲求や自己の首尾一貫性（coherent sense of self）を伸ばそうという人間の欲求を認識はしているが，最初の三つの欲求にほぼすべての注意が集中している。**コンピテンス（competence）** とは，能力があり，熟練しており，有能であり，そして熟達していることを指す。**自律性（autonomy）**，または意志とは，自分の決断や行動を自由に選択し是認する欲求を意味する。つまり外部からの強制，圧力，またはコントロールがなくても意欲的に突き進むということである。リフも自律性の欲求を提案したが，彼女の PWBT において，この用語は社会的承認の欲求に屈するより，むしろ社会的追従への圧力に抵抗し，個人の意見を表明する個人的な能力を指している。最後に，**関係性（relatedness）** とは，互いに友好的，親密，思いやり，励まし，他者との楽しい社会的関係に対する欲求をいう。この欲求は，セリグマンとリフのポジティブな関係性の概念と非常によく似ている。実際，関係性の欲求は本章で検討しているすべてのウェルビーイング理論に共通している。

　SDT の中心的な命題は，コンピテンス（有能感），自律性，および関係性への欲求を満たすことが，ウェルビーイングと健康にとって不可欠であるということである。これらの基本的な欲求が満たされないと，不調，病気，そしておそらく疎外感を招くと言われている（Deci & Ryan, 2000;

Vansteenkiste & Ryan, 2013)。SDT はこのように，人々が有能感を感じ，社会的に支えられ，思うがままに表現できるような，社会，職場，教育，市民，そして政治的環境の創造を重視している。SDT は，自由選択を増進させる**自律性支援**の大切さに対して，かなりの注意を集中させてきている。そのような支援は，好奇心を高めること，挑戦を好むこと，自立して制御しようとする試み，コンピテンスの向上，および自尊心の向上を促すとされてきた（Deci & Ryan, 2008a）。

SDT はまた，これら三つの基本的な欲求を実際には満たしていない，個人的な願望を追求している人々の問題にも，注意をむけている。カッセルとライアン（Kasser & Ryan, 1993）による非常に興味深い研究では，所属，人としての成長，コミュニティ生活優先の結果と，そしてそれとは対照的な，富，名声，社会的イメージを優先させることの結果が検討された。すると，所属や成長などの願望追求は，不安とうつ病のレベルの低さ，さらに自尊心，自己実現，ウェルビーイングと正の相関があることがわかった。もう一方のコンピテンスと関係性の欲求を直接的に満たさない富や名声への願望追及は，反対の結果になることも明らかになった。人間的成長，他者とのつながり，そしてコミュニティへの帰属意識よりもむしろ，物質主義や社会的イメージに価値をおき，追求させる社会的影響も数多く存在するのは明らかである（Kasser, 2002; Kasser, Ryan, Couchman, & Sheldon, 2004）これらを考慮することは，コーチングのプロセスと結果の両方に深く関係するだろう。ウェルビーイングの向上に関連する要因についてのその後の議論は，他の研究（Vansteenkiste & Ryan, 2013, Deci & Ryan, 2008b, Fernet, Guay, Senecal, 2004）でも行われている。

■ コーチングへの示唆

SDT がコーチに念を押していることは，クライアントの願望を無条件に促進することが彼らのウェルビーイングと健康を実際に改善するわけではない，ということである。関係性の欲求を満たすかどうかに関係なく成功を追求するクライアントは，実際には成功によって自分のウェルビーイングが阻害されてしまうことに気づくだろう。たとえ成功を自由に選択し（すなわち，

それが自律的であっても），そしてコンピテンスが高められたとしても，この社会的コストは考慮されるべきである。またSDTは，行動と望んだ結果が自分自身の価値観や自己意識と一致しない限り，成功への願望が実際にウェルビーイングの向上にはつながらないだろうと主張している（Sheldon & Kasser, 2001; Sheldon, Ryan, Deci, & Kasser, 2004）。動機づけが労働圧力，報酬，嫉妬などの否定的な感情的状態などの，何らかの外部の原因に由来するのではなく，自己決定的（つまり内発的）であるならば，成功などの願望や目標は達成されやすい。このようにSDTがコーチに注意していることは，クライアントの願望の基盤がどこにあるのかを検討して，クライアントの自由に選んだ願望が確かな個人的アイデンティティや価値観に基づいていることを確かめる，ということである（Deci & Ryan, 2008a）。SDTがウェルビーイングとパフォーマンスの促進に与えた最も重要な貢献のひとつは，さまざまなタイプの動機づけ（内発的，統合的，特定された，取入れ，または外的統制）の影響の検討である。動機づけの根底にあるクライアントの重要性に対するこの注意は，基本的心理欲求尺度や願望インデックス[訳注3]などの貴重な尺度を生み出した。

　これまで議論されてきた各理論のひとつの限界は，それらが提案された欲求の起源となる明確な理論的基礎を欠いているということであり，このことがおそらくこれらの欲求の不一致という結果をもたらしている（図2.1参照）。これは心理学全般にわたる問題であり，統合的なメタ理論的な枠組みが必要とされている。過去20年間で受け入れられるようになった枠組みのひとつが進化心理学であり，そこで説明されているのは，行動の共通性が自然選択や性選択を助け，個人や集団の利益となり，繰り返される問題への適応となるということである（Buss, 1995, 2011; Confer et al., 2010）。これは，以下に詳述されるTSTの展開の出発点となった。

訳注3）基本的心理欲求尺度は，日本では，大久保・長沼・青柳（2003）によってBPNSの日本語版が作成されている。アスピレーションインデックス，西村・鈴木（2016）が日本語版の尺度化が試みられている。

フランクリンの成長繁栄と生存論

　TST（図2-1参照）は進化心理学に起源があり，人間が状況に効果的に対応できるようにし，単なる生存ではなく成長繁栄となるような内的リソース（適応）と外的リソース（条件）を特定しようとしている。人間にとってウェルビーイングを最大化するように動機づけるものは何であるかのメタ理論であり，これがどのように遺伝的に符号化されたり学習されたりするのかを考察するものである。他の種と同様，人間は生存し自分たちの遺伝子を受け継ぐという生物学的な動機を持っていると仮定されている。生態学的な柔軟性を高めて，広範囲の環境の中で生存と繁殖の成功を促進する複雑な一連の適応によって，人間はさまざまに分化していると主張されている。**成長繁栄**とは，制御，適応力を向上させる客観的な適応（行動的および遺伝的），および適応性（生態学的，個人的，包括的）と成長，自我，他者との関係性，価値のある目標の達成といった主観的増進（enhancement）の両者をさしている。これらの適応は優れた認知的および社会的発達の副産物であり，それは高度な学習，熟考，協力，複雑で意識的な適応行動を可能にする。この認知能力の向上は，問題解決，社会的愛着，複雑な協力，そして自己感覚および統制感の向上を促進する（Aunger & Curtis, 2015）。その結果，これらの発達は，他のどの種よりも生態学的に適応できる場所や，挑戦や機会の幅を広げ，うまく活用することによって生存し，最終的には繁栄することを可能にした（Franklin, 2016）。これらの適応は，私たちの先祖が直面していた急激に変化する環境に対しての反応なのかもしれない（Richerson, Boyd, & Bettinger, 2009; Confer et al., 2010）。このような適応は，われわれがウェルビーイングと呼んでいるアウトカム群を改善するので，現代の人間にとって仕事や遊びにおいて有利に働きつづける。これとは対照的に，**生存 (surviving)** とは，生命と生殖を支える適応（遺伝的および行動的）を意味する。生存への欲求は高等生物種ではかなり類似しているが，進化的発達において人類以下の種では通常，生態学的必要に対して反応する上で急激には変化できないように進化した，より強固な本能が支配している。この強化されたコントロールの発達を可能にする進化のメカニズムがアウンガーとカーティス（Aunger & Curtis, 2015）によって証明されている（2015）。

TST の主張することは，私たちの行動は，究極的には六つの基本的な関連しあう欲求を満たすための動機にすべて由来しており，その欲求は人間が生存し，繁栄することを個人的にも集団としても可能にしている，ということである。それぞれの欲求は実際には密接に関連しあった一連の欲求を指し，同じ機能を果たす。第一の生存欲求カテゴリーは，食物，水，睡眠，休息，身体活動，住居，タッチ，刺激，疼痛回避，ホメオスタシス，セックス，および健康などの**身体的（physical）**欲求である。これらの欲求は，マズローの生理的欲求と非常によく似ている。第二のカテゴリーは，安心，安全性，安定性，予測可能性，保護，および十分なリソースなどの**安全性**の欲求であり，現代では金銭的，経済的安定性が含まれる。これらの両グループの欲求を満足させることは，明らかに生存の助けとなる。

安全性の欲求カテゴリーはマズローの安全欲求に密接に対応している。なぜこれら二つのカテゴリーの欲求が先に検討した三つの理論に欠けているのかについて推測することは興味深い。これら三つの理論はそれぞれ前例のないような繁栄の時代の北米にその起源がある。これらの理論が歴史上のより早い時期や，またはより貧しい国々で開発されていたならば，中間階級が繁栄している社会ではあまり目立たず，それほど気づかれることさえない生存欲求の存在に，もっと注意が払われた可能性がある。この点に関して興味深いのは，123 カ国 41,933 名を対象としたテイとディーナー（Tay & Diener, 2011）の調査では，生活の満足度を予測する上で食料や住居のような基本的欲求（すなわち身体的）が収入（すなわち安全）に次ぐことがわかった。基本的（すなわち身体的）および安心の（すなわちセキュリティ）欲求もまた，ネガティブ感情を有意に予測することが明らかにされた。この関係性は先進国よりも発展途上国の方がより強いことがわかった。これらの知見は，不利益や経済的な困難を経験している人をコーチングする際に，特に関連するだろう。

TST は，**四つの成長繁栄欲求**があると提唱している。第一の欲求は TST に固有のものである（Franklin, 2016）。自分の生活状況の**改善**（improvement）に対する欲求は，事実上すべての生活形態に存在する高度に発達した欲求形態であると言える：利益がもたらされるようにする，自分の生活の見通しを

改善する，といったやり方で環境に働きかけることである。人間にとって，これは非常に認知的であり，理解，学習，意味，成長，挑戦，自律的な方向性，目的，そして価値ある目標に向かっての進歩を意味する。これには，人生の意味と人間的成長における目的についてのリフの欲求と，意味についてのセリグマンの欲求が含まれていると思われる。それはまた，すべての人は学び，新しいスキルを習得し，彼らの持てる力を適用するように動機づけられているというSDTにおけるデシとライアンの前提に深く関連している。SDTは成長の重要性を認めているが，成長と発展へのこの本質的な動機づけをひとつの欲求として明確に分類していない。TSTでは，改善に対する欲求は変化の重要な推進力であり，すべての人々が自分たちの生活状況を改善したいという願望を意味しており，これはコーチングにとって非常に重要な意味を持っている。TSTでは，他のすべての欲求が満たされていても，変化，成長，進歩，または改善の見込みがないまま生活が停滞している場合，人々は完全に幸せになったり満足したりできないとされる。人は，自分の人生の多くを理解し向上させるための，永久的な欲求をもつものとして特徴づけられる（Rogers, 1951; Sheldon, Arndt, & Houser-Marko, 2003）。このため，改善の欲求はTSTのコーチングアプローチにおいて重要な役割を果たす。このことが意味することを以下に詳しく説明するが，これらはクライアントの希望と継続的な動機づけの進展に大きく関与している。

　TSTはまた，人が自己価値，自己受容，自己制御，自己効力感（コンピテンス），自己概念の明確さ，および自尊心に対する欲求を含む**ポジティブな自己評価（positive self-evaluation）**への強い欲求を持っているとしている。この欲求は，マズローの尊敬の欲求，リフの自己受容および環境制御力の欲求やデシとライアンのコンピテンシーおよび首尾一貫性の欲求とも重なっている。しかし，ポジティブな自己評価は，これらの他の理論でとりあげられているよりも広範囲の関連する欲求を含む広いカテゴリーである。著しい批判を浴びるようなときにおこる自尊心への狭い欲求は，他者の有害な行為に対してせっせと自分を高めようと準備されるものであり，ポジティブな自己評価とは区別される。（Crocker, 2002）。わかりやすく言うと，ポジティブな自己評価は，単純には根拠のある自己信頼といえるだろう。さらに

TST は，われわれがポジティブな見方で自分自身を見なければ真に幸福で人生に満足することはむずかしいと述べている。ポジティブな自己評価に対するこの欲求を満たすのに必要なスキルの促進は，コーチングにおいて中心的かつ繰り返し焦点化されることであり，長い間，治療の焦点にもなってきた。

TST におけるつながりの必要性には，強い社会的絆，承認，愛，尊重，感謝，所属，地位，および影響力への欲求が含まれる。これらのつながりは双方向であり，相互に支え合う絆がウェルビーイングと健康を最も向上させる。あらゆる欲求論はつながりの欲求を提案しており，人生の満足と幸福に対するその影響は明らかである。テイとディーナー（Tay & Diener, 2011）の 123 カ国におけるウェルビーイングに関する研究では，尊重と社会的欲求の満足がポジティブ感情の最も良い予測因子であることが明らかになった。

達成の欲求に関する研究には長い歴史があるにもかかわらず（McClelland, 1961），ウェルビーイング理論の欲求リストに達成が含まれることは少ない。TST において，**達成**とは，重要な目標や望ましい成果の最終的な到達を意味する。これは，セリグマンの PERMA 理論の達成という概念に似ている。しかし PERMA 理論では重要な目標に向けた進歩と，重要な目標の最終的達成とが混在している。TST では，重要な最終目的に向かう改善や進歩は最終的達成という認識からは外されるが，これらは明らかに達成と関連しているし，やり続けて最終的には複雑で遠い目標を達成するためには，開始と進歩の両方にやりがいを見いだすことが適応的であるとする。その人独自の個人的な可能性の実現に対するかなり狭い焦点化を行うマズローの自己実現の概念と，達成の欲求は関連しているが，それよりもっと広い概念である。TST では，達成は非常に広範囲の目標を最終的に達成することを意味している。その達成には，平凡なものから壮大なものまで，個人的なものから文化的なものまで，さらには他者の利益を促進することも多く含まれ，誰も経験したことのないようなことすら含んでいる。

■ スキル，戦略，欲求の満足

TST は，ウェルビーイングの根底にある六つの欲求グループを特定し，さらにこれらの欲求を満たすために必要な内的リソース（信念，スキル，お

よび戦略）を特定している。そしてコーチのためにウェルビーイングを向上させるための有用なガイドを提供している。

ポジティブな自己評価を高めることに関しては，自己受容（無条件の自己肯定感），セルフ・コンパッション，自己制御，自己効力感，自己概念の明確さ（アイデンティティ），および自尊心（美徳と人格の発達）の育成に集中することが最も効率的な方法である，と TST は提案している。TST は，個人的な**自己啓発プラン**を作成して，これらのスキルを伸ばし，ポジティブな自己評価への欲求を満たす計画を立てることを推奨している。同様に，TST は，**向上欲求**を満たすのに大きく役立つ五つの内的リソースがあるとも言っている。それらは次の通りである。1）可能だという信念を育成する（たとえば，改善は可能である，個人的責任，改善，学習は成功に等しいなど）。 2）現実，新しい経験，フィードバックへの開放性（ここではマインドフルネスが役立つ）。 3）動機づけ（明確な目的，目標，価値観，意図，使命，強い衝動，大志，人生哲学）。 4）問題解決のための方法を展開する。 5）積極性，持続性，フィードバックからの学習。TST が強調するのは，その人の人生を効果的に改善するための学習に含まれる一連のスキルは，他者の欲求を満足させるために，その後必要となるスキルを発達させるために，不可欠だということである。同様に，TST は，満たされないと不満や苦痛を引き起こす可能性がある他の欲求に対しても，最も効率的に満たす証拠に基づいたスキルを明確にしている。

■ コーチングへの示唆

TST の提案では，六つの欲求グループは複雑な方法で相互作用がなされて，ダイナミックにライフスパン全体を通じて変化する，とされている。したがって，それらはさまざまな視覚的方法で表現が可能だろうが，欲求と人生の満足度を上向きに作成した図 2.2 に示すような単純化された表現の方が多くのクライアントに好まれ，コーチングにも反映することができる。生存欲求が基本的に満たされて，その必要性がなくなると，繁栄を促進し，結果としてウェルビーイングを促進するために必要となるあらゆるスキルの発達を支援するために，生活改善および自己啓発計画を作ることの妥当性を，この図は強調している。

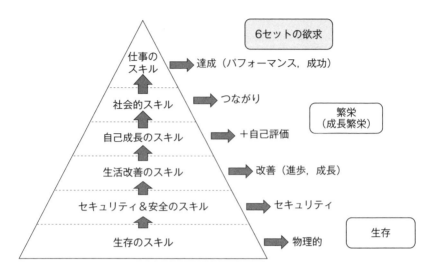

図 2-2 成長繁栄と生存の理論における欲求満足とウェルビーイング促進のスキル

　TST の観点に立つコーチングでは，まず関係性と初期目標を確立し，次に図 2.2 に示すモデル内でこれらを理解しようと試みる。コーチの仕事は，従って，どの欲求が現在満たされていないか，そしてどのスキルがそれらを満たすために必要であるかを評価することである。一般的に，クライアントは多くの生活分野（欲求）に満足していないと感じているので，取り上げられたこれらの欲求に優先順位をつける必要がある。人生の満足度を向上させる上で最も大きな効果がある欲求を，最初にターゲットにしたいと思うだろうが，他に関連するもっと基本的な欲求を最初に満たさないと，これらの欲求を満たすことが非常に難しい場合もある。このようなことは，クライアントが特定の仕事上の成果の達成にすぐにも集中したいというエグゼクティブコーチングの場合によくある。しかしながら，よくあることだが，社会的スキルの欠如（すなわちつながり）が仕事で成功できないことの原因であることが多く，それはさらに感情的な自己制御などの自己管理スキルの欠如に起因していることも多い。したがって，他の人々と効果的に働くために必要な基礎となる自己制御のスキルと社会的スキルを育成させる必要があることを，クライアントがまず認めない限り，望んでいる仕事の成功を達成するこ

とは不可能だろう。クライアントは他人に影響を与え管理することを望むかもしれないが，この能力は最初に自分自身を管理する能力にかかっている。個人的な弱みのある立場から，他者を確実に導くことは不可能である。

　満たされていない欲求を満たすのに必要なスキルを育成する基盤として，最初に他の生活の分野でのスキルを向上させるために必要な基盤となる**生活向上スキル**（life improvement skills）の習得を勧める。従って，ほとんどのコーチングには，上記で概説したような基本的な生活改善スキルの簡単な見直しが含まれる。一度把握すると，望ましい必要な他のスキルの達成が容易になる。このような方法で希望を確かなものにすることは，クライアントの気分の急速な改善につながることがよくあるし，おそらく初めて，彼は自分の人生の目標を達成し，彼の人生を向上させる効果的な方法を，コーチングによって見つけることができる。希望を発展させることは，コーチングと生活の向上にむけての TST アプローチの，重要な初期段階と見なされている。

　クライアントの欲求を満たすのに必要なスキルをはっきりさせて発展させることに加えて，クライアントが自分の欲求を満たす手段として，現在追求している**望み**（wants），**願望**（aspirations），**または目標**（goals）を検討することは賢明であろう。検討してみると，その多くに問題があり，再評価が必要であることに気づくだろう。たとえば，クライアントが成功するまでに多くの時間を費やすことは賢明ではないだろう。そうすると，他のいろいろな生活分野を無視することになり，結果として全体的には自分の生活にあまり満足していないと感じることになってしまう。残念なことに，ひとつの目標を追求することに固執し，自分たちの関係性を破壊し，自分自身を無視し，そして自分の健康を害する人々の，人生の物語が満ちあふれている。

　同様に，非現実的あるいは役に立たない**信念や期待**も検討する必要がある。これらも進歩を大きく妨げるだろう。最も一般的なもののひとつは，目標を完全に達成できない限り失敗したとする完璧主義の判断である。これは彼らに部分的な成功から得られる喜び，励まし，強化を否定するだけでなく，それはまた最終的には成功につながり得る学習と継続的な改善からやる気を奪ってしまう。このような理由から，TST では，クライアントが何か役立つことを学ぼうとするときは常に，その努力を成功とみなすように彼らを励

ましたり，やろうとすることの改善方法を発見するように励ましたりする。われわれの文化では，罰は報酬よりも効果的な動機づけとなると多くのクライアントが信じていることがよくわかる。クライアントが失敗と感じた反応として自己批判を内在化させると，自分はだめだと感じやすくなり，目標をそれ以上追求することを避けるだろう。セルフ・コンパッションを通していたわりや理解をもって反応することを学ぶことは，成功を達成し，ウェルビーイングを促進するかなり効果的な方法であることが示されている（Neff, Kirkpatrick, & Rude, 2007; Neff, Rude, & Kirkpatrick, 2007; Neff & Germer, 2012）。

　ドウェック（Dweck）とその仲間による一連の印象的な研究は，パフォーマンスが自分たちの能力を反映しており，それが固定されていると信じる人々は，持続性に乏しく，人生があまりうまくいっていないことが示された（Dweck, 2012）。TST は，頭文字の BEST と記述される少なくとも四つの要因の結果がパフォーマンスであることを説明して，これに反論を試みている。最高のパフォーマンスは実際には結果であり，合計ではないことを，このことは気づかせてくれる。

　B 一信念（Beliefs）
　E 一努力（Effort）
　S 一スキル（Skills）
　T 一才能（Talent）

　従って，パフォーマンスはこれらの要因の相互作用（加算ではない）に依存している。そのため，ある分野での才能が平均的であっても，実現への適切な信念，十分な努力，そして必要なスキルの育成によって卓越したパフォーマンス（非常に素晴らしい業績）が可能となる。これらの要因のいずれかがゼロであれば，他の要因がどんなに発達していても関係なく，最終的な結果はゼロになる。従って，無効にする信念「（私はそれが得意ではない，私には絶対できない，私は失敗に耐えられない，私は必要な才能を持っていない」）や，不十分な努力や不適切なスキルによって，並外れた才能がしばしばゼロ

になってしまう。これらの要因はそれぞれ変更可能であり，発達させること
ができるだろうが，最初の三つの要因 BES は，変化や迅速な育成により適
している。このため，TST は，最小限の努力で最大の利益が得られるように，
コーチングでは主にこれらの分野の育成に焦点を当てることを勧める。通常，
才能はスキルの向上に伴って高まる。いずれにせよ，自分の基礎的才能を正
確に決定することは絶対不可能であり，才能はパフォーマンスからしか推定
できず，他の三要因によって常に影響される。実際の才能（究極的には知り
えない）ではなく，自分の才能についての信念が，多くの人たちを制限して
いる（Rosenthal, 2003）。自己実現的な予言は，肯定的でも否定的でもあり
得る。コーチングは，これらをクライアントの利点に変えることを含んでい
る。

欲求，望み，期待

　欲求に基づくすべてのウェルビーイング理論は，感情は欲求が満足された
結果であることを認めている。しかしながら，SDT だけは，人々が自分た
ちの欲求を満たすための取り組み方による結果を，広範囲に研究してきた。
社会文化的影響と個人の選択が，これらの欲求が望み，願望，または目標へ
とどのように変換させるかを決定する。残念なことに，すべての望み，願望，
目標が根本的な欲求を満たすのに等しく効果的ではなく，SDT と TST は共
にこのことを詳細に検討するようコーチに推奨している。たとえば，受容と
地位（つながり）への欲求は，多くの人にお金を過大評価させ，一部の人が
威嚇や脅迫を用いることの原因にもなる。人生には，最終的には自己破壊的
であることが明らかになるような手段／願望を，人々がいかに誤って追求し
てきたかという物語で満ちている。良い気分への近道としての薬物の使用，
ギャンブル，リスクテイクは古典的な例であるが，性的冒険，過食，そして
地位，権力，金銭への強迫的な追求も同様である（Kasser, 2002）。すべて
の願望が私たちの根本的な欲求を等しく満たすわけではないが，望むウェル
ビーイングの増大を引き起こしてはいる。依存性，強迫的，そして自己破滅
的な行動はさまざまな形を取る。それらすべてに共通しているのは，いくつ

かの欲求を一時的に満たすような行動を通して気分を良くしたいという願望であるが，その願望は他の欲求の長期的な満足を損なう。

どの理論がウェルビーイングを最もよく予測するか

　PWBT，SDT，およびTSTが，それぞれ異なる欲求がウェルビーイングの基礎となっていると主張していることを考えると，コーチにとって重要な問題は，どの理論が人生の満足度とポジティブ感情およびネガティブ感情を最もよく予測するかということである。パース（Pearse, 2014）は492名の参加者（うち70名は福祉機関から集められた）の研究で，TSTが人生の満足度とポジティブ感情を最もよく予測することを見出した。TSTとPWBTはネガティブ感情を予測する効果は同じだった。興味深いことに，ネガティブ感情を予測したのはTSTの**生存**欲求であり，**成長繁栄**欲求はポジティブ感情を予測した。これらの調査結果はテイとディーナー（Tay & Diener, 2011）の結果と一致しており，クライアントがあきらかにネガティブ感情を経験している場合，コーチは身体的および安全欲求を確実に満たすよう，特に注意を払うべきであると指摘している。そのような状況下では，クライアントが成長繁栄するのを援助することだけでは，彼らのネガティブ感情を打ち消して，ウェルビーイングを促進するには十分でないだろう。睡眠，運動，良好な健康状態のような身体的欲求，安心，経済的安定性と安全な住居などのような安全欲求を明確に満たすことを，コーチングの中で見過ごしてはならない。

ケーススタディ

　プロフェッショナルサービス会社のシニアコンサルタントかつチームリーダーの男性がコーチングを求めてきたのは，彼の部門内のスタッフの離職率が高く，また内部の360度評価でも彼が厳格で，権威主義的，非支持的であるとして認定され，年次ボーナスがゼロ査定されたときであった。彼が語ったコーチングの目的は，パフォーマンスを向上させて，年次ボーナス受給の

資格を得ることであった。

　各ウェルビーイング理論は，それぞれ独自の視点と関連する介入を提供している。TST が採用され，WHO-5（Topp, Ostergaard, & Sondergaard, 2015）と成長繁栄と生存欲求尺度（Thrive and Survive Needs Scale; Pearse, 2014）によってアウトカムが評価された。成長繁栄と生存欲求尺度で，彼は達成，つながり，改善，そして身体の尺度において満足度が低いことが明らかになった。目標（目標はもっぱら経済的なもの）を達成できなかったことに加え，家族，同僚，友人とのつながりは薄く，人生が行き詰っており，身体的な健康状態が悪い（運動をしていない，太りすぎ，睡眠障害）と感じていた。彼は包括的なコーチングアプローチを採用することを選択し，自分の体調を改善することから始めた。彼はジムに参加し，マインドフルネスプログラムに申し込み，食事の合間のおやつを減らすことにした。彼は，生涯にわたる価値観を再評価し，経済的安定（幼年期，彼の家族の家は破産でなくなっていた）のために，自分自身と人間関係を無視していたことに気づいた。彼は妻と子どもたちにもっと注意を払うことを決心した（彼は学校や子どもたちのスポーツイベントにはまったく参加してこなかった）。人は不安になったときに最もよく働くという自己流の動機づけ理論を彼は再検討し，コーチングを始めて，彼らを批判するのではなくむしろ，スタッフの強みと成功に焦点を合わせた。このような彼の支持と献身はスタッフを安心させた。8 回のコーチングセッションの後，彼のスコアは劇的に高くなり，彼は今までよりもポジティブで楽観的な気持ちを感じると報告した。1 年後のフォローアップでは，彼の改善はさらに進歩していた。そして，彼はメンターに任命されたあと，28％の年次ボーナスを獲得し，年次計画発表の場でのスピーチに招待されたと喜んでいた。

結　　論

　コーチとしての私たちの行動はすべて，世界に対する理解と，いかに充実したやりがいのある人生を生きるかによって大きく決定される。よく生きるコツを理解することは，効果的なコーチである上で役立つ。コーチングはス

キルやテクニック以上のものを提供することができる。コーチは技術者以上のものになり得る。コーチングを受ける経験が，本当に価値あるものになるのは，古い確信によって得られる安心を捨てて，ますます複雑になっていく世界で生きることの困難を，コーチが理解させてくれることにある。昔は司祭に助言を求めていたように，ますます多くの人々がコーチを頼り，自分の人生の重要な決断を下すのを助けてもらうようになってきている。コーチがこの微妙な関係性に持ち込む人の経験に対する成熟と理解のあり方が，役に立つスキル中心のコーチングと，真の変革型コーチングとの違いを生み出す。私たちの行動は，何が人々を幸せにし，ウェルビーイングを促進するかについての理解によって大きく左右される。ここで議論したウェルビーイング理論が助けになることを願っている。成功と幸福は普遍的な願望である。現在のウェルビーイングに関するポジティブ心理学の理論がウェルビーイングの本質について何を伝えているか，いかにしてウェルビーイングは達成されるか，についての理解が，われわれ自身が満足できる生活を生きることの助けになるだけでなく，われわれのクライアントが同様に生きることを支援する助けにもなる。

ディスカッションのポイント

クライアントについて考え，四つのウェルビーイング理論を使って以下のことを明確にしてみましょう。

1. クライアントの欲求と目的をどのようにアセスメントしますか？
2. コーチングの優先順位についてどのように合意をはかりますか？
3. コーチングの結果を促進するのはどんな内的スキルと外部リソースですか？
4. コーチとしてあなた自身の有効性と信頼性をどのように高めることができますか？

第2章 成功と幸福の達成 71

推奨文献

Crompton, W.C., & Hoffman, E. (2014). *Positive psychology: The science of happiness and flourishing* (2nd ed.). Belmont, CA: Wadsworth. (An excellent overview of the field.)

Deci, E.L., & Ryan, R.M. (2008). Facilitating optimal motivation and psychological well-being across life's domains. *Canadian Psychology*, 49(1), 14-23. (The application of Self-Determination Theory.)

Ryff, C.D., & Singer, B. (1998). The contours of positive human health. *Psychological Inquiry*, 9, 1-28. (Psychological Well-Being Theory.)

Tay, L., & Diener, E. (2011). Needs and subjective well-being around the world. *Journal of Personality and Social Psychology*, 101, 354-365. (A scientific evaluation of the determinants of well-being in many societies.)

文　献

Abbott, R.A., Ploubidis, G.B., Huppert, F.A., Kuh, D., & Croudance, T.J. (2010). An evaluation of the precision of measurement of Ryffs Psychological Well-being Scales in a population sample. *Social Indicators Research*, 97 (3), 357-373.

Aunger, R., & Curtis, V. (2015). *Gaining control: How human behaviour evolved.* Oxford: Oxford University Press.

Baard, P.P., Deci, E.L., & Ryan, R.M. (2004). Intrinsic need satisfaction: A moti-vational basis of performance and well-being in two work settings. *Journal of Applied Social Psychology*, 34 (10), 2045-2068.

Burns, R.A., & Machin, M.A. (2009). Investigating the structural validity of Ryff's psychological well-being scales across two samples. *Social Indicators Research*, 93 (2), 359-375.

Buss, D.M. (1995). Evolutionary psychology: A new paradigm for psychological science. *Psychological Inquiry*, 6, 1-30.

Buss, D.M. (2011). Evolutionary psychology: The new science of the mind (4th ed.). New York: Prentice Hall.

Butler, J., & Kern, M.L. (2014). *The PERMA-Profiler: A brief multidimensional measure of flourishing.* Unpublished manuscript.

Confer, J.C., Easton, J.A., Fleischman, D.S., Goetz, C.D., Lewis, D.M.G., Perilloux, C., & Buss, D.M. (2010). Evolutionary psychology: Controversies, questions, prospects and limitations. *American Psychologist*, 65 (2), 110-126.

Crocker, J. (2002). The costs of seeking self-esteem. *Journal of Social Issues*, 58 (3), 597-615.

Compton, W.C., & Hoffman, E. (2013). *Positive psychology: The science of happiness and. flourishing* (2nd ed.). Belmont, CA: Wadsworth.

Csikszentmihályi, M. (1990). *Flow: The psychology of optimal experience.* New York: Harper & Row.

Deci, E.L., & Ryan, R.M. (2000). The "What" and "Why" of goal pursuits: Human needs and the self-determination of behaviour. *Psychological Inquiry*, 11 (4), 227-268.

Deci, E.L., & Ryan, R.M. (2008a). Facilitating optimal motivation and psychological well-being across life's domains. *Canadian Psychology*, 49 (1), 14-23.

Deci, E.L., & Ryan, R.M. (2008b). Self-Determination Theory: A macrotheory of human motivation, development and health. *Canadian Psychology*, 49 (3), 182-185.

Deci, EL., Ryan, R.M., Gagne, M., Leone, D.R., Usunov, J., & Bomazheva, B.P. (2001). Need satisfaction, motivation, and well-being in the work organisations of a former eastern bloc country: A cross-cultural study of self-determination. *Personality and Social Psychology Bulletin*, 27, 930-942.

Dunn, D.S., & Dougherty, S.B. (2008). Flourishing: Mental health as living life well. *Journal of Social and Clinical Psychology*, 27, 314-316.

Dweck, C.S. (2012). *Mindset: How you can fulfil your potential*. London: Robinson.

Fernet, C., Guay, F., & Senecal, C. (2004). Adjusting to job demands: The role of work self-determination and job control in predicting burnout. *Journal of Vocational Behavior*, 65, 39-56.

Franklin, J.A. (2016). *Thrive and Survive Theory: An evolutionary needs based theory of achievement and well-being*. Paper submitted for publication.

Fredrickson, B. (2009). *Positivity*. New York: Crown.

Gagne, M., & Deci, E.L. (2005). Self-determination theory and work motivation. *Journal of Organizational Behaviour*, 26, 331-362.

Huppert, F.A., & Linley, P.A. (Eds.). (2011). *Happiness and well-being* (Vols. 1-4). Hove, UK: Routledge.

Kasser, T. (2002). *The high price of materialism*. Cambridge, MA: MIT Press.

Kasser, T., & Ryan, R.M. (1993). A dark side of the American dream: Correlates of financial success as a central life aspiration. *Journal of Personality and Social Psychology*, 65 (2), 410-422.

Kasser, T., Ryan, R.M., Couchman, C.E., & Sheldon, K.M. (2004). Materialistic values: Their causes and consequences. In T. Kasser & A.D. Kanner (Eds.), *Psychology and consumer culture: The struggle for a good life in a materialistic world* (pp. 11-28). Washington, DC: American Psychological Association.

La Guardia, J.G., & Patrick, H. (2008). Self-Determination Theory a fundamental theory of close relationships. *Canadian Psychology*, 49 (3), 201-209.

McClelland, D.C. (1961). *The achieving society*. New York: Free Press.

Maslow, A., & Lowery, R. (Eds.). (1998). *Toward a psychology of being* (3rd ed.). New York: Wiley & Sons.

Meyer, J.P., & Gagne, M. (2008). Employee engagement from a Self-Determination Theory perspective. *Industrial and Organisational Psychology*, 1, 60-62.

Neff, K.D., & Germer, C.K. (2012). A pilot study and randomized controlled trail of the mindful self-compassion program. *Journal of Clinical Psychology*, 69 (1), 28-44.

Neff, K.D., Kirkpatrick, K., & Rude, S.S. (2007). Self-compassion and its link to adaptive psychological functioning. *Journal of Research in Personality*, 41, 139-154.

Neff, K.D., Rude, S.S., & Kirkpatrick, K. (2007). An examination of self-compassion in relation to positive psychological functioning and personality traits. *Journal of Research in Personality*, 41 (4), 908-916.

OECD. (2013). *How's life? 2013: Measuring well-being*. Paris: OECD Publishing. Available at: hrtp://dx.doi.org/10.1 787/9789264201392-en.

Padesky, C.A., & Mooney, K.A. (2012). Strengths-based cognitive-behavioural therapy: A four-step model to build resilience. *Clinical Psychology and Psychotherapy*, 19, 283-290.

Pearse, T. (2014). *Need satisfaction and well-being: A comparative evaluation of Thrive and Survive Theory*. Master's thesis. Macquarie University, Sydney.

Richerson, P.J., Boyd, R., & Bettinger, R.L. (2009). Cultural innovations and demographic change. *Human Biology*, 81, 211-235.

Rogers, C.R. (1951). *Client-centered therapy: Its current practice, implications and theory*. Boston, MA: Houghton Mifflin.

Rosenthal, R. (2003). Covert communication in laboratories, classrooms and in the truly real world. *Current Directions in Psychological Science*, 12 (5), 151-154.

Ryff, C.D. (1989a). Beyond Ponce de Leon and life satisfaction: New direction in quest of successful aging. *International Journal of Behavioral Development*, 12, 35-55.

Ryff, C.D. (1989b). Happiness is everything, or is it? Explorations on the meaning of psychological well-being. *Journal of Personality and Social Psychology*, 57, 1069-1081.

Ryff, C.D., & Keyes, C.L.M. (1995). The structure of · psychological well-being revisited. *Journal of Personality and Social Psychology*, 69, 719-727.

Ryff, C.D., Lee, Y.H., Essex, M.J., & Schmutte, P.S. (1994). My children and me: Midlife evaluations of grown children and self. *Psychology and Aging*, 9, 195-205.

Ryff, C.D., & Singer, B. (1998). The contours of positive human health. *Psychological Inquiry*, 9, 1-28.

Ryff, C.D., & Singer, B.H. (2006). Best news yet on the six-factor model of well-being. *Science Direct*, 35, 1103-1119.

Seligman, M.E.P. (2002). *Authentic happiness: Using the new positive psychology to realize your potential for lasting fulfillment*. New York: Random House.

Seligman, M.E.P. (2011). *Flourish: A visionary new understanding of happiness and well-being*. New York: Free Press.

Sheldon, K.M., Arndt, J., & Housei-Maiku, L. (2003). In search of the organismic valuing process: The human tendency to move towards beneficial choices. *Journal of Personality*, 71 (5), 835-869.

Sheldon, K.M., & Kasser, T. (2001). Goals, congruence, and positive well-being: New empirical support for humanistic theories. Journal of Humanistic Psychology, 41, 30-50.

Sheldon, K.M., Ryan, R.M., Deci, E.L., & Kasser, T. (2004). The independent effects of goal contents and motives on well-being: It's both what you do and why you do it. *Personality and Social Psychology Bulletin*, 30, 475-486.

Springer, K.W., & Hauser, R.M. (2006). An assessment of the construct validity of Ryffs Scales of Psychological Well-being: Method, mode and measurement effects. *Science Direct*, 35, 1080-1102.

Springer, K.W., Hauser, R.M., & Freese, J. (2006). Bad news indeed for Ryffs six-factor model of well-being. *Science Direct*, 35, 1120-1131.

Tay, L., & Diener, E. (2011). Needs and subjective well-being around the world. *Journal of Personality and Social Psychology*, 101, 354-365.

Topp, C.W., Ostergaard, S.D., & Sondergaard, S. (2015). The WHO-5 well-being index: A systematic review of the literature. *Psychotherapy and Psychosomatics*, 84, 167-176.

van Dierendonck, D. (2005). The construct validity of Ryffs Scales of Psychological Well-being and its extension with spiritual well-being. *Personality and Individual Differences*, 36, 629-643.

van Dierendonck, D., Diaz, D., Rodriguez-Carvajal, R., Blanco, A., & Moreno-Jimenez, B. (2008). Ryffs six-factor model of Psychological Well-being, a Spanishexploration. *Social Indicators Research*, 87, 473-479.

Vansteenkiste, M., & Ryan, R.M. (2013). On psychological growth and vulnerability:Basic psychological need satisfaction and need frustration as a unifying principle. *Journal of Psychotherapy Integration*, 23 (3), 263-280.

Williams, G.C., Cox, E.M., Hedberg, V.A., & Deci, E.L. (2000). Extrinsic life goals and health risk behaviors in adolescents. *Journal of Applied Social Psychology*, 30 (8), 1756-1771.

第 3 章

成長における静寂

マインドフルネスのコーチングプロセスにおける役割

ゴードン・B・スペンス

はじめに

　マインドフルネスとは特殊な意識の質であり，コーチングの中核にも存在するものである。実際コーチングの議論においては，マインドフルネスを特別なトピックと考える研究者もいる（Spence, 2016）が，それはクライアントとコーチおよびその双方の相互作用から派生する影響のためである（Cavanagh & Spence, 2013）。たとえばクライアントがマインドフルな状態の場合，彼らは普段よりも明瞭に自己の大事な内面（たとえば価値観など）を観察でき，普段より好奇心が豊かで開示的になり，ポジティブとネガティブの両方の感情の起伏を効果的に制御できるだろう。コーチがマインドフルな状態の場合，集中力が向上し，クライアントが発するメッセージ（言語，非言語）に，より一層注意を払うことができ，クライアント主導で問題解決できる環境をより確実に設定できる（なぜならクライアントが自分をふり返る「空間」が生まれるからである Cavanagh & Spence, 2013）。クライアントとコーチの双方がマインドフルネスな状態であれば，良質な関係性（Dutton & Heaphy, 2003）と，生成的な対話（Isaacs, 1999）が可能になり，またそれに伴って，クライアントを希望する方向へと進める計画を練る機会が生まれる。こうした会話の外側では（すなわち現世界において），マインドフルネスは，望ましい結果を求める行動に伴う自己制御の過程として重要な役割を果たしている。

本章ではマインドフルネスの概念を概説し，マインドフルネスとコーチングがどのように関連しているのかについて，理論を元に簡潔に説明する。またケーススタディと図表を用いて，マインドフルな状態に到達するために用いられるフォーマルおよびインフォーマルな無数の方法から，いくつかを選択し，概略を説明する。マインドフルネスが，コーチングを含めたさまざまな状況や多様な背景において有効であることを示唆する研究は相当数ある。しかしマインドフルであることが，必ずしも一様にポジティブとはいえないことも念頭に置くべきである（Dane, 2010）。最終節では読者に向けて簡潔な注意書きを添えた。

コーチングにおけるマインドフルネスとその役割

マインドフルネスの文献には多くの定義が登場する（たとえば Kabat-Zinn, 2013 など）。マインドフルネスはとらわれない，心理的に自由な心が反映された状態（Martin, 1977）であり，今現在の体験（たとえば，身体感覚，思考，感情など）が，気づきの中で，興味や開示性に反映される（Brown & Ryan, 2003; Cavanagh & Spence, 2013）。多くの心理学的介入法において，集中力と気づきの向上は，（哲学的な，あるいは理論的土台とは無関係に）健康的な機能と考えられるため，特殊なものとは言えない。マインドフルネスはむしろ「共通要素」のようなもの（Martin, 1997）であり，ふり返りによって成長を促すコーチングとも共通しているかもしれない。

マインドフルネスには古い歴史がある。マインドフルネスは東洋文化の伝統的な瞑想法の，中でも特に仏教において，その中核に存在する。仏教でマインドフルネスが重要な理由は，命は永遠ではなく，動的で根本的に予言できないものと教示されているからである（Rapgay & Bystrisky, 2009）。その心理学的意義は，苦悩を軽減する役割に関連している。人が真理を受け入れはじめ，自分の執着（物や人や考え）から離れるとき，苦悩が軽減されて，やがて生活に安定と予測をもたらす（Gunaratana, 2011）。マインドフルネスの有益な効果は，西洋諸国においても広く知られている（Brown, Ryan, & Creswell, 2007），また研究の量は急増しており，主にさまざまな応用分野

におけるマインドフルネス実践の取り扱いに焦点が当てられている（Kabat-Zinn, 2013）。

　コーチングとマインドフルネスに関連する内容は，多様な著者が言及しており（たとえば Chaskalson, 2011; Hall, 2013; Silsbee, 2004 など），研究者（たとえば Cavanagh & Spence, 2013; Passmore & Mrianetti, 2007など）も注目してきた。その一方で現段階では，ほんのわずかな実証研究しか発表されていない（たとえば Spence, 2006; Spence, Cavanagh, & Grant, 2008 など）。さらに理論面では，個人内と相互間の動的側面に関連するマインドフルネスとコーチングのアウトカムに関する影響を，マッピングする努力がなされている。カバナフとスペンス（Cavanagh & Spence, 2013）によると，コーチングにおけるマインドフルネスの役割は，5種類のふり返りのスペース，あるいは「会話」と称されるものと考えられる（参照 p.124 図 7-3）。その内の2種類は，クライアントがかかわるもの（すなわち自己とその世界），次の2種類はコーチがかかわるもの（すなわち自己とその世界），残る1種類は，「コーチとクライアントが作り出した共通空間，つまりコーチングの外的な会話」である（p.123）。

　このモデルでは，コーチングのアウトカムは，クライアントとコーチの相互交流から影響されるもの（たとえば，信念，推測，行動など）と，二者間で作り出された思考内容と行動内容の質に影響すると考える。

コーチング実践に関連する理論を用いる

　前述したように，マインドフルネスは，一瞬一瞬の体験の気づきを評価することなく映し出すリラックス状態である（Brown & Ryan, 2003）。この意識の質が重要な理由が二つある。ひとつは，個人の重要な内面（たとえば，自己価値，興味の確立など）を探求する能力を促進し，未来の行動の基盤に活用できることである。後述するが，これはコーチングの中で，目標の明確化の過程を構成している内容であり，動機づけにとって非常に重要である（Spence & Deci, 2013）。もうひとつは，多くの実証研究においてマインドフルネスは認知，感情，行動面での自己制御を促進する（Brown et al.,

2007）ことが明らかにされている。コーチングに関する研究報告では，マインドフルネスが増加して，目標への進捗と到達（Spence, 2006; Spence et al., 2008）に導くならば，個人が理想的な状況を求める場合に，マインドフルネスはその個人のメンタリティに強みをもたらすという。これらの二つについて概略を説明する。

マインドフルネス，コーチング，自律的な動機

　マインドフルネスを養うことの重要な効果は，個人の重要な内面（たとえば，価値観，興味，直感など）について一層敏感になり，自分の行動（過去，現在，未来）が内面とどのように関連しているかについて，ふり返る機会が増すことである（Niemiec & Ryan, 2013）。心（mind）に対する効果は，スノードームを例に簡単に説明することができる。スノードームをはげしく振ると，内側の雪片がかき乱されて混とんとした（見た目には）無秩序な模様を作り出すが，これは大きなストレスによる心の影響に似ている。しかしながら，それ以上の乱れがない限り，その雪片は落ち着き始め，その内側の環境は徐々に平静を取り戻し容器も澄んでくる。人間の心もこれと同じである。マインドフルな注意や気づきを養うことは，意識を落ち着かせる効果がある。やがてそれは「雑音」を取り除き，個人の内面（たとえば，思考，信念，価値観，動機など）とつながることを可能にし，このような内面は日常の行動に潜在的な影響力を持つようになるのである。

　自己決定理論（Self-Determination Theory: SDT; Brown, Ryan, & Creswell, 2007）によれば，マインドフルネスは自律的な動機の出現において重要な役割を果たしている。前述したように，個人にとって重要な内面についての明確化の過程を通じて，自律的な動機が出現する。また自律的な動機づけは，健康的なパーソナリティの発達と，世の中で正しく（authentically）行動しようとする意図の基盤となる。端的に言えば，個人にとって何が重要で，何に価値があり，何に興味があるのかを明確にすることによって，設定する諸目標とその理由，行動する方法についての考え方が変化するのである。SDT の視点では，定義上個人の主たる価値観と興味によって**自由に選択された**目標は，本質的に自律的に動機づけられていると考える。スペンスとデ

シ（Spence & Deci, 2013）が主張しているように，自律的な目標は，目標達成までに投じた努力，期間，上手くいく程度，その結果についてどのように感じるのか，等のポジティブなアウトカムと強く関連しており，それらはコーチングと関連している（Deci & Ryan, 2000）。しかしながら，コーチングがマインドフルネスと自律的な動機の間の結びつきをどのように活性化できるかについて，さらに理解を深めるためには，SDT に関する基本的な理解が欠かせない。

■ 自己決定理論（SDT）の基本

SDT（Deci & Ryan, 1985）は，人間の動機とパーソナリティ形成のマクロ理論のひとつであり，コーチング研究の中で注目度が上昇してきている（Spence & Deci, 2013）。その六つのミニ理論のすべてが，コーチに実践的で価値のあるものを提示している（Spence & Deci の 2013 年のサマリー p.91 を参照）ので，その中核の内容だけでも注目に値する。

第一に，SDT では究極の人間の機能と発達は，本来的な三つの心理的欲求（自律性, 有能感, 関係性）の満足感に依存しているとみなしている（Deci & Ryan, 2008）。詳細に言えば，基本的心理欲求理論（Basic Needs Theory）では，社会文化的状況（たとえば家族関係，友人関係，職場文化，社会システムなど）が，自らの意志に基づいた行動を起こす（自律性）ことを支援していると感じるとき，社会に影響を与えるような行動ができると感じる（有能感）とき，重要な他者と親密で安心できる関係を感じる（関係性）ときに，良い結果や良い気分になると予測している。

第二に，SDT は本来的な欲求の満足感と個人の動機の質とを関係づける。それは因果志向性理論（Causality Orientations Theory）によって関係づけられて，動機づけを自律的および調整されたものとに区別して，自由に決めた行動範囲において，連続した行動制御をするのである（表 3-1 まとめを参照）。SDT メタ理論の中心的な予測では，人の行動（たとえば，行動の意図など）を支えている調整された力は，基本的心理欲求の満足感の程度によって微妙に影響を受けている。詳細に言えば，人が自分の考えや興味を探求する機会を得るとき（自律性），課題や行動がうまく遂行できるとき（有能感），

表3-1 外的に動機づけられた行動のための自己統合の形式

理由	形式	動機	例
外的	制御されている	他者があなたにそうしてほしいと望み，それをすることで報酬を得る，またはしなければトラブルになるから努力をする。	私は自分の昇進の機会を増やすために，部下を指導する。
他者の考えを取り入れる	制御されている	もしやらなければ，恥ずかしい，罪の意識を感じる，不安を感じるから，またはもしやれば自己を拡大できる努力する。そうすべきだと思うから努力し，その努力に駆り立てるために内的な制裁を用いる。	優れた管理職はそうすべきだから，私は部下を指導する。
認める	自律的	自分でその行動の価値を認めているから努力する。行動や目標は他者から得たものかもしれないが，今や自分の欲求や目標のためにその有用性を認めている。	可能性を伸ばす，費用のかからない方法だから，私は部下を指導する。
統合型	自律的	自分が何者であるかについての統合的な要素として，その行動が重要であるから努力する。この動機づけは，その行動が興味深いとか面白いとかではなく，むしろその行動を誠意と尊敬を持って行うことがとても重要である。	他者が成長するのを見ることは自分にとって大変意味のあることだから，私は部下を指導する。

　他者との良質な関係性をもつとき（関係性）に，人は自律的に動機づけられるのである。

　第三に重要なことは，SDT を利用することによって，人が外界からの要求を内在化（あるいは「取り入れる」）して，自分の感覚の中で統合する（あるいは「自分のものにする」）方法を見つける過程について，詳細な説明ができる。これは個人が自分では選択しないかもしれない課題や行動についての客観的な所有権の過程の影響の内にある（それによって外的な動機の形成が起こる）。この議論の中に要点は，人はさらに自律的（特定的，統合的）な，つまり自律性，有能感，関係性についての満足感を手助けして促進する程度にまで，目標選択を移行することが可能である。簡潔に説明すると，これは高いレベルのマインドフルネス状態が，クライアント，コーチ，そして両者の会話の中に存在するときに起きやすいのである。

マインドフルネス，コーチング，自己制御

　マインドフルネスは意図的で適応性のある自己制御を支える，という別の主張もある。つまりマインドフルネスの恩恵により，人は柔軟に，状況に敏感で，自己に忠実に従う方法で，行動ができるようになる（Wrosch, Scheier, Miller, Schulz, & Carver, 2003）。ガードナーとムーア（Gardner & Moore, 2007）のマインドフルネス・アクセプタンス・コミットメント（Mindfulness-Acceptance-Commitment; MAC）の考え方において，柔軟性をもつための重要な一歩は，マインドフルな観察を通じて，クライアントがもつ役に立たない思考と信念を取り除く手助けすることである。その段階での有効なコーチング方法は，クライアントの心の動きや執着を形成している重要な内容に気づかせることである。たとえば，クライアントが「私は常に他人に頼らない（絶対に他人の援助は受けない）」，あるいは「私は絶対にその目標をあきらめない（簡単に諦める人は弱いのだ！）」という固い信念をもっていると仮定する。この様に固い信念は，強力な動機の源として働くが，相当なプレッシャーや緊張感にも関連しているため，やがて潜在的に柔軟性のない行動へと導かれる。メンタルタフネスの概念において，メンタルタフネスの本質は，人が自分にとって大切な目標に向かう時に，逆境に対してうまく対処できる能力となる（Clough & Strycharczyk, 2012）ことである。人が「これは自分でやらないといけない」とか「絶対にあきらめてはいけない」と表現する時，その人は自己の信念によって強く制御された状態に簡単に入ってしまう。このような信念に基づいて行動する状況はよく見られ，クライアントにとっては信念に筋が通っている上，リスクはない（努力の継続によって困難を乗り越える）。しかしながら，こうした信念は，努力を中断したり（Wrosch et al., 2003），あるいは他者からの援助（たとえば，健康維持，ストレス低減，そしてあるいは，社会との接点を修正など）を求めた方がよい時ですら，「最後までやりぬく」行動に心を傾けさせるのである。

　前述したように MAC の考え方は，クライアントにもコーチにも潜在的な恩恵があり，コーチングの介入プロトコルにとても関連している。アクセプタンス＆コミットメント・セラピー（Acceptance and Commitment Therapy: ACT; Hayes, Strosahl, & Wilson, 1999）の方法では，個人が社会

の中でマインドフルな状態で生きる能力（アクセプタンス），とその中心となる価値に応じて行動する能力（コミットメント）を習得する。モラン（Moran, 2010）は，アクセプタンスとコミットメントが主張している内容は，多くのコーチング場面，特に組織の中でのコーチングにおいて非常に価値があると述べている。

理論を実践に生かす

　コーチングで最も重要なことは関係性の質である（De Haan, Duchworth, Birch & Jones, 2013）。コーチングのポジティブなアウトカムは，通常クライアントの努力と応用力に基づいているが，その関係性を築くことができたコーチ自身の資質による貢献度も相当高いのである。コミュニケーションスキルや人間関係を築くスキルが，コーチングにおいて基本かつきわめて重要なものと考えるならば，コーチの役割はとても繊細な「道具」（tool）と捉えることができる。これらのスキルに含まれる内容には，クライアントの心配事に上手に傾聴することができること，情報を処理すること，共感すること，洞察的な質問をすること，信頼関係を築くこと，フィードバックすること，転移や逆転移の間にどう考えて行動するのかを見極めること等がある。マインドフルネスは，このようなすべてのスキルの中核に存在する。間違いなくこれらのスキルに貢献している内容は，注意集中の安定化（長時間の傾聴が容易になる）と，セッション中のクライアントのパターンへの気づきである（クライアントの典型的な思考，感情，行動を理解しながら内容を組み立てることが容易になる）。この点について検討されることは，マインドフルネスが二つの側面（自律的な動機と，目標指向型の自己制御）に与える影響である。本節では，コーチとクライアントの各視点から説明をする。

自律的な動機を支援するマインドフルネス
■ コーチ
　すでに述べたように，マインドフルネスがクライアントにとって有益な理由は，価値の明確化（および自律的な動機づけ）をする手助けになるからで

ある。しかしながら，日常的に心を平穏に保つことは（たとえば，瞑想な
どをして），自己発見を促進するが，同様に熟達した援助者からの支援もま
た重要である。最近の調査によると，コーチのマインドフルネスのレベル
は，支援の努力における鍵となることが示唆されている。マインドフルネス
はクライアントの基本的な心理欲求を支援するためだけに重要なのではない
（Spence & Deci, 2013）。職場に関する研究によると，管理職がもつマイン
ドフルネスの能力が，従業員の内的動機づけのリソースを育てる重要な要素
である（Hardre & Reeve, 2009）ことが示唆されている。これは単に，きち
んと自分理解ができていなければ，適切に他者を理解することが非常に難し
いからである。

　これを実践するためには，人はすべての体験に対して，心を開いて好奇心
をもつ態度，自分自身に対して安心できる愛着（attachment）を形成しな
ければならない（Bruce, Manber, Shapiro, & Constantino, 2010）。

　カバナフとスペンス（Cavanagh & Spence, 2013）によると，「自分につ
いて肯定的に興味をもつことから得る安心感があれば，その人が現在進行中
の経験から大切な洞察を引き出すことができる。それは，より良い自己理解
につながり，究極的にはより良い他者理解へとつながる」（p.121）。別の表
現をすれば，**個人内の調和（intrapersonal attunement）**は，**個人間の調
和（interpersonal attunement）**に，重要な役割を果たしているのである。
引用した調査は，コーチングそのものに焦点を当てたものではないが，コー
チがクライアントの自己理解を（マインドフルネスを通じて）促進する手助
けをする場合，コーチ自身が同様の訓練（ワーク）を経験していなければ苦
労するだろうということである。

■ クライアント

　世の中には，心を平穏にするための簡便な方法がたくさんあるが，ほと
んどのクライアントにとって困難なことは，マインドフルになる習慣を身
につけることではないだろうか。ランガー（Langer, 1989）が実施した長
期間の観察によると，多くの人の定常時の心の状態は，**マインドレスネス
(mindlessness)**である，と示唆されている。つまり「自動運転」と同じ状態，

あるいは習慣化された思考と行動の連続性である。マインドフルネストレーニングの公式的, 非公式的な方法（たとえば, 瞑想訓練 vs. 呼吸訓練など）は, 比較的わかりやすいため, 実施しやすいが, 多くの人にとって困難なことは, 効果を最大限に引き出すために自己鍛錬をし続けることである（Spence, 2006）。MAC（Gardner & Moore, 2007）のような公式化された方法が, このような困難を乗り越えるために作られたことは役に立っている。つまり, 実践へのコミットメントは, クライアント自らが確立しなければならないのであるが, それはシャピロら（Shapiro, Carlson, Astin, & Greedman, 2006）が求めている, 明確な意図を持って実践することと一致する。実践へのコミットメントが確立されると, クライアント自身で「個人内の心の調和」ができるようになり, 心の中核にある潜在的な価値観を引き出し, 目標や将来の行動の基盤となるような興味へとつながり始めるのである。

目標へ導く自己制御を手助けするマインドフルネス

　コーチングにおいてマインドフルネスが有効になる方法のひとつは, 自己制御を支える能力をつけることである。臨床レベルで MAC のような枠組みが有効なのは, コーチとクライアントの双方の目標を支えるメタ認知スキルを習得することができるからである。つまり, MAC では二つのことを訓練するために, マインドフルネスのトレーニングとアクセプタンス技法を利用している。ひとつは, たとえば「支援を求めるのは弱さの象徴だ」といった強硬な自己会話（self-talk）で表される思考や信念に気づき, このような思考や信念に常に従わなくてはならないわけではないと理解すること（心理的柔軟性を持つ）である。二つ目は, MAC でも同様に行っているが, 個人の価値観を確認し, それに伴う行動にコミットする意義に焦点をあてることである。鍵となるポイントは, アクセプタンスとコミットメントを向上させることは, コーチとクライアント双方の自己制御を高めるということである。なぜならこれらによって, コーチがクライアントにとって最大限に有効な存在になるため, そしてクライアントが最大限に自分自身（あるいは他者に対して）有効な存在になるためである。

■ コーチ

　コーチがクライアントとの会話中に，自分自身の内と外から，阻害される
ものによって注意が散漫になると，マインドフルネスの状態を維持するのが
困難になる。たとえそれが自己不信感（内的），またはトラックが走り去る
音（外的）であっても，コーチは阻害要因を操りながらクライアントが懸念
している内容について，最大限の集中をしなければならない。幸運なことに
研究者が示唆しているように，注意を集中するスキルは訓練可能（Davidson
et al., 2003）であり，マインドフルネスのトレーニングは，コーチングの中
で目標指向型の自己制御を手助けできるようである（Spence, 2006）。コー
チにとって一般的な目標は，可能な限りクライアントに最良の支援をするこ
とである。コーチの自己制御の努力とは，（マインドフルな状態で）クライ
アントに注意を集中し，会話内容に細心の注意を払いながら傾聴し，満たさ
れていない欲求を探ることである。マインドフルネスがクライアントの本来
的な心理的欲求を支援できる方法は多い（表 3-2 参照）。

■ クライアント

　コーチが支援者として目標に向かって自己制御をするのと同様に，クライ
アントもコーチングの目標に向かって自己制御をしなくてはならない。対処
の必要な困難が，それぞれ異なるのは当然である。コーチングの動的側面
（コーチの主な関心）に影響する諸要因に向き合うのでなく，クライアントは，
コーチングにおける目標の到達に影響する無数の要因に善処しなければいけ
ない。それらの要因には，目標の重要性を忘れたり，新しく学習する行動の
心地悪さに抵抗（または，ぐずぐず）したり，重要な他者からの支援不足に
イライラしたり，競合する要求に対処することなどが含まれる。
　繰り返すが，マインドフルネスのトレーニングにおける構造化された枠組
みは，そのような困難な状況に対処することがとても有益であることが示さ
れている（たとえば Gardner & Moore, 2007 など）。それは「短いインター
バル時間」（Martin, 1997）を設けているおかげであり，その間に諸々の反
応の中からの選択が可能になる。基本的に，マインドフルネスは心理的柔軟
性が増す（Hayes, Luoma, Bond, Masuda, & Lillis, 2006）だけでなく，行動

表3-2　マインドフルネスがクライアントの基本的心理的欲求を支援する方法

支援される欲求	マインドフルネスが基本的心理欲求をどのように支援できるのか
自律性	コーチが客観的にクライアントの視点を立つこと。たとえコーチがクライアントの視点を共有しなくても，マインドフルネスによってコーチがクライアントの視点に気づき，それを探求することを可能にするはずである。そうすることで双方が，その視点をよりよく理解できるようになる。その際に，コーチはその視点に対して（明らかにまたは暗示的に）反論または変更する場合は強制を避ける。変更の必要があれば，クライアントが自分自身でこれを発見する機会を与え，もし変化が起きれば，これはクライアントが自分自身で行った選択となる。マインドフルネスは，コーチ自身が専門家としての自分の価値観を結びつける手助けとなる。たとえば，エンパワーメントに価値を置くことは，コーチがクライアントに，各セッションでの議題を設定させて，結論を導く際に，自分自身のオプションを生み出させる意図へつながるのが一般的である。しかし，もしコーチから，価値を加えるようにプレッシャーをかけられている，とクライアントが感じるなら，この意図は指示的になる。解決策を勧めるなどの行為は，クライアントの力を奪う行動になる可能性がある。
有能感	クライアントの達成の形跡は，彼らの心の中では無視するようなものだったり，低い評価かもしれないが，それに敏感でありつづけること。スペンス（Spence, 2016）が概説したように，コーチが過去の成功を念頭に，現在の目標への努力との関連をさがすのを手助けする限り，解決志向コーチングは，本来的にコンピテンス支援である。これはまた，重要であるかもしれない暗黙の知識を，表面に浮上させると共に目に見える（そして実行されていない）クライアントの強みを見つけることに拡がる（Brockmann & Anthony, 2002）。こうしたすべての行為は，コーチが完全に集中して心を開いて，クライアントが導く仮説に対して，常にマインドフルな状態であることが求められる。コーチングにおいて，常にこれらはクライアントは自らの解決策を得るのに必要なスキル，能力，経験のほとんどを持っている。
関係性	クライアントに，信頼と安心感（弱い部分を表現するため）を与える関係を作り出すことの重要性に，焦点を当て続けること。また一方で,コーチが心からクライアントの将来の可能性に興味があることを伝えること。コーチングにおいて（特に組織的な背景では）よくある二重の関係性を考えれば，コーチがクライアントにとって，この潜在的な信頼感が示唆するものに気づき，関係性を手助けする行動をとることが重要である。これはたいてい要となる関係性の力動を，クライアントと高いレベルで透明性を維持することにより最大に達成される（たとえば，どうやって，どんな進行情報が上司やスポンサーと共有されるかなど）。

面での柔軟性も増す（反射的な反応を中和させる）。マインドフルネス瞑想や関連する訓練（マインドフルネスのトレーニングの中に含まれているヨーガなど）以外に，マインドフルネスは，マインドフルネスエンハンスメント（enhancement）[訳注1] を道具として使用することによって，マインドフルネスを強化することができる。以下に示すケーススタディ研究のように，道具には視覚的手がかり（クライアントがその時の思考，感情，行動への気づきを引きだす手がかり）を用いることもある。また，携帯可能な機器の使用（たとえば，スマートフォン用のマインドフルネスアプリなど；Chittaro & Vianello, 2014）や，形式張らないルーティーン（たとえば，瞑想中の短めの呼吸など；Williams, Teasdale, Segal, & Kabat-Zinn, 2007）でも，十分に心を平穏にすることが可能になり，目標に関連する行動に集中することができる。

どのようなコーチが最も恩恵を受けるのか？

マインドフルな生き方をするためには目標意識をもって，気づきと注意を集中する能力を養うことが含まれる（自動的で，反射的な機能を弱めるのを助ける）。それゆえマインドフルネスは，不安のない持続した行動への変化を求めているすべてのクライアントに対して潜在的な価値をもっている。しかしながら，以下のような人たちにとっては，特別な価値があるかもしれない。

- 過重な仕事量について交渉し，関連するストレスに対処しようとしている人。この場合，マインドフルネスのトレーニング（たとえば，MBSR：マインドフルネスストレス軽減法など）は，注意集中の安定化（集中力が問題の場合），身体の管理（認知，感情，身体疲労が高い場合）やレジリエンスを高めることにも有効かもしれない。
- リーダーシップスタイルやマネジメントスタイルを変えたいと思っている人。たとえば，部下との上手なかかわり方や，効果的なコミュニケーション法など，さまざまな問題を善処したいと考えている人。この場合

訳注1）マインドフルネスをいっそう強化するためのツール・方法・機器などを指す。

はマインドフルネスを養う方法として，形にとらわれない方法，たとえば視覚的手がかり（visual cue），自己会話（self-talk），携帯用アプリなどを用いるのが良いかもしれない。

- 個人的な転換期，あるいは職業上の転換期にある人（たとえば，キャリアや人間関係など）。つまり個人的あるいは職業上で新しい目標に向かって前進するために手助けが欲しい人。この場合は，コーチと内省的な会話をすれば個人の気づきを深め，重要な価値観や興味を明確にできるかもしれない。

ケーススタディ

クライアント

　クレイグは多国籍エンジニアリング会社の地域オペレーション担当部長である。彼は意欲的かつ精力的な中堅社員で，技術面に才能を発揮しながら重要な仕事に従事している。しかし，現在の彼は路線から逸脱している状況である。彼がここまでうまく仕事ができた背景には，完璧主義的に細部まで注意を払う行動があった。彼のこの行動傾向は 8 億円の予算で行う列車トンネル工事プロジェクトのために，ますます強くなっていた。彼は「このプロジェクトでのミスは絶対に許されない」とチームに明言していた。しかし実際には，彼にとってミスは決してめずらしくはなかった。プロジェクトが 1 カ月経つと，クレイグが決めた計画に間に合わないことが判明した。プロジェクトが進行するにつれ，彼はわずかな見落としやミスが目立つことにいら立ち，怒り，責任の擦り合いなどが増えてきた。2 カ月もしないうちに，チームの中の多くのメンバーがクレイグの反応に極度のフラストレーションがたまり始め，彼の同僚によれば，「打ちのめされ傷ついたメンバーが死屍累々と放置されている」状況であった。これが問題となり，会社の人事部の指示でクレイグはエグゼクティブコーチングプログラムに参加することになった。エグゼクティブのためのコーチングプログラムに参加した経験が無かったため，クレイグは予約時と初回のセッションでは少し防衛的で無口だった。彼はエンゲージメントの大切さ（彼はチーム内の不協和音については認識して

いた）やそれが彼のキャリアにとって大切であるというロジックは理解していたが，実際には自分自身や彼のキャリアについての個人的な会話には，（彼が後に告白したように），全く慣れていなかったし，そのようなことにかかわらなくてはならないとは思っていないようであった。実のところ，ある時彼は「少し行きすぎじゃないか」と漏らしたこともあったのだが，10回のセッションには一度も欠席しなかった。

コーチング

　お互いの興味（たとえば，ランニングなど）を話題にしてラポールを形成し，職業上の目標や抱負を整理したのち，コーチングの焦点を彼の完璧主義的な行動傾向や最近の行動に絞った。これらの会話を通して（いくつかのセッションを残す頃に）二つのことが判明した。ひとつは，彼の人間関係における行動傾向についての気づきが変動的なことである。彼の気づきとは，役に立たない行動を予知するよく発達した能力というより，むしろ継続的にフィードバックを受けていたことによって得たものだった。もうひとつは，クレイグの行動は潜在的な（人の）因果関係によって左右されないようであった。彼のふり返りは管理職としての初期と中期の経験に限定されているが，彼は自律を重要視し，「打たれ弱い人」を嫌う，という固い信念が形成されていた。職場での強気なマネジメントスタイルは，明らかにこの信念によるものであった。

　4度目のセッションまでに，クレイグは自分のマネジメントスタイルについて，関連する二つの視点から考え始めた。彼の主たる懸念は，キャリアに与える影響であったかもしれない。クレイグは自分の仕事が好きで「自分の仕事はこの町を良くするために痕跡を残す」というように，仕事から得られる高い貢献度に実感を持っていた。また彼は，昇進に対して強い希望はなかったけれども，昇進に関しては個人的にも，職業的にも気にはしていた。社内ではあまり他人のことは気にかけていなかった。彼はチーム内で人の「世話をする」ことに強い義務感を持ち合わせていなかったが，人が仕事内容を批判された時に少なくとも誰もが経験すること（たとえば，自宅に戻った時にどんな風に感じるかや，自信への影響など）について，考え始めた。後者（他

者からの評価）は前者より重要であったので，彼は自分の行動を変える努力に興味を示したのである。

マインドフルネスに関して，クレイグは二つの視点を取り入れる能力に欠けているように思えた。ひとつは，自分の行動に関する展望的な視点を取り入れること，あるいは反射的な行動を引き起こしている要因を，明確に言葉にする能力の欠如である。もうひとつは，他者の考え方，つまり彼と対立する考え方を取り入れる能力の欠如である。コーチングでは，このような状況を改善するために，彼の完璧主義的な行動傾向について調べることにした。クレイグがエンジニアであることを考慮し，合理的で論理的と考えられる基本的な認知再構成プロセスを選択するのがふさわしいと判断した。彼にとっては難しいことであったが，何度か試行した後に，きっかけとなる出来事（たとえば，失敗事など）と，その後の出来事（たとえば，怒りの感情など）を結びつける思考を，なんとか見分けることができるようになった。彼の考え方や信念は「彼らの行動が自分の評価に影響する」とか「自分は程度の低い人たちに囲まれている」等であった。興味深いことに，このような信念を論じ合うと，彼は自分の思考にいくつかのひびが含まれている可能性をしぶしぶ認め始めた。このような練習から彼が得た結論は，人は「レベルが低い」のではなく，経験と学習によるものが大きい，という認知である。彼のこの鍵となる洞察は，チームでの現場トレーニング（OJT）をどれほど実施してきたのかを考慮し，失敗への反応をうまく抑えることであった。

基礎的な認知行動コーチング（CBC）を用いて，クレイグの頭の中で何が起きているのかを特定するために，またさらに柔軟に考えられるように，マインドフルな気づきを向上させることに焦点を当てた。その理由は，クレイグの心の状態が静かで落ち着いているために，瞑想や他の訓練では，自分自身に直面し過ぎると判断したからである。この点から，形式的にならない方法を考え，視覚的手がかり（visual cue）を用いて練習をすることにした。その手がかり（cue）は，認知再構成の練習段階でクレイグが選んだものを採用した。チーム内での出来事について抑圧している内容をふり返っていた時に，「まるで失敗事を入れるバケツが必要だね」とクレイグが発言した。この表現は後になって，彼が試してみよう（つまり，失敗事に寛容になる）

と思い始めた変化を手助けするメタファーとして有効であった。コーチが彼に伝えたことは，「失敗事を入れるバケツ」というメタファーを採用すること，そのアイディアに共鳴していることであった。また，コーチはこのメタファーを視覚的手がかりに変換できるかもしれない，またその手がかりよって，変えてみようと思う気づきを持ち続けることを可能にするだろうと示唆した。

　セッション 7 回目に，クレイグはひとつの視覚的手がかりを考えた。彼は構想を練りながら近くのホームセンターでアウトドア用のろうそくを見つけ，それを小さなステンレス製のバケツの中に立てた。その後，ろうそくをバケツから取り出し，このバケツは新しく身につける行動に役に立つかもしれないと考え，PC のそばにそのバケツを置いて，鉛筆やボールペンなどを入れて，彼が試行することを知らせるものと決めた。この手がかり（cue）の追加は確かに効果的であったが（目標に対する気づきや，瞬間的な観察の増加），彼に柔軟性のある考え方の機会を提示することにとどまった。彼がセッション中に何度か語ったように，気づきを身につけるには有効だったが，それ以上の効果はなかった。実際に，行動の変化に成功するのは 20％ほどだった。この時点のクレイグに欠けていることはアクセプタンスだった。つまり，クレイグは居心地の悪い思考と感情に向き合えないことが，彼の気づきによってますます明白になったのである。この時点で，彼は二つ目の洞察を導き出した。その内容は，彼は常に自分だけを頼りにして上手く仕事をこなしていた（たとえば，うまく契約業者らと交渉するなど）けれども，明らかにメンタル面でのスキルが不足している，という内容だった（つまり，彼は十分に自立していない）。この新しい洞察を機に彼は以前は関心を示さなかったアクティビティに興味を示し始めた。たとえば 3 分間で行う呼吸ヒ瞑想（Williams et al., 2007）などは，内的な体験に十分に向き合う能力を高める（Spence et al., 2008）意図があった。彼にこのエクササイズの説明（最新のエビデンスや質疑応答）をした後，瞑想の実践が 9 回と 10 回のセッションで用いられた。この練習は彼が自宅で行う宿題にもなり，クレイグの生活の中で仕事以外のこと（たとえば，スポーツ活動や子育てなど）にも関連づけられた。

　このケーススタディのコーチングは，10 回のセッションで終結した。ク

レイグは，自分自身のマネジメント方法と人間関係の修復での改善があった一方で，従事しているプロジェクトの重圧が役に立たない行動のひきがねとなっていた。この時点でクレイグの上司は，社内で彼を支援する必要性を考えて，彼の内面を支援するメンターと契約をすることにした。この支援のおかげで，クレイグは家庭の事情による転勤のために他のプロジェクトに就くまでの間，プロジェクト長としてさらに6カ月間勤めることができた。このメンターの支援と，CBCマインドフルネスのコーチングとの統合によって，彼がどこまでの変化を生み出すことができたのかについて，詳細は明らかではない。

注意点

　このケーススタディが示すように，マインドフルネスは成功への王道ではない。多くの場合マインドフルネスの上達は，困難であり，改善は難しいかもしれない。しかし，一般書で強調されているような，今より幸せな生活を望むならば「今」の状態をもっと大事にしなさい，という内容とは異なる示唆がある。たとえば，デイン（Dane, 2010）の研究では，マインドフルネスと関連した幅広い観察を行う呼吸法は，動きがあるカスタマーサービスなどの環境（たとえば，レストランなど）では業務が促進されるが，静かな環境の業務（たとえば，会計事務など）では，注意を集中する瞑想方法が必要であると示唆されている。さらに，デイン（2010）は，マインドフルネスは直観力へのアクセスを向上すると思われている（その理由は，人はより多くの個人内の調和をするから）が，直観力を利用するのは，熟達者のパフォーマンス促進のためである（初心者が利用できるものではない）とも示唆している。マインドフルネスの恩恵は，広くて遠大であるようにみえる。コーチは批判的思考を持ちながら，クライアントにその利点を教示すべきである。

ディスカッションのポイント

■ 本章の内容に基づいて，以下の点を話し合いのきっかけとして下さい。

1. マインドフルな状態が高いコーチは，クライアントにどのような方法で自律的な動機づけをサポートするでしょうか？

2. 基本的欲求としての自律性，有能感，関係性をサポートする方法として，共通のコーチング技法は何でしょうか？

3. コーチングのセッション中に，コーチとしてマインドフルな状態を持続する上で難しいのはどのようなことでしょうか？

4. コーチング中に「今，ここで」の気づきを失った場合，元に戻すためにはどうすればよいでしょうか？

推奨文献

Deci, E.L., & Flaste, R. (1995). *Why we do what we do*. New York: Putnam Publishing Group. 桜井茂男（翻訳）(1999) 人を伸ばす力―内発と自律のすすめ　新曜社

Gardner, F.L., & Moore, Z.E. (2007). *The psychology of enhancing human performance: The mindfulness-acceptance-commitment (MAC) approach*. New York: Springer.

Miche, D. (2008). *Buddhism for busy people: Finding happiness in an uncertain world*. Ithica, NY: Snow Lion Publications.

Spence, G. (2008). *New directions in evidence-based coaching: investigations into the impact of mindfulness training on goal attainment and well-being*. Saarbrucken, Germany: VDM Publishing.

文　献

Brockmann, E., & Anthony, W. (2002). Tacit knowledge and strategic decision making. *Group and Organization Management, 27*(4), 436-455.

Brown, K.W., & Ryan, R.M. (2003). The benefits of being present: Mindfulness and its role in psychological well-being. *Journal of Personality and Social Psychology*, 84, 822-848.

Brown, K.W., Ryan, R.M., & Creswell, J.D. (2007). Mindfulness: Theoretical foundations and evidence for its salutary effects. *Psychological Inquiry*, 18(4), 211.237.

Bruce, N.G., Manber, R., Shapiro, S.L., & Constantino, M.J. (2010). Psychotherapist mindfulness and the psychotherapy process. *Psychotherapy: Theory, Research,*

Practice, Training, 47 (1), 83-97.

Cavanagh, M., & Spence, G.B. (2013). Mindfulness in coaching: Philosophy, psychology, or just a useful skill? In J. Passmore, D. Peterson, & T. Freire (Eds.), *The Wiley-Blackwell handbook of the psychology of coaching and mentoring* (pp. 112-134). New York: Wiley-Blackwell.

Chaskalson, M. (2011). *The mindful workplace: Developing resilient individuals and resonant organizations with MBSR.* New York: Wiley & Sons.

Chittaro, L., & Vianello, A. (2014). Computer-supported mindfulness: Evaluation of a mobile thought distancing application on naive meditators. *International Journal of Human Computer Studies,* 72 (3), 337-348.

Clough, P., & Strycharczyk, D. (2012). *Developing mental toughness: Improving performance, wellbeing and positive behaviour in others.* London: Kogan Page.

Dane, E. (2010). Paying attention to mindfulness and its effects on task performance in the workplace. *Journal of Management,* 37 (4), 997-1018.

Davidson, R.J., Kabat-Zinn, J., Schumacher, J., Rosenkranz, M., Muller, D., Santorelli, S.F., & Sheridan, J.F. (2003). Alterations in brain and immune function produced by mindfulness meditation. *Psychosomatic Medicine,* 65 (4), 564-570.

De Haan, E., Duckworth, A., Birch, D., & Jones, C. (2013). Executive coaching outcome research: the predictive value of common factors such as relationship, personality match and self-efficacy. *Consulting Psychology Journal: Practice and Research,* 65 (1), 40-57.

Deci, E.L., & Ryan, R.M. (1985). *Intrinsic motivation and self-determination in human behavior.* New York: Plenum Press.

Deci, E.L., & Ryan, R.M. (2000). The "what" and "why" of goal pursuits: Human needs and the self-determination of behavior. *Psychological Inquiry,* 11 (4), 227-268.

Deci, E.L., & Ryan, R.M. (2008). Facilitating optimal motivation and psychological well-being across life's domains. *Canadian Psychology,* 49, 14-23.

Dutton, J.E., & Heaphy, E.D. (2003). The power of high-quality connections. In K. Cameron & J. Dutton (Eds.), *Positive organizational scholarship: Foundations of a new discipline* (pp. 263-278). San Francisco, CA: Berrett-Koehler.

Gardner, F.L., & Moore, Z.E. (2007). *The psychology of enhancing human performance: The Mindfulness-Acceptance-Commitment (MAC) approach.* New York: Springer.

Gunaratana, H. (2011). *Mindfulness in plain English.* Somerville, MA: Wisdom Publications.

Hall, L. (2013). *Mindful coaching.* London: Kogan Page.

Hardre, P.L., & Reeve, J. (2009). Training corporate managers to adopt a more autonomy-supportive motivating style toward employees: An intervention study. *International Journal of Training and Development,* 13 (3), 165-184.

Hayes, S.C., Luoma, J.B., Bond F.W., Masuda, A., Lillis, J. (2006). Acceptance and committent therapy: Model, processes and outcomes. *Behaviour Research and Therapy,* 44 (1), 1-25.

Hayes, S.C., Strosahl, K.D., & Wilson, G. (1999). *Acceptance and commitment therapy: An experiential approach to behavior change.* New York: Guilford Press.

Isaacs, W. (1999). *Dialogue and the art of thinking together*. New York: Doubleday.

Kabat-Zinn, J. (2013). *Full catastrophe living: Using the wisdom;, of your body and mind to face stress, pain, and illness*. New York: Bantam Books.

Langer, E.J. (1989). *Mindfulness*. Reading, MA: Addison-Wesley.

Martin, J.R. (1997). Mindfulness: A proposed comJllon factor. *Journal of Psychotherapy Integration*, 7 (4), 291-312.

Moran, D.J. (2010). ACT for leadership: Using acceptance and commitment training to develop crisis-resilient change managers. *International Journal of Behavioral Consultation and Therapy*, 6 (4), 341-355.

Niemiec, C.P., & Ryan, R.M. (2013). What makes for a life well lived? Autonomy and its relation to full functioning and organismic wellness. In S. David, I. Boniwell, & A.C. Ayers (Eds.), *Oxford handbook of happiness* (pp. 214-226). Oxford: Oxford University Press.

Passmore, J., & Marianetti, O. (2007). The role of mindfulness in coaching. *The Coaching Psychologist*, 3 (3), 131-13 7.

Rapgay, L., & Bystrisky, A. (2009). Classical mindfulness: An introduction to its theory and practice for clinical application. *Annals of the New York Academy of Sciences*, 1172 (1), 148-162.

Shapiro, S.L., Carlson, L.E., Astin, J.A., & Freedman, B. (2006). Mechanisms of mindfulness. *Journal of Clinical Psychology*, 62 (3), 373-386.

Silsbee, D.K. (2004). *The mindful coach: Seven roles for helping people crow*. San Francisco, CA: Ivy River Press.

Spence, G.B. (2006). *New directions in the psychology of coaching: The integration of mindfulness training into evidence-based coaching practice*. PhD doctoral dissertation. University of Sydney, Sydney.

Spence, G.B. (2016). Coaching for optimal functioning. In C. van Nieuwerburgh (Ed.), *Coaching in professional contexts* (pp. 11-28). London: Sage.

Spence, G.B., Cavanagh, M.J., & Grant, A.M. (2008). The integration of mindfulness training and health coaching: An exploratory study. *Coaching: An International Journal of Theory, Research and Practice*, 1 (2), 145-163.

Spence, G.B., & Deci, E.L. (2013). Self-determination with coaching contexts: Supporting motives and goals that promote optimal functioning and well-being. In S. David, D. Clutterbuck, & D. Megginson (Eds.), *Beyond goals: Effective strategies for coaching and mentoring* (pp. 85 108). Padstow, UK: Gower.

Williams, J.M.G., Teasdale, J.D., Segal, Z.V., & Kabat-Zinn, J. (2007). *The mindful way through depression: Freeing yourself from chronic unhappiness*. New York: Guilford Press.

Wrosch, C., Scheier, M.F., Miller, G.E., Schulz, R., & Carver, C.S. (2003). Adaptive self-regulation of unattainable goals: Goal disengagement, goal reengagement, and subjective well-being. *Personality and Social Psychology Bulletin*, 29 (12), 1494-1508.

第4章

神経科学とコーチング

実践的応用

サラ・マッケイ & トラヴィス・ケンプ

はじめに

神経科学は、形式的には脳や神経システムの研究と定義されている（Kandel, Schwartz, Siegelbaum, & Hudspeth, 2013）。近年の神経科学研究によって、人間の脳の内部を垣間見たり、自分や他人の心をより良く理解できるようになってきた。しかしながら、素人はもちろん実践家ですら、神経科学の研究に基づいた知見には、容易に当惑してしまう。この領域が長期間に渡って関心を集めていることは、大衆紙はもちろん、医療や教室、ビジネスの世界にまで、神経科学を応用しようとする取り組みが広がってきているところに反映されている（Askanasy, Becker, & Waldman, 2014; Howard-Jones, 2014; Lindebaum & Jordan, 2014）。

近年、神経科学をコーチング実践に応用した「脳ベースのコーチング（brain-based coaching）」（Rock, 2007）というアプローチが出現してきている。特に、脳の働きに関して良く理解できるようにコーチが手助けすることに焦点が当てられている。しかしながら、「脳の」アプローチがコーチングの効果を高めるということは、実験によって検証されたものではない。神経科学はコーチングに関して洞察を与えてくれるかもしれないが、コーチングに対する科学的基盤を提供してくれるわけではなく、「脳をコーチング」することができるようになるわけでもないのである（Grant, 2015）。神経科

をコーチングに応用したことで，実現される結果や効果が大幅に向上するという主張には，一般的な好奇心を超えてもなお，懐疑的にならざるを得ない。認知行動療法や他のエビデンスに基づいたメンタルヘルス療法（たとえば，Hunot et al., 2013）を実証した，頑健で詳細な知見の体系を前提にするとなおさらである。

それゆえ，エビデンスに基づいた方法論を応用したいコーチに残された課題は，誇張された見解（hype）から希望（hope）を少しずつ解きほぐしていくということである。「神経神話」とは，教育や他の分野において，脳研究を使って実証された事実に対する間違った理解や読み間違い，誤った引用などによって引き起こされる誤解のことを指すが，それらをどう避けるかということも課題である（Lilienfeld, Lynn, Ruscio, & Beyerstein, 2011）。

われわれが言及できるのは，神経科学にはコーチングに関連する多くの領域が存在するということである。しかし，エビデンスに基づいたコーチングに対する神経科学の応用全体を概観することは，本章の目的ではない。本章では，ポジティブコーチングに特に重要であると思われる神経科学研究の三つの中心領域，すなわち，神経可塑性，習慣の神経科学，ポジティブ心理教育に焦点を絞って取り上げる。

理論と基礎概念

神経可塑性：広範囲の対象を指す用語

神経科学的な説明を行うことのひとつの重要な魅力は，人間の脳は生涯を通じて変化しうるという，脳の可塑性または神経可塑性に関係している（Ganguly & Poo, 2013; Lepousez, Nissant, & Lledo, 2015）。

一般的な定義によると，神経可塑性とは，外的・内的要因に対応した新しい機能・構造的状態を得るための神経システムの能力のことをいう。そのような可塑性は成人の脳の神経システムと正常な機能の発展に必要不可欠である（レビュー論文はGanguly & Poo, 2013を参照）。神経可塑性の研究は学習，シナプス生理学，幹細胞研究，脳損傷，脳画像，心理療法，薬理学，発達や老化といった多様な分野と関係している。この多様性ゆえ，用語の使われ方

が大きく異なる。そのため，神経可塑性は単一機構（または，本物の妙薬）としてではなく，総称として考えるほうが望ましい。

細胞レベルで見てみると，神経可塑性という用語が意味しているのは，新しい神経細胞の誕生（神経発生），増殖，シナプス刈り込み[注]，シナプス結合の再組織化，神経細胞ではない脳の細胞（グリア細胞）の変化など多くの異なったメカニズムである。電気的な活動の変化に対応する神経細胞間の結合の増減に関与しているシナプス可塑性は，学習や記憶の基礎的なメカニズムのひとつである。大まかにいうと，シナプスレベルの変化なくして，脳の変化は起こらない。

顕微鏡的なレベルで見てみると，核磁気共鳴画像法（MRI），機能的核磁気共鳴画像法（fMRI），ポジトロン断層法（PET），脳磁図（MEG）のような新しい脳イメージング装置によって脳組織や神経束の変化，脳活動の時空間パターン，そして異なった脳領域の伝達物質，受容体，代謝物の変化を計測できるようになった。現在では，疾患の進行や治療への反応といった長期間で，かつ可塑性が関係している変化を非侵襲的かつ長期的に観察することが可能となっている（Ganguly & Poo, 2013）。

生涯にわたる神経可塑性

脳が発達するにつれて，環境からの情報を容易に処理できる臨界期がある。臨界期には，神経回路が経験によって形作られてくるのである。最初は「下書き」として始まり，徐々に洗練され高度に組織化されるようになる。臨界期の最後には，分子の「ブレーキ」が神経ネットワークの可塑性に制限をかける。こうして，成人の脳の可塑性は「スイッチが切られる」というよりはむしろ活発に『トーンダウン』していくのである（Takesian & Hensch, 2013）。

異なる脳領域は異なる割合で発達する。そのため，それらはライフステージごとに程度の差はあるものの自由に変化するのである。視覚，聴覚，触

注）生まれたばかりの動物の脳では，盛んなシナプス形成が起こっているが，成長につれて，必要なシナプス結合だけが強められ，不要なシナプス結合は除去されるという現象が起こる。これをシナプス刈り込みという。

覚に関係する皮質領域がまず初めに発達する。前頭前皮質（PFC）は脳の CEO として機能し，計画，注意，社会的相互作用，感情制御などの役割を担っている。前頭前皮質は脳の回路の中でも最も後になって完成形を迎える。成熟を迎えるのは，10 代後半から 20 代前半である。10 代の若者は感情制御および行動の結果を予測して考えるということが苦手である。これは，前頭前皮質の遅れた発達を示すひとつの例である。

　成人の脳では，神経可塑性の程度が脳領域や脳機能ごとに異なる。第一次感覚を司る脳領域（たとえば，視覚野や聴覚野）はほとんど変化を示さないが，学習，記憶，注意，高次実行機能を司る他の脳領域はそれより変化する。このことを示す最も良い例は，日本語母語話者の一次聴覚野では失われているであろう「l」と「r」の音を聞き分ける能力のことを考えてみればよい。しかし，第二言語それ自体を習得する能力は失っていないのである。もちろん，第二言語習得に必要となる労力は子どもに比べると，大人の場合には相当な努力が必要になる（Merzenich, 2012; Takesian & Hensch, 2013）。

　高次実行機能を司る脳領域の可塑性トークセラピーのような認知行動療法の効果の基礎となっているのかもしれない。認知行動療法では「感情を暴走させるのではなく，前頭前皮質に介入し，使うように」指導するのである（Anthes, 2014）。

脳の潜在力をうまく活用し変化する

　いわゆる，成人脳の可塑性が生ずるのは，脳が特定かつ具体的な行動状況に従事しているときである。成人脳が変化を許すのは，変化することが重要であり，報酬であり，脳にとって良いと判断した場合だけである（Merzenich, 2012）。さらに，いかなる変化も実践，反復だけではなく，集中，努力，正の強化，そしてクライアント側の動機づけが必要なのである。

　成人の脳でも変化しうるという事実は，脳は変化しないので，思考パターン，行動や習慣は変化しづらいと信じているクライアントに対して希望を与えるだろう。脳が変化しうることを学習し，「古い脳に新しい習慣を教え込むことができる」ということを理解することによって，クライアントは励まされるであろう。エビデンスに基づいたコーチングの鍵となるのは，これが

どのように起こるのか，さらに心理教育（psychoeducation）のようなアプローチを使うことによって，それが起こるようになるためには何が必要なのか，ということを説明することである。

　私たちは，神経科学がコーチングに情報を与えることができ，かつコーチングを発展させることができる有益でエビデンスに基づくひとつの方法を提案している。それは，「ポジティブ心理教育」（Kemp, 印刷中）の一形態として，脳に基づいた説明を行うことを検討することである。心理教育はこれまでのところ，発達心理学の領域で十分に活用しきれていない方法論であると明言できるが，ポジティブ心理学や教育学と方法論的にはかなり一致している。特に，心理教育は感情的かつ行動的な変化を起こすという役割を持っている。さらに，それが与える洞察力はクライアントの感情や行動に正の影響を与え，変化を促す可能性がある（Zhao, Sampson, Xia, & Jayaram, 2015）。

実　　践

神経科学はコーチング実践にどれくらい有益なのであろうか

　脳に基づいた説明は，特に習慣，目標，動機づけ，行動変容の文脈で使われた場合，非常に説得力がある。そのため，脳に基づく説明をコーチングの会話に重ね合わせることによって，心理プロセスの基礎となるメカニズムに対する，追加的かつ説明的な力を与えることができるであろう。

　生物学的説明は心理学的説明より複雑で「科学的」であると信じられやすいとよく言われる（Fernandez-Duque, Evans, Christian, & Hodges, 2015）。しかし，コーチは，これらの説明を明瞭に，かつ，正確に伝えなければならない。また，神経科学的説明を加えることによって，過度な一般化や誇張，誤解，神経神話の伝播に繋がるネガティブな印象を与える可能性があることが知られている（Fernandez-Duque, Evans, Christian, & Hodges, 2015; Grant 2015）。

　クライアントに新しい習慣を身に着ける方法を説明することで，神経可塑性と脳に基づく行動変容について，理解しやすい優れた説明を提供できる。このアプローチの基礎はポジティブ心理教育の実践の中にある（Kemp, 印

刷中）。クライアントが変化という神経科学的基礎を理解するための促進的教育や強化方法として，ポジティブ心理教育を応用する。それによって，認知行動的変容と関連した神経学上の「力学」の深い理論的理解を与えることが可能になるのである。それゆえ，ポジティブ心理教育によってクライアントが変化しようとする努力に有益な知識の基盤を与えることになるのである。

　歴史的に，心理教育はメンタルな病気を扱う補助的な方法として利用されてきた。そのアプローチは，精神療法と認知行動的方法を組み合わせることを模索しており，クライアントに現在の状態，治療法，回復に至るプロセスを教えながら，一方で，健康でいることやストレスへの対処法，自信を与えることに力を入れる（Lukens & McFarlane, 2004）。心理教育という用語が精神医学の文脈で登場したのは70年代初頭であり，その方法を定義し応用しようと努力する研究者の関心事であった。ボイムルら（Bäuml, Froböse, Kraemer, Rentrop, & Pitschel-Walz, 2006）が強調しているのは，心理教育の目標はクライアントの基礎的能力，自己責任感を発展させること，セルフモニタリングや管理，自信に対する専門知識を深めること，病気の原因となる状態をきちんと見抜く力を向上すること，再発予防へのサポート，高い水準で健康全体を改善することである。

　今日までほとんどの論文は，精神疾患に対応する医療的応用が中心であったが，著者の中には精神疾患の治療に対してポジティブで成長指向のアプローチを主張する者もいる（たとえばEgan, 2013）。同様に，最近の論文の著者が主張していることは，変化の神経学上の基礎に対して心理教育的アプローチを利用することによって，クライアントが変化の旅へ出発する際に，ポジティブで自信を持ち，肯定的な作用を与えられるということである。習慣はなぜ，どのように形成されるのか，そして変化するための有効な方法をクライアントが理解するのを支援することによって，彼らは希望や主体感（agency）を得ることができるのである。クライアントは，変化のプロセスには時間がかかり，神経質になり，不快や退屈でもあったりするので，一貫して統制のとれたプロセスを順守することで，理想的な結果を得られるという知見をもつことができる。クライアントの理論的知識の深堀りを促し，神経科学の理解，コーチングの理想的な目標と結果を，状況に当てはめるこ

とによって，彼らの個人的な説明責任，主体感，レジリエンス（resilience）もまた育成されるのである。もしかすると，最も重要なことは，ポジティブ心理教育を通じて習慣の神経科学をより深く理解することで，クライアントがユニークな習慣の認知と理解，そしてそれらがどのように形成され，どのように変化するのがベストなのか，そして持続的にどう変化するのかという理解を促すことなのかもしれない。

ポジティブ心理教育の応用：習慣に関する話題

　習慣とは，ほとんど，あるいはまったく思考を要しない規則的に繰り返される行動であり，先天的というよりは学習によるものである。習慣は，強化と繰り返しによって形成されるものである。行動を引き起こす刺激が繰り返されるたびに，強化によって行動や反応の反復が促される。行動は反復によって自動化されてゆく。しかしながら，特に一部の習慣は感情が関与するときには，単一の経験の基礎を形成するかもしれない（Kandel et al., 2015）。

　習慣を良い（たとえば，毎日歯を磨く，毎日運動する），悪い（たとえば，ネガティブな独り言をいう，夕食後毎晩チョコレートを食べる），と区分する傾向があるものの，多くの習慣は中立的（たとえば，毎日職場に行くのに同じ道を運転する，バスで同じ席を選ぶ）であると考えられる。神経科学的観点からみると，習慣によって，行動や思考が自動化することができ，より複雑な思考や行動のための容量を残すことができるのである。

　すべての習慣には，決定的な特徴がいくつかある（Graybiel, 2008）。

- 習慣は，特定のきっかけや状況，出来事によって引き起こされ順序づけられ，構造化された一連の行動と関係している
- 習慣は何度も繰り返されることによって学習される
- 習慣は，永続的であり固定化したものである。一旦，習慣が形成されると，それを捨て去るのは難しい
- 習慣はほとんど自動的に実行される

習慣を形成し，それを蓄えている主な調整器官は，大脳基底核を構成し皮

質下構造である線条体という領域である。線条体は，行動をコントロールしている前頭前皮質の「思考」と中脳の回路をまとめており，報酬や喜びと強く結びついたドーパミンを含んだニューロンからの入力を受け取る。習慣が強迫神経症的な行動や中毒のような病気になった時，線条体に機能不全が見られる（Graybiel & Smith, 2014）。

　細胞レベルでみてみると，シナプスの可塑性は習慣形成の基礎となる。習慣が形成させる間，繰り返し行われる思考や行動によって，前頭前皮質―線条体―中脳の回路のニューロンが何度も同時に発火する。その回路のニューロンが新たな行動と連動し，その行動が繰り返されることによって，その回路のシナプス結合は強化され，その行動は永続的な習慣となるのである。神経回路内のシナプス結合はシナプス可塑性のプロセスを経て強化され，それによって，新しい行動が植えつけられる。その回路は，自動的な行動の単一の「チャンク」またはユニットとして扱われる。一度チャンクが蓄えられたら，下辺縁皮質という別の脳領域が関与するようになり，行動の原因となる特定のきっかけ，状況，出来事に反応することによって，習慣に従事するか否かということを監視する。

　コーチングのひとつの目標は，クライアントが望んでいない，あるいは良くない習慣を認知し，やめさせ，新しく望ましい習慣の創出を促進することである。習慣を変えることは決して易しいことではない。しかし，習慣に関する神経科学研究の知見は，エビデンスに基づいた戦略を提供できる可能性がある。

　第一に，線条体や下辺縁皮質を研究している研究者らが発見したことによると，古い習慣は決して「滅びる」ことはないのであって，むしろ，それらは新しい習慣に覆われているというのである。第二に，習慣は，特定のきっかけや状況に誘発されるチャンクとして蓄えられていることを，研究者らは発見した（Graybiel, 2008; Graybiel & Smith, 2014）。つまり，「悪い」習慣を打ち破る最も良い戦略は，集中，努力，正の強化，動機づけを使って「古い」習慣の周囲を，新しく望ましい，そしてポジティブな行動で巻き付けてしまえば良いのである。

　たとえば，ある会社員は職場で上司との毎週のミーティングで，傷ついた

りネガティブな独り言をいう傾向がある。次のミーティングのことを考えたとき，すぐに「役割が果たせていないなどと自分にいうのは止めなさい」と勧めるのではなく，ミーティングに関する思考が誘発された時は，その人が短いマインドフルネスを常に実践できるように教えると良いのである。こういった習慣化した望ましくない思考にマインドフルネスに基づいたアプローチを採用することによって，会社員は出現する刺激に対して，ポジティブで生産的な反応ができるようになる。ストレスを誘発する出来事を視覚化し，続いて生じる思考，内面的な対話を経験し，穏やかに「観察」し，認識し，そして認知的かつ心理的な反応が消えるまで呼吸に集中するのである。

　このアプローチを採用することによって，クライアントはネガティブな独り言ではなく，落ち着きを取り戻し，客観的な立場をとり，刺激に対してより生産的な反応に注意を向け，選択できるようになる。加えて，批判的な声を「静める」ことによってクライアントが「自己」に統合された一部ではなく，「客体」として，その声を聞くようになる。クライアントは，常にその声と一体になるのではなく，分離し観察することができるようになるのである。

■ 習慣を変えるにはどれくらい時間がかかるか？

　科学的な研究は，新しい習慣を身に着けるのにどれくらい時間を要するかということに新たな洞察を与えている。影響力のある研究によると新しい行動が自動化するまでに18日から254日（平均66日）を要するという（Lally, van Jaarsveld, Potts, & Wardle, 2010）。この事実は，新しい習慣が形成されるには21日必要だというよく引用される神話を覆すだけでなく，古い習慣に後戻りするのはごくあたり前のことであり，それは「失敗」ではなく潜在的な神経回路の引き金にすぎないということをクライアントに再確認させることができるかもしれない。目標に到達するのは，性格によるのではなく，単に繰り返すことでそうなるのである。

どのような人のコーチングに最も適しているか

　コーチングにおいて神経科学の実践的応用を行おうと考えているコーチが

直面する挑戦は意義深い。脳機能の広範囲にわたる理解が進むことは，好奇心の強いクライアントと新米コーチにとっては魅力的かもしれないが，クライアントとコーチの双方にとっての脳機能研究の実用的価値については疑問が残る。現在のコーチング論文の中では，神経科学の応用に関しては異論が多い（Grant, 2015; O'Broin, 2015; Pereira Dias et al., 2015）。グラント（Grant, 2015）は神経コーチング（neurocoaching）の説明の基盤となっている四つの共通した神経神話と誤解について紹介している。

1. 神経科学は，コーチングが有効であるという科学的証明を与えてくれるという神話
2. 神経科学によって「脳をコーチングする」ことができるようになるという神話
3. 還元主義の誤解——fMRI のイメージを調べることによって，複雑な人間行動を理解できるようになり，人間の経験は，細胞レベルまで還元することによって理解できるようになる，という考え
4. 神経科学はコーチングの科学的基盤を提供してくれる，という神話

　神経科学研究とコーチングに特化した結果に直接関連する実証データがほとんどないことは明らかである。神経コーチングの基礎となる主張や概念的枠組および神経科学とコーチングを結びつけようとすることには，大きな概念的欠陥があることも明白である。つまり，信頼性や科学的であるという雰囲気を前面に出すために神経科学の専門用語を用いるコーチやトレーナー，コンサルタントは，自分たちの商品やサービスを売りたいがためにプロフェッショナルとしての立ち位置を貶め，クライアントやより広範囲なコーチング産業に害を与えるという現実的なリスクを冒していることになる。行動科学にしっかりと裏打ちされた根拠に基づくよいコーチングがマーケットを広げるためには，偽の神経心理療法や疑似科学は必要はないということである（Grant, 2015, p.34）。

　異論は多いが，私たちが検証しようとしてきたのは，クライアントが神経

科学領域の拡大しつつある知識ベースの理解を深めることで得られる，ポジティブな利益があるかどうかということである。

われわれはコーチに次のことをまず第一に考慮することを勧めている

- 新しく登場した神経科学に関する洞察は，既存のものよりはるかに効果的で，実利的で，すぐに実行可能で，発展的な「新しい」（コーチング）アプローチを，コーチあるいはクライアントに提供するだろうか。
- 心理学および認知行動的変化の領域は，コーチングやコーチング心理学の発展につれて急増している実践ベースのエビデンスに対して，二次的あるいは確証的な支持を提供しているだろうか。
- もし，コーチとクライアント双方が新しく登場した神経科学に対する深い知見を共有することに価値があるのなら，このような知見はクライアントの目標を達成しようとする努力をサポートし動機づけるために，どのように提示するのが最もよいだろうか。

神経科学的データが流布することによって，古くから確立し広いエビデンスを持つ認知行動的介入プロトコルの背景にある神経生物学的構造についてのわれわれの理解が強化されてきた。これらの手法は，治療やコーチングが必要なクライアントにとって，回復力（restorative）を伴うセラピー治療として効果的な結果が出ている。そして，今では現代のコーチング実践の実証的基盤になってきたのである。

これらのことを憶えておくことで，神経科学の基礎的理解をしているコーチは人間の変化の神経学について，よく理解できるかもしれない。同様に，個人の理解，学習された，または習慣的な行動の核となる要因の自覚，変化に対する抵抗，動機づけ，セルフ・オーサーシップ（自分で自分の人生を切り拓いていくこと），目標達成を望むクライアントも，先に説明したフォーマルで教育的な要素から利益を得られるかもしれない。

クライアントが出来事や状況に対する習慣的で自律的な反応をより深く広範にわたって理解することを手助けする方法として，ポジティブ心理教育を用いることは有益だろう。大人や子どもが習慣的な反応に関する神経科学を

理解することによって，好奇心や興味関心を刺激することができる。さらに，問題であり望ましくない現在の行動や習慣を主観的に見るのではなく客観的にするための努力をサポートをすることもできるし，発展，目標達成，成長のためにポジティブで自信を与え，動機づけとなる行動をとるようなサポートにもなりうる。

ケーススタディ

クライアント

　ジョンは EFG International Pharmaceuticals という会社で病院営業の上席副社長として 80 人の営業マンのチームを率いている。彼は，エリアの営業マネジャーとしてその会社に入社して以来 5 年間，ずっと好成績を上げてきた。副社長，エリアの病院セールス，そして約半年前に現在のポジションへと昇進していることを考えると，EFG 社のリーダーシップルートでいかに早く昇格しているかがわかる。

　仕事を離れると，彼は熱烈なタッチ・フットボールの選手であり，かなり真剣にトレーニングと試合を行っていた。彼は，現在の営業リーダーの仕事に同水準の集中と努力を割いているが，目下，職業人生で初めて業績が悪化してきている。

　最近，EFG 社における三つの最も価値の高い商品の特許が切れようとしており，新しい二つの競合ジェネリック品が市場に投入されようとしている。このことは，売り上げの深刻な減少を意味し，結果としてこれが，ここ数カ月，ジョンと彼のチームの重荷となっている。同時に，同僚のメレディスは，ジョンが彼女や同僚とコミュニケーションをとっているとき，不安になるような行動をとっていると証言しはじめた。

コーチング

　コーチングアライアンスを結ぶ最初の段階で，ジョンは多様な過去を詳細に共有してくれた。若い頃は優秀な学生，運動選手であり，自分の選んだ領域でこれまで多くのことを成し遂げてきた。ラグビーの国際代表選手で，学

部時代はビジネスとマーケティング専攻でトップの成績をおさめており，30代初めまではスポーツとビジネスの二つのキャリアを追い求め続けていた。これまでに，競技スポーツを辞め，MBA を卒業し，二つの前職で営業とチームリーダーの経験という財産を蓄積してきた。

　常に成功し続けることができるスキルや要因は何だと思うかと尋ねた時，彼はレジリエンス（resilience），忍耐力，ノーという返事を受け入れないこと，常に勝とうとすること，を挙げた。一番最後の点について質問した時，彼は競争についての価値を次のようにはっきりと述べた。「2 位に賞はない」と。この発言の裏をよく調べてみた結果，明らかになったことは，とどまることを知らない勝利への欲と，どんな犠牲を払ってでも前進したいという渇望であった。「私の父は大変厳しい人だった。私は常に最高でなければならなかった。私が負けた時，同情は一切なかったが，勝利した時はいつも満面の笑顔を見せてくれた」。強い意志と衝動を併せ持っていることは，常に不安定で敵対的であることを意味していたのである。

　ジョンにとって勝つことは習慣となっていた。彼は才能があり，やる気があり，能力があった。問題があると，それを解決した。障害物が現れると，彼はそれをうまく回避した。その問題がしつこい場合にはラグビー人生から知恵を借りた。つまり，問題を押しつぶしてしまうのである。彼は鋭い知性という才能をもっているので，特に成功がかかっているときに，愚か者に邪魔をされるということは決してなかった。一方，彼は経営のヒエラルキーを尊重しているので，「策を練ること」と，官僚的なコンプライアンスにしばしば悩まされていた。現在ジョンの仕事のパフォーマンスは，明らかに危機にさらされていた。職業人生で初めて直面する，広がりつつある市場力学と状況に対して策略を練ろうとするが，彼にできることはほとんどないのである。

　彼は成功のための障害に対する習慣的な反応を行った。つまり，彼は丁寧に，礼儀正しく他人を彼の思考法に巻き込もうとした。しかし，今回，彼のアプローチはうまくいっていない。特に同僚，今回のケースではメレディスは良く思っていない。彼の増大しているフラストレーションと，けんか腰の態度はエスカレートし，彼のパフォーマンスが疑問視され，在職期間が見直されようとしている。

コーチングの会話における最初の段階では，彼の深く組み込まれ，習慣になっているパフォーマンスの追求に焦点が当てられた。彼は，努力の深刻化と仕事と行動，双方の悪化を認識し，「はっきりと思い描く」ことができた。

深い内省的な質問のやり取りを通して，ジョンは彼がこれまでのパフォーマンスに帰属させてきた報酬と認識を自覚し，「何も考えず勝利を求めること」と，勝利が満たしてくれる感情的欲求を認識した。これらの行動を伴う，深くコード化された神経ネットワークは神経科学的説明の援助によって説明，具体化できる。たとえば，次のような説明である。

　簡単な用語で説明すると，私たちの神経学的経路はまったく同じやり方で反復し強化することによって形成され，強くなる。これは，アスリートの生理機能が負荷トレーニングと技術的なフィードバックによって調整されることと同じである。アスリートが新しい技術を身に着け，古い技術を修正したいのなら，熱心に自制心をもって，自律的になるまで新しい技術と古い技術を練習しなければならない。これを自分のものにするために，アスリートは練習の初期段階でフィードバックに基づいた限定的行動を行い，修正された技術が適当な状態にあるかどうか確認する必要がある。これには時間がかかり，アスリート側の集中力が必要である。これは，思考や行動が神経レベルでも同じことが言える。

変化に関する類似した例を挙げることによって，ジョンは現在の挑戦を具体的かつ行動可能な状態に理解することができた。彼にとって，これは自分自身を再構築し，スキルや行動の新たなレパートリーを創造するという一連のプロセスなのである。ジョンが自分の外にありコントロールできないと思っていた周囲の状況は，今，知覚的，感情的，かつ問題解決のレパートリーを広げることができたため内在化したのである。新しく出現した神経科学の知識を使うことによって，大きく変化したビジネス環境に対する概念とアプローチを再度考え直すことができた。さらに，自律的な行動である「どんな犠牲を払ってでも勝利する」ということではなく，順応性と持続可能性という新たな認知的枠組みを創造することに，積極的に取り組んだのである。

ディスカッションのポイント

1. 過去に，あなたが直面した場面で，行動に対する神経科学的説明が用いられたケースについて考えてみてください。それによって，メンタルプロセスの基礎となるメカニズムに対して，より説得力のある説明が付け加えられでしょうか？ 心理学的な説明より「科学的」に思えたでしょうか？

2. あなた自身の習慣（身につけたい習慣や止めたい習慣）を前に説明した脳を基礎とした説明で考えてみてください。「古い習慣は決してなくならない」ということを知った上で，悪い習慣を止めるアプローチはどのようなものになるでしょうか？

3. かつて個人的に習慣を変えようとしたアプローチ法について思い出してみてください。この習慣の神経可塑性と神経生理学をより深く理解することによって，変化し始めるための動機づけになるでしょうか？ あるいはそれはどのように変化の制約になるでしょうか？

4. 習慣の神経科学を理解することによって，コーチングのクライアントがうまく変化を維持できる可能性を，どのように向上させることができるでしょうか？

推奨文献

Arden, J.B. (2015). *Brain2Brain. Enacting client change through the persuasive power of neuroscience*. Hoboken, NJ: John Wiley & Sons.

Brann, A. (2015). *Neuroscience for coaches. How to use the latest insights for the benefit of your clients*. London; Kogan Page.

Grant, A.M. (2015). Coaching the brain neuro-science or neuro-nonsense. *The Coaching Psychologist,* 11, 31-37.

Graybiel, A.M., & Smith, K.S. (2014). How the brain makes and breaks habits. *Scientific American,* 310(6), 39-43.

文　献

Anthes, E. (2014). Depression: A change of mind. *Nature,* 515 (7526), 185-187.

Askanasy, N.M., Becker, W.J., & Waldman, D.A. (2014). Neuroscience and organizational behavior: Avoid both neuro-euphoria and neuro-phobia. *Journal of Organizational Behavior,* 35 (7), 909-919.

Bäuml, J., Fröböse, T., Kraemer, S., Rentrop, M., & Pitschel-Walz, G. (2006). Psychoeducation: A basic psychotherapeutic intervention for patients with schizophrenia and their families. *Schizophrenia Bulletin,* 32 (Suppl 1), S1-S9.

Egan, G. (2013). *The skilled helper: A problem-management and opportunity-development approach to helping* (10th ed.). Belmont, CA: Brookes/Cole.

Fernandez-Duque, D., Evans, J., Christian, C., & Hodges, S.D. (2015). Superfluous neuroscience information makes explanations of psychological phenomena more appealing. *Journal of Cognitive Neuroscience,* 27 (5), 926-944.

Ganguly, K., & Poo, M.M. (2013). Activity-dependent neural plasticity from bench to bedside. *Neuron,* 80 (3), 729-741.

Grant, A.M. (2015). Coaching the brain neuro-science or neuro-nonsense. *The Coaching Psychologist,* 11 (1), 31-37.

Graybiel, A.M. (2008). Habits, rituals, and the evaluative brain *Annual Review of Neuroscience,* 31, 359-387.

Graybiel, A.M., & Smith, K.S. (2014). How the brain makes and breaks habits. *Scientific American,* 310 (6), 39-43.

Howard-Jones, P.A. (2014). Neuroscience and education: Myths and messages. *Nature Reviews Neuroscience,* 15 (12), 817-824.

Hunot, V., Moore, T.H., Caldwell, D.M., Furukawa, T.A., Davies, P., Jones, H., Honyashiki, M., Chen, P., Lewis, G., & Churchill, R. (2013). *Cochrane Database Systematic Review,* 10:CD008704. DOI:10.1002/14651858.CD008704.pub2. Review.

Kandel, E.R., Schwartz, J.H., Siegelbaum, S.A., & Hudspeth, A.J. (2013). *Principles of neural science* (5th ed.). New York: McGraw Hill Medical.

Kemp, T.J. (In press). *Mindfulness in coaching. Handbook of coaching.* London: Sage.

Lally, P., van Jaarsveld, C.H.M., Potts, H.W.W., & Wardle, J. (2010). How are habits formed: Modelling habit formation in the real world. *European Journal of Social Psychology,* 40 (6), 998-1009.

Lepousez, G., Nissant, A., & Lledo, P.M. (2015). Adult neurogenesis and the future of the rejuvenating brain circuits. *Neuron,* 86 (2), 387-401.

Lilienfeld, S.O., Lynn, S.J., Ruscio, J., & Beyerstein, B.L. (2011). *50 great myths of popular psychology: Shattering widespread misconceptions about human behavior.* West Sussex, UK: John Wiley & Sons.

Lindebaum, D., & Jordan, P.J. (2014). A critique on neuroscientific methodologies in organizational behavipr and management studies. *Journal of Organizational Behavior,* 35 (7), 898-908.

Lukens, E.P., & McFarlane, W.R. (2004). Psychoeducation as evidence-based practice: Considerations for practice, research, and policy. *Brief Treatment and Crisis Intervention,* 4 (3), 205-225.

Merzenich, M. (2012). *The fantastic plastic brain/Interviewer: T. K. Foundation.* The Kavli Foundation.

第4章　神経科学とコーチング　*113*

O'Broin, A. (2015). Coaching psychology and neuroscience: Cross-disciplinary opportunities and challenges. *The Coaching Psychologist,* 11 (1), 30-31

Pereira Dias, G., Palmer, S., O'Riordan, S., Bastos de Freitas, S., Rosa Habib, L., do Nascimento Bevilaqua, M.C., & Egidio Nardi, A. (2015). Perspectives and challenges for the study of brain responses to coaching: Enhancing the dialogue between the fields of neuroscience and coaching psychology. *The CoachingPsychologist,* 11 (1), 11-19.

Rock, D. (2007). *Quiet leadership: Six steps to transforming performance at work.* New York: Harper Collins.

Takesian, A.E., & Hensch, T.K. (2013). Balancing plasticity/stability across brain development. *Progress in Brain Research,* 207, 3-34.

Zhao, S., Sampson, S., Xia, J., & Jayaram, M.B. (2015). Psychoeducation (brief) for people with serious mental illness. *Cochrane Database Systematic Review,* 4, CD010823. DOI: 10.1002/14651858.CD010823. pub2.

第5章

ポジティブ心理学コーチングにおける
キャラクターストレングスアプローチ

ミシェル・マクアイド，ライアン・M・ニミエック & ファティマ・ドマン

はじめに

　私たちは自らの問いによって創造された世界に生きている，これは複数の研究者が述べていることだが，それというのも私たちは問いによって何かを発見し，未来を想像し，計画し，創り上げる力を得るからである（Cooperrider, Barrett, & Srivastva, 1995; Gergen, 1994; Orem, Binkert, & Clancy, 2011）。

　しかし残念なことに，人の援助にかかわる仕事を専門とする多くの人たちが，問題や欠点，機能不全を起こしている方に意識が引っ張られるあまり，クーパーライダーとゴッドウィン（Cooperrider & Godwin, 2011）が言うところの「80対20の欠点バイアス」に陥っている。従ってよほど強い意図を持ってセッションにのぞまなければ，機能不全の修復だけにセッション時間と労力の約80%を費やし，うまく機能していることの強化のために残された時間はわずか20%，というのが現状の傾向である。

　こうした状況に対して，かなりの数のエビデンスが増えてきたことで（Cooperrider & McQuaid, 2012），従来の比率はそっくり転換すべき だということが示唆されている。そこで本章ではこの流れを受け，ここ10年以上にわたって劇的な進化を遂げている強みベースのコーチング（strengths-based coaching）（Linley & Harrington, 2006）について，その理解を深めることから始め，続いてコーチングにおける強みベースのアプローチが持つ潜在的有効性につい

て探っていく。

　最後に，妥当性検証済みのアセスメントツールやキャラクターストレング
ス介入法，強みに焦点を当てた質問を活用しながら，コーチがキャラクター
ストレングスを実践にどのように応用していくかを検討する。

ストレングスコーチングの進展

　基本的にコーチングでは常に強みに力点が置かれているものの，強みを意
識的にツールとして活用する動きは，ますます広がっている（Biswas-Diener,
2010; Elston & Boniwell, 2011; Gibbs & Larcus, 2015; Kaufman, Silberman,
&Sharpley, 2008; Linley & Harrington, 2006）。セリグマンとチクセントミハ
イ（Seligman & Csikszentmihalyi, 2000）を中心に提唱されたポジティブ心
理学の登場がまさにその動きの背景となっている。その中で強みに関して
は，ポジティブ心理学が現れた当初から，その科学的研究の進展が真っ先に
求められるトピックであった。この流れを受け，キャラクターストレングス
の認識，測定，その開発に関して，数多くのピア・レビュー研究が進み，キャ
ラクターストレングスは，いわゆる人間の「繁栄（flourishing）」に関する，
より広範な構成概念の中でも，鍵となるメカニズムであると研究者らは結論
づけるに至った（Gander, Proyer, Ruch, & Wyss, 2012a; Park, Peterson, &
Seligman, 2004; Proyer, Gander, Wellenzohn, & Ruch, 2013; Seligman, Steen,
Park, & Peterson, 2005; Wood, Linley, Maltby, Kashdan, & Hurling, 2010）。

　ストレングスコーチングは，すべての人にポジティブな特質が本来的に備
わっており，コーチングはそのプラスの特質を伸ばし，人間の持つ可能性を
最大限引き出すものだ，という前提の上に成り立っている。

　コーチングによって，弱点や問題，障害自体はなくなりはしないものの，
本来的な脳の機能であるネガティブバイアスが調整され，クライアントは
コーチングによって改善を望む領域，マイナス面だけではなく，その中にあ
る真実や良い面，可能性などポジティブな面についても発見できるようにな
る。その上でコーチングでは彼らの目標実現に向けて，確実で具体的な実践
に踏み出せるよう支援する。

以上の点から，強みに焦点をおくアプローチは，用いるアセスメントや介入法，コーチングでの質問項目など，コーチングにかかわる要素すべてに根本的な変革をもたらす手法であると言える（Linley & Harrington, 2006）。

理論と基本概念

人間には多様な強みが備わっており，程度の違いやさまざまな文脈に応じて現れる（Niemiec, 2014）。強みの種類には以下のものが含まれる。

■ キャラクターストレングス

この強みは，人間の持つ優れたパーソナリティ特性であり，それを発揮することでその人自身だけでなく他者をも利し，社会全体など，より大きな存在に善をもたらしうる，いわば人間の徳性である。また，キャラクターストレングスとは，個人にとってのアイデンティティ（自分とは本来何者か）であると同時に，行為（あなた自身の行為や振る舞いがあなたそのものをあらわしている）でもある。

言い換えると，キャラクターストレングスは，自己の内に「存在」し，自分という人間を形づくるものであると同時に，「行為」として表現され，感謝や忍耐力，希望，創造性などがそこに含まれる。キャラクターストレングスはさらに，他のさまざまなタイプの強みを発揮させる動力にもなり，方向づけの役割も果たしている。

■ 才能

この強みは遺伝的な生物学的要素に大きく依拠する。良い例が，ガードナー（Gardner, 1983）の提唱する多重知能であり，この中には空間的知能，音楽的知能，対人的知能などが含まれる。

■ スキル

この強みは，タイピングのスキルや研究スキル，大工作業の技術など，ある特定の習熟的技能である。スキルは通常，最終的な目的を達成する手段と

して研鑽を積むことで習得される。

■ 興味・関心

この強みは，夢中になっていることがらや関心事を指し，テニスをする，コインを収集する，水彩画を描くなどが，例として挙げられる。

■ リソース（資源）

これは，外的，環境的に与えられたものではあるものの，個人にとっては実質的な支えとなってくれる強みである。具体的には家族の支えや良い友人関係，安全な住環境，ボランティアグループや宗教的コミュニティとの社会的つながりやサポートの有無などが挙げられる。

自分の強みを認識するのに苦労しているクライアントは多いと，複数の研究が示唆している（Hill, 2001; Linley, 2008; McQuaid & VIA Institute, 2015）。それゆえに信頼性の高い強みアセスメントツールは，ストレングスコーチングにおいて重要な役割を担っている。このような強みのアセスメントのひとつが，ドナルド・クリフトン（Donald Clifton）とギャラップリサーチ（Gallup Research Organization）によって作成されたストレングス・ファインダー（Strengths Finder, 1998）である。彼らは仕事における強みの発揮に関し，何年にもわたる質問紙調査と検証の結果，成人と学生を対象にした才能を評価測定するツールを作成した。

一方，キャラクターストレングスとして知られる強みは，ピーターソン（Peterson）とセリグマン（2004）が率いる名だたる科学者たちの研究によって，文化や国籍，信条を超え，人間に共通して存在する普遍的な徳性として明らかにされた人間の徳性的な強みである。そのキャラクターストレングスを特定するアセスメントが，VIA（the Values in Action）サーベイであり，成人版と青少年版が開発されている。

その他，アレックス・リンレイ（Alex Linley）と応用ポジティブ心理学センター（The Center of Applied Positive Psychology）のチーム（2009）によって，パフォーマンス（強みを発揮することで行動にどのようなポジ

ティブな影響が及ぼされるか），エネルギー（強みを発揮することでどのくらい心が活性化されるか），頻度（どのくらいの頻度で強みを使っているか）の三つの局面から強みを測定する R2 ストレングス・プロファイラー（R2 Strengths Pofiler）が開発されている。

　ポジティブ心理学介入法の効果を検証した研究論文の中で，最も画期的な発見とされているのが，シグネチャーストレングスの認識とその積極的な使用の有益性（Buckingham & Clifton, 2001; Peterson & Seligman, 2004）である。シグネチャーストレングスは通常，VIA サーベイの結果で上位にランクされる強みで，より端的に言えば「まさにオーセンティックな（真実の）自分である」といったその人を表す上での本質的な強みと言える。したがってシグネチャーストレングスを発揮するとき，人は心の内から高揚感や活力が湧き，充実感を感じる（Niemiec, 2013）。

　強みの使用に関しては近年，それぞれの強みを「バランスよく」発揮することの重要性が明らかにされている（Young, Kashdan, & Macatee, 2014）。したがってコーチングにおいても，強みの過剰使用と，過少使用についての理解を促し（Grant & Schwartz, 2011; Linley, Willars, & Biswas-Diener, 2010; Niemiec, 2014），クライアントが強みを「バランス良く」使えるよう支援する。複数の強みをどう掛け合わせて使うかを検討することも，バランス良く強みを使うことにつながる。たとえば，好奇心の強みと感謝の強みは，いずれかひとつを単体で使うより，組み合わせて使う方がはるかに大きな効果を発揮する。

　以上に加え，クライアント自身も認識していない強みや，「弱い」強みを伸ばす（Linley et al., 2010; Proyer, Gander, Wellenzohn, & Ruch, 2014）こともバランス良く強みを使う上での訓練となる。

　こうした実践を行うためには，コーチ自身が強みの使用について，十分に理解を深める必要がある。単に「強みをもっと使いましょう」と一般的にアドバイスするのではなく，クライアント一人ひとりの固有のパーソナリティーや置かれた状況等のすべてを踏まえた上で，より細やかな「強みを育てる」アプローチがストレングスコーチングでは求められるのである。

　これまでの研究から，強みを定期的に使う人たちには，以下のような有益性が認められている。

■ ウェルビーイングの向上

主観的な抑うつレベルの軽減，高い活力感と良好なメンタルヘルスが報告されている（Gander, Proyer, Ruch, & Wyss, 2012a; Mitchell, Stanimirovic, Klein, & Vella-Brodrick, 2009; Seligman et al., 2005)。

■ ストレスの軽減

気持ちが明るく前向きになると報告されている。キャラクターストレングスの中でも，とりわけ親切心，社会的知能，自己制御，大局観の強みが，ストレスやトラウマからのマイナスの影響を和らげる緩衝材になっていると考えられる（Park & Peterson, 2009; Park et al., 2004; Wood et al., 2010)。

■ より健康的になり，活力が増す

キャラクターストレングスを積極的に生活習慣に活用することで，毎日が活動的になり，楽しめる活動を積極的に持つようになり，健康的な食生活を送るなど，さまざまな健康的生活行動，態度との関連性が見出されている。(Park, Peterson, & Seligman, 2004; Proyer et al., 2013)。

■ 人生への満足度が高まる

人生の満足度が高い人ほど，問題解決力に優れ，仕事のパフォーマンスが高く，ストレスに対する柔軟性や回復力が高く，身体的に良好な状態にある傾向が見られる（Brdar & Kashdan, 2010; Buschor, Proyer, & Ruch, 2013; Gallup, 2013a; Harter, Schmidt, & Keyes, 2003; Park et al., 2004; Proyer, Gander, Wyss, & Ruch, 2011; Proyer, Ruch, & Buschor, 2012; Rath, 2007)。

■ 自信が高まる

自分の強みの認識と使用，その双方とも自己効力感，自尊心，自己受容感，自信の向上に顕著な関連性が認められている（Govindji & Linley, 2007; Hodges & Harter, 2005; Minhas, 2010)。

■ 仕事での創造性が増し，より意欲を持って敏速に業務に取り組める

自らの強みを積極的に発揮することで，オーセンティック感（真に自分らしいという感覚）や活力，集中力が高まり，その結果，状況の変化に俊敏に対応できるようになり，創造性や意欲を持って積極的に仕事に打ち込めるようになり，細部への注意力も増し，生産性も高まる傾向が見られた（Dubreuil, Forest, & Courcy, 2013; Harzer & Ruch, 2014）。

■ 仕事への満足感が向上し，働くことの意味を見出しやすくなる

自らの上位の強み四つか五つを仕事で発揮する人ほど，仕事への満足感が高く，仕事を楽しみ，積極的に仕事に打ち込み，仕事に意義を感じる傾向が見られる（Harzer & Ruch, 2012, 2013; Littman-Ovadia & Davidovitch, 2010; Littman-Ovadia & Steger, 2010; Peterson, Stephens, Park, Lee, & Seligman, 2010; Wrzesniewski, McCauley, Rozin, & Schwartz, 1997）。

■ 仕事へのエンゲージメントが高まる

自分の強みを，毎日の仕事で定期的に使う機会がある従業員ほど，そうでない従業員に比べ，最大6倍も仕事に対するエンゲージメントが高いことを，複数の研究が明らかにしている（Clifton & Harter, 2003; Crabb, 2011; Gallup, 2013b, 2013c; Minhas, 2010）。

実践：キャラクターストレングスと コーチングにおける役割

各タイプの強みをそれぞれ伸ばすのは非常に有益なことだが，コーチング実践の実証的裏づけとなるピア・レビュー研究が幅広く存在しているという点からも，本節ではキャラクターストレングスと，ポジティブ心理学コーチングにおけるその役割，活用法に焦点を当てる。

キャラクターストレングスは，歴史上さまざまな哲学者や神学者らが重視した「大いなる美徳」へと至る「経路」（Peterson & Seligman, 2004）と位置付けられている。「VIA」という言葉自体がそもそもラテン語で「橋」あ

るいは「道」という意味を持つが，その言葉通り，キャラクターストレング
スは，ウェルビーイングの中心的構成要素でもあるポジティブな人間関係の
構築や達成（Seligman, 2011）につながる経路であり，幸せやエンゲージメ
ントへの橋渡しになりうるものである（Gander et al., 2012a; Peterson, Park,
& Seligman, 2005; Peterson, Ruch, Beerman, Park, & Seligman, 2007）。

　ストレングスコーチングを実践する際は，クライアントがスムーズにその
過程に入っていけるよう，人間の基本的な心理的メカニズムについて，あら
かじめ説明すると良いだろう。

　たとえば，われわれ人間にはそもそも神経学的，社会的バイアスがあるた
め，うまくいかないことや弱点の修復にどうしても注意が向く（Baumeister
et al., 2001）傾向がある。クライアントにこうした説明をすることは，コー
チングを効果的に進める上で非常に有益だろう。というのも，人間が本来的
に持つ心理的機能への理解があれば，仮にコーチングの各段階で思考や意識
がネガティブに傾いたとしても，クライアントはあまり慌てずにその過程に
取り組むことができるからだ。

　それに加え，もし偏った見方に囚われても，自らの強み（キャラクタース
トレングス）を使うことで，自分自身がすでに持っている知的，心理的，社
会的，身体的リソースが活性化され，より積極的に，エネルギッシュに楽し
みながら目標に向かっていけるのだとクライアントに示すことも，コーチン
グを効果的に進める上で，大いに役立つだろう。

　コーチングでは，キャラクターストレングスを使ったさまざまな介入法を
取り入れることができるが，その中でも最も簡便でかつ広く活用されている
ポジティブ心理学介入法が「シグネチャーストレングス（その人らしさを最
も特徴付ける強み）を新しい方法で使う」（Seligman et al., 2005）介入法で，
以下の3ステップから構成されている。

1) オンラインの VIA サーベイを受ける（www. viacharacter. org：日本
　語版あり）。
2) 測定の結果，上位にランクする強みの中からひとつを選ぶ。
3) 1週間，選んだ強みを毎日違った方法で使ってみる。

研究から，この介入法は若年層から成人，高齢者までの各年代において，長期間にわたる幸福感の上昇と抑うつの軽減に効果が認められている（Gander et al., 2012a; Madden, Green, & Grant, 2011; Mitchell et al., 2009; Proyer et al., 2014; Seligman et al., 2005）。

この他にも，キャラクターストレングスコーチングの実践者が活用できるエビデンスベースドな介入法として以下が挙げられる。

■ シグネチャーストレングス介入法

シグネチャーストレングスに焦点を当てたもうひとつの介入法として，「ストレングス・アライメント（strengths alignment）」（Harzer & Ruch, 2015; Littman-Ovadia & Niemiec, 2017）がある。これは日々の業務の遂行や自己一致した目標の設定を，自らのシグネチャーストレングスに意識的に関連づけて行うようにする方法である。自己一致した目標とは，自分の価値観や内発的な動機に基づく目標のことであり，この場合，シグネチャーストレングスを目標達成の手段として活用する方法もあれば，自らのシグネチャーストレングスを高めること自体を目標にすることもできる。

上記に加え，身近な人に対し，彼らのシグネチャーストレングスを見つけ，その人の持つ強みの素晴らしさ，価値をはっきりと伝えるというのも，ストレングス・アライメントのもうひとつのやり方である。

■ 特定のキャラクターストレングスを使った介入法

ある特定の強みをターゲットにした介入法で効果が実証されているものに，「親切な行為を数える（親切心の強み）」（Otake, Shimai, Tanaka-Matsumi, Otsui, & Fredrickson, 2006），「感謝の手紙（感謝の強み）」（Seligman et al., 2005 など），「今日の三つの『笑える』こと（3 funny things; ユーモアの強み）」（Gander et al., 2012b）などがある。

■ 一般的なポジティブ心理学介入法にキャラクターストレングスを組み込む

キャラクターストレングスを，ポジティブ心理学（あるいはその関連分野）のエビデンスベースドな介入法に組み込むことも可能である。

たとえば，状況を柔軟に捉え，困難を成長へのチャンスとして受け止める
ことのできる心的態度を「成長のマインドセット」（Dweck, 2007）と呼ぶが，
こうしたマインドセット構築の支援に関心を持つコーチであれば，「すべて
の強みは柔軟に変化するだけでなく，成長し，学習できるものであり，困難
に直面した際にも私たちは自然と強みを使って対処しようとする」という
キャラクターストレングスの基本概念を自然な形で融合させ，実践にあたる
ことができるだろう。

　コーチの多くがすでに気づいていることだが，以上で取り上げた介入法
は，いずれも各コーチがそれぞれ得意とするコーチングモデル，たとえば
GROW モデルや「認識・探索・応用（Aware-Explore-Apply）モデル」（Niemiec,
2014），ACHIEVE モデル，PRACTICE モデル，OUTCOMES モデル，そ
の他さまざまな解決志向アプローチのコーチングセッションの組み立ての中
に，自然に調和させて取り入れることができる（Grant, 2011）。
　その中でもとりわけクライアントにポジティブな変化をもたらす効果が高
く，クライアントが楽しみながら，積極的に取り組めるものが「アプリシエ
イティブ・インクワイアリー（Appreciative Inquiry: AI）」という変化を起
こすフレームワークを使った手法である（Gordon, 2008）。
　AI の 4D フレームワークは，強みをベースにして，ポジティブな変化を
持続的にクライアントにもたらすように設計されており，次の四つの D の
プロセスから構成される。
　Discovering（発見）：過去における「最高の自分」からクライアントの強
みを探っていく
　Dreaming（夢）：未来の最高の可能性について自由に考え，想像する
　Designing（設計）：望ましい未来の可能性を実現するための策を立てる
　Delivering（実行 *）：持続的なアクションプランを立て最高に望ましい変
化を起こす（Cooperrider & Whitney, 2005）
　以上四つのステップは，いずれも関連するポジティブ心理学介入法と組み

---

* 訳注）「Destiny」とも言う。

合わせることが可能で，対面あるいはオンラインでのビデオ会議や電話によるコーチングセッションとして，約1時間に渡って実施される。

　最初の「発見」段階では，クライアントにセッション前の事前準備として，VIA サーベイを受けてもらい，その結果から明らかになった自らの強みが，ターゲットとなる生活領域（たとえば，仕事や家庭生活，対人関係など）で，これまでどのような形で発揮されていたかを，クライアント自身にふり返ってもらう。

　コーチングセッションでは，このふり返りを踏まえ，自分の強み（キャラクターストレングス）について，クライアントの理解をさらに一歩推し進める。日々のちょっとした瞬間の中で自分の強みがどのように発揮されているのか，クライアントが意識できるように認識を促し，また，これまで強みを過剰に使っていた，あるいは逆にほとんど使えていなかった場面をふり返ってもらい，バランスよく強みを使う必要性をクライアントが認識できるよう支援する。

　以上の段階を踏むことで，コーチングを進める上での調子が整い，クライアントは自分をより好意的に捉えられるようになり，前向きな自己イメージを描きやすくなる。それと同時に自分の強みを発見することで，クライアントのポジティブ感情が高まり，コーチとの間の信頼関係を強化することにもつながる（Orem et al., 2007）。

　次の「夢」段階では，事前準備として「最高の未来の自分エクササイズ」(Best Possible Future Self)（King, 2001）をやり終えておくようにクライアントに求める。これは，ターゲットとする生活領域で，もし自分のキャラクターストレングスを毎日存分に発揮し，同時にすべてのことが可能な限り上手くいったとしたら，どんな「最高の未来の自分」が実現するか，そのことを思い描き，感情豊かに書き出してもらうエクササイズである。

　コーチングセッションではこの記述全体をふり返り，そこに繰り返し現れる「心から叶えたい」望みにクライアント自身が気づき，その目標が持つ意味と重要性を認識できるように支援する。その上で，記述内容の中で，何が実現可能で何が不可能かを，コーチとクライアントが共に探っていく。

ポジティブな未来を思い描くことは，心に希望を与え，解決策を見つけながら前へと進む前向きな行動へと私たちを促し，自分には夢を実現する力があると認識させてくれる作用があることが，研究によって明らかにされている（Cooperrider, 1990）。結果として，このエクササイズは，楽観性の向上や目標の明確化，目標達成への自信を高める上で，役立つことが示唆されている（King, 2001）。

　三つ目の「設計」段階では，クライアントには事前準備として，あらかじめ「希望の地図（ホープ・マップ）」（Lopez, 2013）を作成してもらう。地図にはまず「実現したい」目標を書き出し，どの強みを使って目標を実現させるか，想定される障害，目標動機づけと意志力をどう維持できるかを，それぞれ書き記す。

　コーチングセッションの中ではこの地図を見直し，これを元にクライアントが自分のキャラクターストレングスを伸ばすさまざまな方法を見つけ，その強みを使って目標達成へと前進できるように支援する。想定される障害に対してはクライアントに現実的な対応を促し，同時に，あなたの目標達成をいつでもサポートしていますよ，とクライアントに安心感を与える。

　内なる希望を育て高めることにより，短期的な意思決定においてはより適切な選択ができるようになり，行動が制御され，望みを現実化する力を得られることが，研究で明らかになっている（Snyder, 2000）。

　四つ目の「実行」段階では，事前準備としてクライアントに「毎日の強み習慣（Strengths Development Habit）」（McQuaid & Lawn, 2014）を作成してもらう。その際，「きっかけ（キュー），行動（ルーティーン），報酬（リワード）」，という研究で明らかにされたシンプルな脳神経学的ループ（Graybiel, 1998）を最大限活用する。これによって自信と成功の上昇スパイラルが生み出され（Heath & Heath, 2010），新しい習慣の維持が容易になる。

　コーチングセッションでは，必要に応じてこの「強み習慣」に常に改良を加えながら，「希望の地図」や「最高の未来の自分」で描いたことを実現するため，今後どのような強み習慣を追加できるかを検討する。加えて，コーチはクライアントが目標へ着実に向かって行けるよう，常に適切なフィードバックと支援を与える（これに関しては，クライアントの必要性に応じて，

その時々のセッションに含めていってもよいだろう）。この段階で最も重要なことは，クライアントのこれまでの達成を改めて確認し，称え，今後想定される障害と惰性に対して心構えを準備するとともに，目標実現に向けた歩みをクライアントが一層徹底できるようにすることである（Orem et al., 2007）。

キャラクターストレングスコーチングに最も適したクライアントは誰か？

　一般的に，キャラクターストレングスコーチングは，自分の最高の力が発揮できることを純粋に知りたいという人，自らの可能性を存分に開花させたいと考える人たちに最も効果を発揮するアプローチである。特に現実的な楽観主義者（Seligman, 2004）にはぴったりの手法だが，多少疑い深い人たちにもこの手法は有効である。というのも，彼らの皮肉っぽいものの見方の裏には，表面化していない希望が隠されているからで（Whitney, Trosten-Bloom, & Rader, 2010），このタイプのクライアントの場合は，数回多めのセッションが必要になることが多い。

　キャラクターストレングスコーチングを行う中で，問題や弱点が浮かび上がってきた時，コーチはそれを「強みのレンズ」を通して，すぐに別の角度から捉え直せるようにしておく必要がある。弱点をその通りに受け止めるのではなく，この状況ではある特定の強みが十分使えていないか，あるいは過剰に使いすぎているのだと，見方を捉え直す必要があるだろう。

　これらに該当しない場合は，クライアントの行動に変化を与えたり，弱点を補ってくれそうな仲間を見つけたり，個人ではなくチーム全体の強みに焦点をあてて物事を捉えるなどの手法を使い，問題や弱点を最小限に抑えることも可能である。どの手段もまったく使えないという場合は，気がかりな点にまつわるリスクを最小限に抑えて対処できる基本スキルは何かを考え，それを鍛える必要があるかもしれない（Linley, Woolston, & Biswas-Diener, 2009）。

　もうひとつ注意すべき点は，強みアプローチは，有益な効果が期待できる手法ではあるものの，クライアントによっては強みを使うことでかえって失

望感を感じたり，コーチングへの意欲を失ったり，あるいは精神的に苦痛を
覚える可能性も考えられることである。

　強みを使っても期待通りのポジティブな結果が得られなかった場合，強み
が強調されることで，クライアントはかえって失敗に対し心理的に臆病にな
り，動機づけの低下や，あるいはこれまでの一貫した自我同一性に対する脅
威を感じる可能性すらある。従って，この手法を実際に現場で行う場合は，
事前に対象となるクライアントの精神状態が良好かどうかを，十分に確認し
ておくことが非常に重要である。

　ストレングスコーチングを仕事の領域で実践する場合，コーチングの成功
の鍵を握るのはクライアントの上司である。研究からも，部下の強みに関し
て，彼らと積極的に話し合いの場を持とうとする上司の姿勢が，強みの認識
力や日常的な強みの活用，業務に打ち込む姿勢や生き生きと働くエネルギー
など，さまざまな点で部下に直接的なインパクトを与えることが明らかに
なっている（McQuaid & VIA Institute, 2015）。

　もしクライアントが職場から前向きな支援を受けられない場合，コーチン
グへの期待と現実とのギャップが，そのままリスクとなる恐れが生じる。ス
トレングスコーチングによって働き方が改善し，仕事がもっと充実するので
はという期待は膨らんでも，現実に思うような結果が得られない場合，クラ
イアントは仕事や職場への意欲を失い，幻滅だけが残ってしまう可能性があ
る。従ってこの点については十分に注意が必要である。

　強みベースのコーチングは，学校現場におけるメンタルヘルスの予防
とウェルビーイング促進にとっても効果的な介入法であることが，マドン
（Madden）らの研究（2011）によって結論づけられている。教育現場
への応用で効果が実証されているプログラムの一例が「ストレングスジム
（strengths gym）」プログラムである。このプログラムを思春期の子どもた
ちを対象に実施し，効果を検証したところ，自分のキャラクターストレング
スを認識し，積極的に活用した子どもたちは，対照群の子どもたちに比べて，
人生満足度に顕著な伸びが認められた（Proctor, Tsukayama, Wood, Maltby,
Fox Eades, & Linley, 2011）。

ケーススタディ

クライアント

ロバートは大手銀行で約10年間勤務している30代後半の男性である。コーチング開始時の彼は，中間管理職として責任の重い業務をこなす一方，幼い子どもたちの父親としての責任を果たし，自分の健康にも気をつけなくてはならないなど，あらゆることを同時にやりくりするエネルギーを見つけるのに非常に苦労していた。

当時彼は，上司からのフィードバックに基づいて，自分の弱点を克服し，「もっと敏速な決断力」を身につけ，アイデアを即実行に移さなければ，という考えに囚われていた，何とかして自分を変えなくてはというプレッシャーが続く中，ロバートは徐々に他人からの評価に神経をとがらせるようになっていた。

ストレングス・ワークショップの入門コースに参加した彼は，自分が現在抱えている問題をキャラクターストレングスコーチングでどのように対処できるのか強い関心を抱き，コーチングを受けることにした。

コーチングセッション

VIAサーベイを受けた結果，ロバートのシグネチャーストレングスは，チームワーク，判断，親切心，公平さ，リーダーシップであることが判明した。彼にとって少し驚きだったのは，ユーモアや遊びごころといった，自分を語る上では欠かせないと思っていた要素が，上位の強みに入っていなかったことであった。しかしよく考えてみると，ユーモアは今の仕事ではほとんど評価されない強みである上，最近はユーモアを発揮する機会すら，ほとんどなかったことに気づいた。彼はまた，社会的知能の強みがトップ5以内に入っていなかったことにもがっかりした。ただこれも改めて考えると，最近の彼は上司からのフィードバックを気にするあまり，自分のことばかりに意識が向き，他人に目を向ける余裕がなかったことに気がついた。

ロバートには，これまで自分が必要上伸ばさざるを得なかったキャラクターストレングスについて，セッションの中でふり返ってもらった。さらに

そこから，これまで弱点だと思っていたことが，実は強みを過剰に使いすぎていたか，逆にほとんど使えていなかったのでは，という新たな認識をロバートに促していった。これはいくらか時間のかかる過程ではあったものの，次第に彼は，上司からのフィードバックはひょっとするとすべて正しいわけではないのかもしれないと，気づき始めた。

　強みをうまく使えるようになったと，ロバートが実感できるようになった頃には，コーチングや，その実践を通じて自分のような管理職レベルの人たちの成長を支援する面白さを心から感じるようになっていた。彼はその前年に，エグゼクティブコーチングコースの最初の段階を修了した時，自分が最高に生き生きしていたことを思い出した。そこでロバートは「最高の未来の自分」（King, 2001）について，じっくり取り組んでみることにした。その中で彼が思い描いたのは，社会的知能，判断，親切心の強みを発揮し，フルタイムのエグゼクティブコーチとして，職場の同僚たちにコーチングを行う自分の姿であった。

　同時にロバートは，家庭では熱意とユーモアの強みを今よりもっと発揮したいと考えた。そうすれば今まで以上に家族の支えとなり，家族と楽しく過ごせると考えたからである。

　とはいえ，キャリアを通じて本当になりたい自分になるという思いを，ロバートが正直に受け止められるようになるには，自分の内側を根気よく探っていく過程が必要であった。自身の内なる恐れを乗り超え，真に心が満たされる仕事とは何か，彼は自分の心を真正面から見つめ，探っていった。

　目指すべきものがはっきりしてきた段階で，ロバートには「希望の地図」（Lopez, 2013）に取り組んでもらい，今の自分から，なりたい自分に向かうための計画を立ててもらった。ロバートは，自分の健康と幸せを維持しながら，この先1年以内に認定エグゼクティブコーチの資格を取り，銀行の同僚たちを対象に，彼らの最高のパフォーマンスを引き出せるコーチになることを「叶えたい」目標として掲げた。

　そこから目標を達成するための三つの段階を次のように設定していった。

- 判断(柔軟で賢明な判断力)・クリティカル(批判的)な思考の強みを使い，最適なコーチングプログラムを見つける。
  プログラムを受講する正当な理由の承認を受けた上で，認定コーチの資格取得に必要な科目をすべて履修する。
- 親切心と社会的知能の強みを使い，現在のチームメンバーに向けたカジュアルなコーチングを積極的に試してみる。
- 熱意とユーモアの強みを活用し，十分な睡眠と定期的な運動の時間を意識的に確保し，日常生活の中でもっと笑う機会を見つける。

　この他，想定される障害に対処するため，ロバートは上述した目標のプロセスごとに，障害を考慮しながら方策を立てていった。具体的には目標達成への意志力を維持するために，進歩が可視化できるチャートを作成したり，メンターにサポートを依頼したり，パーソナルトレーナーを雇って健康管理をしっかりと維持できるようにするといった方法を実践することにした。加えて，日記に毎日の自分のエネルギーレベルと，1日どのくらい笑ったかを点数化して記録し，毎週金曜には，30分間の「自分とのコーヒー・ミーティング」の時間を取り，それまでの見直しとここまでの達成を祝うと共に，目標達成に向けて自ら選択しながら行ってきたことをひとつずつ，じっくり味わいながらふり返った。

　こうした新しい試みを着実に推し進めるため，ロバートは「毎日の強みトレーニング習慣」を取り入れることにし，最初の取り組みとしてユーモアの強みをターゲットに選び実践した。きっかけ－行動－報酬のサイクルに応じて，毎晩帰宅してスーツを脱いで着替えることを，ユーモアを喚起する「きっかけ」，子どもたちと戯れじ遊ぶことを「行動」，家族と夕食を楽しむことを「報酬」に設定して強み習慣を実践した。ユーモアの強み習慣が，しっかりと定着した後，彼は続けて別の強みをターゲットにして「トレーニング習慣」を設定し，実行していった。

　実践の結果，ロバートはわずか7カ月でコーチ資格を取得し，銀行内のコーチ職へと昇進を果たした。そこで明らかになったのが，他者へのコーチングとなると，ロバートは難なく敏速に決断を下し，アイデアを即実行に移すこ

とでスムーズに素早く結果を出せるということだった。そんな彼にとって，コーチングを通して実現できた願いの中でも，とりわけ大切な新しい習慣が，帰宅後の 10 分間，子どもたちと遊び，笑いながら過ごすひとときであった。

ディスカッションのポイント

キャラクターストレングスコーチングはクライアントにとって，どの程度効果的か，次の四つの問いから探ってみましょう。

1. コーチ自身のシグネチャーストレングスを，クライアントとのコーチングの中でどのように活かすことができるでしょうか。
2. キャラクターストレングスの理論的背景や，VIA サーベイの受検法，診断結果の見方に至るまで，すべて自信を持ってクライアントに説明できるでしょうか。適切にポイントを伝えるため，あらかじめ台本のようなものを用意した方がよいでしょうか。
3. さまざまなキャラクターストレングス介入法の中で，クライアントへの実践に先立ち，あらかじめコーチ自身で試しておいた方が良い介入法はどれでしょう。
4. これまで自分が実践してきたコーチング手法に，強みの介入法をどのように組み合わせて展開できるでしょうか。また，強みや真価を認めることを軸にしたコーチングの枠組みは，クライアントにどのような有益な効果をもたらすでしょうか。

推奨文献

Doman, F. (2016). *Authentic strengths: Maximize your happiness, performance and success with positive psychology coaching.* Las Vegas, NV: Next Century Publishing.

McQuaid, M., & Lawn, E. (2014). *Your strengths blueprint: How to feel engaged, energized & happy at work.* Melbourne, Victoria: Michelle McQuaid.

Niemiec, R.M. (2014). *Mindfidness and character strengths: A practical guide to flourishing.* Cambridge, MA: Hogrefe.

Polly, S., & Britton, K., (Eds.). (2015). *Character strengths matter: How to live a full life.* San Francisco, CA: Positive Psychology News.

文　献

Baumeister, R.F., Bratslavsky, E., Finkenauer, C., & Vohs, K.D. (2001). Bad is stronger than good. *Review of General Psychology*, 5 (4), 323.

Biswas-Diener, R. (2010). *Practicing positive psychology coaching: Assessment, activities and strategies for success*. Hoboken, NJ: John Wiley & Sons.

Brdar, I., & Kashdan, T.B. (2010). Character strengths and well-being in Croatia: An empirical investigation of structure and correlates. *Journal of Research in Personality*, 44, 151-154.

Buckingham, M., & Clifton, D. (2001). *Now discover your strengths*. New York: Simon & Schuster Adult Publishing Group.

Buschor, C., Proyer, R.T., & Ruch, W. (2013). Self-and peer-rated character strengths: How do they relate to satisfaction with life and orientations to happiness? *Journal of Positive Psychology*, 8 (2), 116-127.

Clifton, D.O., & Harter, J.K. (2003). Investing in strengths. In K.S. Cameron, J.E. Dutton, & R.E. Quinn (Eds.), *Positive organizational scholarship* (pp. 111-121).San Francisco, CA: Berrett-Koehler.

Cooperrider, D.L. (1990). Positive image, positive action: The affirmative basis of organizing. In S. Srivastva & D. Cooperrider (Eds.), *Appreciative management and leadership: The power of positive thought and action in organizations*. Brunswick, OH: Crown Custom Publishing.

Cooperrider, D.L., Barrett, F., & Srivastva, S. (1995). Social construction and appreciative inquiry: A journey in organizational theory. In D. Hosking, P. Dachler & K. Gergen (Eds.), *Management and Organization: Relational alternatives to individualis*m (pp. 157-200). Aldershot, UK: Avebury.

Cooperrider, D.L., & Godwin, L. (2011). Positive organization development: Innovation inspired change in an economy and ecology of strengths. In K.S. Cameron & G. Spreitzer (Eds.), *Oxford handbook of positive organizational scholarship* (pp. 737-750). Oxford, UK: Oxford University Press.

Cooperrider, D.L., & McQuaid, M. (2012). The positive arc of systemic strengths: How appreciative inquiry and sustainable designing can bring out the best in human systems. *Journal of Corporate Citizenship*, 46 71-102.

Cooperrider, D.L., & Whitney, D. (2005). *Appreciative inquiry: A positive revolution in change*. San Francisco CA; Berrett-Koehler.

Crabb, S. (2011). The use of coaching principles to foster employee engagement. *The Coaching Psychologist*, 7 (1), 27-34.

Dubreuil, P., Forest, J., & Courcy, F. (2013). From strengths use to work performance: The role of harmonious passion, subjective vitality and concentration. *Journal of Positive Psychology*, 9 (4), 1-15. DOI:http://dx.doi.org/10.1080/17439760.2014. 898318.

Dweck, C. (2007). *Mindset: The new psychology of success*. New York: Ballantine Books.

Elston, F., & Boniwell, I. (2011). A grounded theory study of the value derived by women in :financial services through a coaching intervention to help them identify their strengths and practice using them in the workplace. *International Coaching*

Psychology Review, 6 (1), 16.32.

Gallup. (2013a). *Gallup-Healthways Well-Being Index 2013*. Retrieved May 6, 2017 from http://info.healthways.com/wbi2013.

Gallup. (2013b). State of the American workplace. Retrieved August 24, 2014, from www.gallup.com/strategicconsulting/163007 /state-american-workplace.aspx.

Gallup, (2013c). The State of the global workplace: Employee engagement insights for business leaders worldwide. Retrieved August 24, 2014, from www.gallup.com/strategicconsulting/164735/state-global-workplace.aspx.

Gander, F., Proyer, R.T., Ruch, W., & Wyss, T. (2012a). The good character at work: An initial study on the contribution of character strengths in identifying healthy and unhealthy work-related behavior and experience patterns. *International Archives of Occupational and Environmental Health*, 85 (8), 895-904.

Gander, F., Proyer, R.T., Ruch, W., & Wyss, T. (2012b). Strength-based positive interventions: Further evidence for their potential in enhancing well-being. *Journal of Happiness Studies*, 14 (4), 1241-1259.

Gardner, H. (1983). *Frames of mind. The theory of multiple intelligences*. New York: Basic Books.

Gergen, K.J. (1994). *Realities and relationships: Soundings in social construction*. Cambridge, MA: Harvard University Press.

Gibbs, T., & Larcus, J. (2015). Wellness coaching: Helping students thrive. *Journal of Student Affairs*, 24, 23-34.

Gordon, S. (2008). Appreciative inquiry coaching. *International Coaching Psychology Review*, 3 (1), 17-29.

Govindji, R., & Linley, A. (2007). Strengths use, self-concordance and well-being: Implications for strengths coaching and coaching psychologists. *International Coaching Psychology Review*, 2 (2), 143-153.

Grant, A.M. (2011). Is it time to REGROW the GROW model? Issues related to teaching coaching session structures. *The Coaching Psychologist*, 7 (2), 118-126.

Grant, A.M., & Schwartz, B. (2011). Too much of a good thing: The challenge and opportunity of the inverted u. *Perspectives on Psychological Science*, 6, 61-76.

Graybiel, A.M. (1998). The basal ganglia and chunking of action repertoires. *Neurobiology of Learning and Memory*, 70 (1), 119-136.

Harter, J.K., Schmidt, F.L., & Keyes, C.L. (2003). Well-being in the, .orkplace and its relationship to business outcomes: A review of the Gallup studies. In C.L. Keyes & J. Haidt (Eds.), *Flourishing: Positive psychology and the life well-lived* (pp. 205-224). Washington, D.C.: American Psychological Association.

Harzer, C., & Ruch, W. (2012). When the job is a calling: The role of applying one's signature strengths at work. *The Journal of Positive Psychology*, 7 (5), 362-371.

Harzer, C., & Ruch, W. (2013). The application of signature character strengths and positive experiences at work. *Journal of Happiness Studies*, 14 (3), 965-983.

Harzer, C., & Ruch, W. (2014). The role of character strengths for task performance, job dedication, interpersonal facilitation, and organizational support. *Human Performance*,

27 (3), 183-205.

Harzer, C., & Ruch, W. (2015). Your strengths are calling: Preliminary results of a web-based strengths intervention to increase calling. *Journal of Happiness Studies*, 17 (6), 2237-2256.

Heath, C., & Heath, D. (2010). S*witch: How to change things when change is hard*. New York: Broadway Books.

Hill, J. (2001). How well do we know our strengths? Paper presented at the British Psychological Society Centenary Conference, Glasgow, Scotland.

Hodges, T.D., & Harter, J.K. (2005). The quest for strengths: A review of the theory and research underlying the StrengthsQuest program for students. *Educational Horizons*, 83, 190-201.

Kaufman, C., Silberman, J., & Sharpley, D. (2008). Coaching for strengths using VIA. In J. Passmore (Ed.), *Psychometrics in coaching: Using psychological and psychometric tools for development* (pp. 239-253). Philadelphia, PA: Kogan Page.

King, L.A. (2001). The health benefits of writing about life goals. *Personality and Social Psychology Bulletin*, 27 (7), 798-807.

Linley, P.A. (2008). *Average to A+: Realizing strengths in yourself and others*. Coventry, UK: CAPP Press.

Linley, P.A., & Harrington, S. (2006). Strengths coaching: A potential-guidedapproach to coaching psychology. *International Coaching Psychology Review*, 1 (1), 37-46.

Linley, P.A., Willars, J., & Biswas-Diener, R. (2010). *The strengths book: What you can do, love to do, and find it hard to do -and why it matters*. Coventry, UK: CAPP Press.

Linley, P.A., Woolston, L., & Biswas-Diener, R. (2009). Strengths coaching with leaders. *International Coaching Psychology Review*, 4 (1), 37-48.

Littman-Ovadia, H., & Davidovitch, N. (2010). Effects of congruence and character-strength deployment on work adjustment and well-being. *International Journal of Business and Social Science*, 1 (3), 138-146.

Littman-Ovadia, H., & Niemiec, R.M. (2017). Meaning, mindfulness, and character strengths. In P. Russo-Netzer, S.E. Schulenberg, & A. Batthyany (Eds.), *To thrive, to cope, to understand: Meaning in positive and existential psychology* (pp. 383-405). New York: Springer.

Littman-Ovadia, H., & Steger, M. (2010). Character strengths and well-being among volunteers and employees: Toward an integrative model. *The Journal of Positive Psychology*, 5 (6), 419-430.

Lopez, S. (2013). *Making hope happen: Create the future you want for yourself and others*. New York: Simon & Schuster.

McQuaid, M., & Lawn, E. (2014). *Your strengths blueprint: How to feel engaged, energized & happy at work*. Melbourne, Victoria: Michelle McQuaid.

McQuaid, M., & VIA Institute (2015). *The 2015 Strengths @ Work Survey*. Retrieved March 1, 2015, from www.michellemcquaid.com/strengthssurvey.

Madden, W., Green, S., & Grant, A.M. (2011). A pilot study evaluating strengths-based coaching for primary school students: Enhancing engagement and hope. *International*

Coaching Psychology Review, 6 (1), 71-83.

Minhas, G. (2010). Developing realized and unrealized strengths: Implications for engagement, self-esteem, life satisfaction and well-being. *Assessment and Development Matters*, 2, 12-16.

Mitchell, J., Stanimirovic, R., Klein, B., & Vella-Brodrick, D. (2009). A randomised controlled trial of a self-guided internet intervention promoting well-being. *Computers in Human Behavior*, 25 (3), 749-760.

Niemiec, R.M. (2013). VIA character strengths: Research and practice (The first 10 years). In H.H. Knoop & A. Delle Pave (Eds.), *Well-being and cultures: Perspectives on positive psychology* (pp. 11-30). New York: Springer.

Niemiec, R.M. (2014). *Mindfulness and character strengths: A practical guide to flourishing*. Cambridge, MA: Hogrefe.

Orem, S.L., Binkert, J., & Clancy, A.L. (2011). *Appreciative coaching: A positive process for change*. San Francisco, CA: John Wiley & Sons.

Otake, K., Shimai, S., Tanaka-Matsumi, J., Otsui, K., & Fredrickson, B. (2006). Happy people become happier through kindness: A counting kindness intervention. *Journal of Happiness Studies*, 7 (3), 361-375.

Park, N., & Peterson, C. (2009). Character strengths: Research and practice. *Journal of College and Character*, 10 (4), 1-10.

Park, N., Peterson, C., & Seligman, M.E.P. (2004). Strengths of character and well-being. *Journal of Social and Clinical Psychology*, 23 (5), 603-619.

Peterson, C., Park, N., & Seligman, M.E.P. (2005). Orientations to happiness and life satisfaction: The full life versus the empty life. *Journal of Happiness Studies*, 6, 25-41.

Peterson, C., Ruch, W., Beerman, U., Park, N., & Seligman, M.E.P. (2007). Strengths of character, orientations to happiness, and life satisfaction. *Journal of Positive Psychology*, 2, 149-156.

Peterson, C., & Seligman, M.E.P. (2004). *Character strengths and virtues: A handbook and classification*. New York: Oxford University Press.

Peterson, C., Stephens, J.P., Park, N., Lee, F., & Seligman, M.E.P. (2010). Strengths of character and work. In A. Linley, S. Harrington, & N. Garcea, (Eds.), *Oxford handbook of positive psychology and work* (pp. 221-231). New York: Oxford University Press.

Proctor, C., Tsukayama, E., Wood, A.M., Maltby, J., Fox Eades, J. & Linley, P.A. (2011). Strengths gym: The impact of a character strengths-based intervention on the life satisfaction and well-being of adolescents. *Journal of Positive Psychology*, 6 (5), 377-388.

Proyer, R.T., Gander, F., Wellenzohn, S., & Ruch, W. (2013). What good are character strengths beyond subjective well-being? The contribution of the good character on self-reported health-oriented behavior, physical fitness, and the subjective health status. *The Journal of Positive Psychology*, 8 (3), 222-232.

Proyer, R.T., Gander, F., Wellenzohn, S., & Ruch, W. (2014). Positive psychology interventions in people aged 50-79 years: Long-term effects of placebo-controlled online interventions on well-being and depression. *Aging & Mental Health*, 18 (8), 997-1005.

Proyer, R.T., Gander, F., Wyss, T., & Ruch, W. (2011). The relation of character strengths

第5章 ポジティブ心理学コーチングにおけるキャラクターストレングスアプローチ　*137*

to past, present, and future life satisfaction among German-speaking women. *Applied Psychology: Health and Well-Being*, 3 (3), 370-384.

Proyer, R.T., Ruch, W., & Buschor, C. (2012). Testing strengths-based interventions: A preliminary study on the effectiveness of a program targeting curiosity, gratitude, hope, humor, and zest for enhancing life satisfaction. *Journal of Happiness Studies*, 14 (1), 275-292.

Rath, T. (2007). *Strengths Finder 2.0*. New York: Gallup Press.

Seligman, M.E.P. (2002). Authentic happiness: Using the new positive psychology to realize your potential for lasting fulfillment. New York: Simon and Schuster.

Seligman, M.E.P. (2011). *Flourish*. New York: Free Press.

Seligman, M.E.P ., & Csikszentmihalyi, M. (2000). Positive psychology: An introduction. *American Psychologist*, 55, 5-14.

Seligman, M.E.P., Steen, T., Park, N., & Peterson, C. (2005). Positive psychology progress: Empirical validation of interventions. *American Psychologist*, 60, 410-421.

Snyder, C.R. (2000). *Handbook of hope: Theory, measures, and applications*. San Diego, CA: Academic Press.

Whitney, D., Trosten-Bloom, A., & Rader, K. (2010). *Appreciative leadership: Focus on what works to drive winning performance and build a thriving organization*. New York: McGraw Hill Professional.

Wood, A.M., Linley, P.A., Maltby, J., Kashdan, T.B., & Hurling, R. (2010). Using personal and psychological strengths leads to increases in well-being over time: A longitudinal study and the development of the strengths use questionnaire. *Personality and Individual Differences*, 50, 15-19.

Wrzesniewski, A., McCauley, C., Rozin, P., & Schwartz, B. (1997). Jobs, careers, and callings: People's relations to their work. *Journal of Research in Personality*, 31 (1), 21-33.

Young, C.K., Kashdan, T.B., & Macatee, R. (2014). Strength balance and implicit strength measurement: New considerations for research on strengths of character, *The Journal of Positive Psychology*, 10 (1), 17-24.

第6章

ポジティブ心理学におけるアクセプタンス＆
コミットメント・トレーニングの実践

レイチェル・コリス ＆ エリック・ウィンタース

はじめに

　本章では，アクセプタンス＆コミットメント・トレーニング（ACT: Acceptance and Commitment Training）（Hayes, Strosahl, & Wilson, 1999）が，ヘルス・コーチング，リーダーシップ開発，キャリア・コーチング，ストレス・マネジメントなどのさまざまな領域において，どのようにポジティブ心理学コーチングに貢献し得るかを見ていく。

　ポジティブ心理学に関連する他の支援法と同様に，ACT は，クライアントが価値を見出すことのできる目標を選択し，その達成を目指し，毎日の生活をより豊かで有意義なものにすることを支援する。ACT の支援は，クライアントの「心理的柔軟性（psychological flexibility）」を高めることを通して行われる。心理的柔軟性は，「意識をもつ人間として，今この瞬間との接触や，状況が許す範囲での価値に向けた行動の修正や維持」（Hayes & Smith, 2005）を伴う。心理的柔軟性は，健康や社会的機能の基盤である（Kashdan, Barrios, Forsyth, & Steger, 2006）。ACT において，心理的柔軟性は修得することのできるスキルであり，相互に関連するプロセスに分割される。それは，①価値の選択，②コミットされた行為の遂行，③役に立たない思考からの脱フュージョン，④痛みを伴う気持ちの，ありのままのアクセプタンス，⑤一瞬一瞬にあり，気づく，⑥視点を柔軟に切り替える，の六つである。

ACT コーチは，クライアントがこれら六つのスキルを高められるように，アセスメントと支援を行う。その結果，クライアントは徐々に心理的に柔軟になっていく。そして，「動きは多様になり，有限の注意とエネルギーを興味関心や価値に注ぐことに熟達する」（Kashdan & Rottenberg, 2010, p.2)。

　心理療法の領域では，ACT の有効性についてのエビデンスは豊富だが (Ruiz, 2010; Smout, Hayes, Atkins, Klausen, & Duguid, 2012; A-Tjak, Davis, Morina, Powers, Smits, & Emmelkamp, 2015)，異なる意見もある (Ost, 2014; ACBS, 2014b)。しかし，さまざまな病的な状態に対する心理療法として，中程度から強いレベルの科学的な支持が得られている（APA, 2015)。

　職場でのコーチング，ヘルス・コーチング，禁煙支援，体重管理，ストレス・マネジメントに ACT を用いることへの科学的根拠の蓄積は，まだ初期の段階にある（ACT に関する最新の研究の一覧は，ACBS（2015）を参照)。

　ACT は行動科学に基づく手法で，ACT のモデルや支援法は，いくつかの分析法によって科学的に支持されている（McHugh, 2011)。このように，ACT は科学的に確立された手法であり，コーチングのように新しくて，確立された手法に乏しい分野に用いるのは妥当と考えられる。さらに，ACT の基礎となっている科学的な理論に精通することで，コーチは，ACT を各々の状況に合わせて調整して用いることができるだろう。

　この章では，ACT の哲学と理論の基盤である，機能的文脈主義と関係フレーム理論（RFT: Relational Frame Theory）（Barnes-Holmes, Hayes, Barnes-Holmes, & Roche, 2001）を紹介する。また，それを踏まえて，コーチングにおいて柔軟で生産的な行動パターンが作られ，維持される流れについて説明する。さらに，コーチングにおいて心理的柔軟性を高めることの意義と，ACT がコーチングを望ましい結果に導くと考えられる根拠を提示する。最後に，さまざまなコーチングの文脈において ACT コーチングがいかに効果を発揮し得るかについて論じる。

アクセプタンス＆コミットメント・トレーニングの誕生

　ヘイズ（Hayes, 2004）は，行動療法が三つの波を経て発展してきたこと

を示唆し，ACT を第三の波と位置づけている。行動療法の第一の波は，古典的条件づけとオペラント条件づけという，科学的に認められた法則に基づいている。第二の波は，目に見える行動だけではなく，認知の確認と修正に焦点を当てる。この支援法は，認知行動療法（CBT: Cognitive-Behavioral Therapy）として知られている。CBT はかなりの成功をおさめ，今日，人間の行動変容の支援における中心的な理論体系となっている。

　行動療法の第三の波には，アクセプタンス＆コミットメント・セラピー（ACT: Acceptance and Commitment Therapy），マインドフルネス認知療法（MBCT: Mindfulness-Based Cognitive Therapy），弁証法的行動療法，機能分析心理療法が含まれる。ヘイズによると，これらのアプローチに共通するのは，第二の波の機械的なモデル（機械やコンピュータのたとえを用い，気持ちや顕在的な行動を思考の形式，頻度，内容の結果と仮定する）に比べて，より文脈的（状況や経験などの文脈における行動と，その機能を考慮する）な点である。

　ヘイズによると，第三の波のアプローチは，マインドフルネス，思考と気持ちのアクセプタンス（形式や頻度の修正ではなく），価値，他者との関係，スピリチュアリティ，視点を変えることに伴う緊張を抱える能力の，いずれかの要素を含んでいる。第三の波の支援は，症状の緩和を重要視するのではなく，痛みを伴う思考や気持ちがあったとしても，価値に沿った効果的な行為を選択する能力などの，行動の柔軟性の拡大を促す（Hayes, 2004）。

　初期の行動療法に比べて，ACT では，言語や思考の影響力を認め，そこにかなりの注意を向ける。RFT は，言語や認知に関して，ACT の中心的で独特な理論的基盤を提供する。RFT は，オペラント学習などの理論を私的（内的）な行動に応用するなど，多くの重要な点で行動主義を拡張した。

　RFT は，実験室実験や臨床試験などさまざまな方法で検証されており，150 以上の研究がこの理論を支持している（ACBS, 2015）。

理論と基本概念

ACT に関する文献のほとんどが，コーチではなく心理療法家によって書

かれている。これらの文献はコーチにも有用であるが，紹介されているテクニックや支援法は，コーチングの文脈で用いる場合，適切でないかもしれない。そのため，ACT を実践しようとするコーチにとっては，背景にある科学理論を理解することが役に立つ。理論を学ぶことで，個々のクライアントのニーズに合わせて支援法を調整することができるようになるのである。この節では，機能的文脈主義と RFT について簡単に説明する。

ACT は，機能的文脈主義の哲学に根ざしている（Biglan & Hayes, 1996）。つまり，検証可能な事実を発見することよりも，特定の結果を達成するために機能するものは何かを明らかにすることを重視するという，プラグマティックな基準を採用している。

機能的文脈主義は，行動は機能的で目的的であり，その目的は文脈から与えられると考える。機能的文脈主義においては，「この文脈における，この行動の機能は何ですか？」というような質問が使われる。

機能という言葉は，「その行動が達成しようとしている何か」という意味で用いられている。ある行動が同じ形式で，同じように見えたとしても，その行動が行われる場面が異なれば，行動の機能はまったく異なる可能性がある。

機能的文脈主義では，行動は，「誰かが（ときには，たった一人ということもある）観察可能で，予測可能で，影響を与えられるものなら，どのようなものでもすべて含まれる」(Hayes, Strosahl, & Wilson, 2012, 武藤・三田村・大月監訳，p.51）と広く定義される。つまり，行動は思考や想起などの私的なものも含んでいる。そして，文脈とは，行動に影響を与える可能性のあるその他すべてのものであり，「変容可能な一連の事象で，行動を形成する作用を持つもの」(Hayes et al., 2012, 武藤・三田村・大月監訳，p.51）といわれる。文脈には，この世界で生じる目に見える出来事が含まれるが，思考や想起のような内的な事象，さらには，心拍や発汗のような生理的な事象も含まれる。

ACT コーチングでは，クライアントはコーチと協力して，気になること，価値，今上手くいっていることや上手くいっていないことを踏まえて，焦点を当てたい行動と達成したい結果を選択する。クライアントが行動を選択したら，その他のすべては文脈である。変えられそうな部分を明らかにするために，文

脈が探索される。文脈の変化は，行動の望ましい変化を促すと考える。

　一例として，ケイトは，同僚に対して声を荒げてしまい懲戒処分を受けたことを，コーチングのセッションで報告した。ケイトは，職場で声を荒げるような問題を起こし続けたくないと訴えている。このようなクライアントに対する機能的文脈主義者の支援は，その行動の機能と文脈の両方を探索することから始まる。

　ケイトは，物理的な危険について警告するため，もしくは，自分が怒っていることを伝えるため，もしくは，単に周りの音が大きくても聞こえるように，サリーに対して大きな声を出したのかもしれない。コーチはケイトと協力して，行動の文脈と機能を理解することに取り組む。その結果，プロジェクト会議でケイトがサリーに声を荒げたことがわかった。サリーが批判的な質問をして，ケイトは攻撃されたと感じた。つまり，ケイトは，サリーを引き下がらせ，質問を止めさせたいと思って，声を荒げたのだ。次にケイトとコーチは，内的な文脈，思考と気持ちについて探索を行う。ケイトはどんな感情を体験していたか？　ケイトの頭をよぎったものは何か？　ケイトの行動は，不快に感じた思考や気持ちを取り除くための試みではなかったか？などである。

　文脈には現在の環境だけでなく，クライアントの学習の経験も含まれる。ケイトは過去に，声を荒げることについてどのようなことを学習していたか？　声を荒げるのが適切である場面について，ケイトは何を学習していたか？　ケイトは声を荒げることで，過去にどんな結果を得たか？　ケイトのサリーとの関係についての歴史はどうであったか？　これらすべてが重要だと考えられる。

　機能的文脈主義に基づく支援法には，好奇心と思いやりがある。コーチとケイトは，ケイトの行動を理解するために協働する。そして，上手くいっていることは何かという視点が重要だという基本的な前提を共有している。つまり，ケイトが重視している目標を達成するために何が助けになるか？　という視点である。ケイトとコーチは，現状について仮説を立て，介入を計画する。怒りの感情に好奇心と思いやりをもって反応できるようになることで，ケイトの突発的な反応がなくなる可能性がある。また，価値について思い出

すことや，状況に対する自分の評価を柔らかく抱えること（脱フュージョン）が役に立つかもしれない。

関係フレーム理論——思考の力

機能的文脈主義の考えと，行動分析に根ざした，言語と認知に関する一連の研究は，RFT の開発につながった。

RFT は，言語と思考が行動に与える影響を明らかにする（Barnes-Holmes, Barnes-Holmes, McHugh, & Hayes, 2004）。RFT についての詳細な解説はこの章の範囲を超えるが，RFT では，人間の言語の基本原理は，物事を互いに任意に（すなわち，それらの物理的な特徴とは無関係に）関連づけ，関係性を派生させる能力にあると考える。さらに，この関係性を通して，言語は物事の意味を変化させる（Hayes, Luoma, Bond, Masuda, & Lillis, 2006）。総じてこの能力は，派生的関係反応と呼ばれる。RFT で重要と考えられている関係には，時間（先に／後に），空間（後ろに／前に），条件（もしも～なら），比較（多い／少ない）がある。

RFT によれば，派生的関係反応は言語の中心原理であり，人間の行動に多くの重要な示唆を与える。それは，適応的な結果をもたらすこともあれば，不適応的な結果をもたらすこともある。第一に，派生的関係反応は，自己による体験を生み出す。第二に，派生的関係反応は，言語的ルールにより行動を支配する能力をもたらす。第三に，派生的関係反応は，心理的な苦痛や喜びとの，幅広い接触を可能にする。第四に，RFT は，関係ネットワークが，外的環境からの結果よりも行動に対して強い影響を与えるようになることが頻繁に起こり得るとし，それを「認知的フュージョン」と呼び，認知的フュージョンによって，柔軟性のない行動や，効果のない行動が発生することを示唆している。最後に，RFT によると，これらの意味の組み合わせが体験の回避をもたらす。体験の回避とは，痛みを伴う私的（内的）な思考や感情を回避したり，コントロールしようとしたりするための努力である。ACT では，役に立たない人間の行動を引き起こしている多くは，体験の回避であると考える（Kashdan et al., 2006）。自己に関するこれらの理論，ルール支配行動，

第6章　ポジティブ心理学におけるアクセプタンス＆コミットメント・トレーニングの実践　*145*

認知的フュージョン，体験の回避は，ACT の介入の基本であり，以下で簡単に説明する。

自己

空間（私／ここ）と時間（現在）のフレームを組み合わせることで，私たちは，「私／ここ／今」について，一生を通して連続的な視点を持つことができ，それが，同じ人間であり続けているという「自己」の体験を生み出す（Törneke, 2010 山本（監修），p.146）。さらに，RFT では，自己を三つの側面に分けて理解する。それは，内容としての自己（概念化された自己），プロセスとしての自己（現在の自覚された自己），文脈としての自己（超越者または観察者としての自己）である（Stewart & McHugh, 2013）。概念化された自己は，自身の歴史と自らに帰属する特徴が描写された物語である。プロセスとしての自己は，自身の行動（思考や気持ちのような現在進行形の私的な事象と，他者から観察することのできる行為の両方を含む）を観察し，記述する側面である。超越者または観察者としての自己は，内的な体験の器として見られる側面である。われわれは自分の思考や気持ちに向けた視点を持っている。そして，その視点から，われわれは，不快な思考や気持ちによってコントロールされてしまうとか，危害を加えられてしまうと思うのではなく，それらを観察することができる。自己のこれらの側面は，さまざまな文脈の中で，効果的な行動を促進することもあれば，制限することもある。たとえば，あなたが内容としての自己に基づいて，自分を有能な航空管制官とみなして行動することは，勤務中に専門家として適切で，熱心に働くためには役立つかもしれない。しかし，恋人や配偶者が，あなたとの情緒的で親密な関係について相談を求めてきたような場面では，あまり役に立たないだろう。RFT によれば，自己の三つの側面の間を移動する能力を含む，柔軟な視点の切り替えは，行動の柔軟性の向上につながる可能性が高い（Barnes-Holmes et al., 2004）。ACT コーチングでは，クライアントは，これら三つの自己の感覚に，より効果的に関わる方法を学ぶ。クライアントは，自己の物語の存在に気づき，それをより柔らかく抱え（内容としての自己からの脱フュージョン），内的な体験の満ち引きと流れを観察すること（観察者とし

ての自己）を学ぶ。これらのスキルは，幅広く，柔軟で，価値に沿った行動
を支える。

ルール支配行動

　人間は，言語的ルール（言葉による構造で行動を指示し，その結果を宣言
もしくは推察するもの）によって自他の行動に影響を与えることができる
(Törneke, 2010)。「一生懸命勉強しなさい。そうすれば，良い仕事に就けます」
や「男の子は……（泣いてはいけないなど）」は，究極的には，単なる紙の
上の形や，思考を音にしたものに過ぎない。しかし，これらの言葉はかなり
影響力を持っていて，ルールに従うことに伴う実際の結果がどうであれ，行
動を支配してしまう。単に導くだけではない。長期的で抽象的なことの多い，
価値に沿った将来の目標に向かって取り組むための持続的な努力を促進する
のも，ルール支配行動である。しかし，ルールに従うというこの粘り強さが，
環境の変化に応じて柔軟に変化する行動の妨げにもなってしまう。有効でな
くなった行動の結果に対して盲目になるのだ。ACT は，次のように柔軟性
の拡大を促す。第一に，クライアントに今この瞬間との接触を促し，行動が
単に内的なルールに従うのではなく，行動の結果実際に起こったことによっ
て調整されるようにする。第二に，ACT では，自由に選択された価値に沿っ
て行動することを選ぶという形で，より実用的で柔軟に適用されるルールが
導入される。第三に，クライアントは内部のルールから逃れることを学ぶこ
とで（脱フュージョン），ルールに気づき，それに従うかどうかを意識的に
決められるようになる。

心理的苦痛や喜びとの広範な接触

　関係フレームづけは，非常に役立つと同時に痛みの原因にもなる。人間は，
時間のフレームと比較のフレームによって可能となる問題解決能力を使っ
て，状況がより良くなる未来や悪くなる未来を想像し，それに応じて計画を
立てることができる。現在の自分に価値があると評価することもできるし，
価値がないと評価することもできる。過去の過ちの苦痛を追体験することも
できるし，過去の勝利を思い出して再び味わうこともできる。

脅威を警戒するという一般的な人間の特性と，関係フレームづけにより意味を創造する能力の組み合わせは，ほとんどすべての状況において人間を心理的な痛みに接触させる原因となる（Törneke, 2010）。

認知的フュージョン

認知的フュージョンは，「出来事に関する特定の言葉の機能が強い刺激となり，反応を制御し，他の直接的，間接的に利用可能な心理的機能を排除するプロセス」である（Wilson & DuFrene, 2009, p. 54）。たとえば，メーガンがピーターの発表を称賛するとき，ピーターは自分が駄目な発表をしたときのことを思い出して不安になり，「今回は大丈夫だったみたいだね」と，メーガンの称賛をやんわりと否定することがある。ピーターの反応は，メーガンとの間で起こった実際の出来事よりも，自分の内的体験に影響されている。

フュージョンの状態にあるとき，人は五感を通して体験していることよりも，心の内容（思考，記憶，想定，信念，イメージなど）に注意を向けがちである。そして，世界で実際に起こっていることではなく，内的体験に基づいて意思決定し，行動を起こす。

RFT によって提案された人間の行動に関する四つの示唆（自己の体験，ルール支配行動を用いた問題解決能力，認知的フュージョン，心理的苦痛との接触の拡大）が合わさって，5 番目の示唆である体験の回避の土台を構築する（Törneke, 2010）。

体験の回避

体験の回避とは，嫌な思考や気持ちを制御したり，回避したり，排除したりしようとする試みである。人は，体験の回避の結果，自分にとって重要な行動を起こすことを回避してしまうことがある。これは苦痛を伴う心理的な体験という問題を解決するために，誰もが用いる戦略である（Banes-Holmes et al., 2004）。

人は，身体的な痛みに上手く対処した経験はたくさん持っているだろう。寒ければ服を着るし，とげが刺さればそれを取り除く。RFT の観点からは，問題解決のための行動は，「こうすれば，望ましい結果が得られるだろう」

というルールに従った，ルール支配行動である。仕事に関する不安など，不快な思考や気持ちを制御するために同様の戦略を用いるのは，自然なことである（Hayes et al., 1999）。内的な苦痛を回避する試みは，多くの場合，嫌な感じを軽減する上で短期的には効果的であり，このような戦略は繰り返されやすい（Törneke, 2010）。

　しかし，長期的には，思考や気持ちなどの私的事象は，それを制御しようとする試みに対して抵抗する（Hayes et al., 1999）。実際，嫌悪的な思考や気持ちの形式や頻度をコントロールしようとする努力は，逆説的にそれらを悪化させることがある（Abramowitz, Tolin, & Street, 2001）。特に問題になるのは，体験の回避は，それ自体がルール支配行動であるということだ。つまり，嫌な内的体験を避けようとする試みが，長期的には効果がないにもかかわらず続いてしまう（Törneke, 2010）。体験の回避を抵抗性のある私的事象をコントロールするために過度に適用することは，特に問題となる。私的事象をコントロールしようとする試みによって，私的事象はかえって強まり，同時に，有意義な目標に向かうこともできなくなってしまうのである。体験の回避は，感情のバーンアウト，抑うつ，欠勤などの，働く人の問題につながる可能性がある（Bond, Flaxman, van Veldhoven, & Biron, 2010）。また，禁煙，ダイエット，困難な課題に取り組み続けること，現状に挑戦すること，他者との関係において感情を表現するリスクをとることなどを難しくする。苦痛を伴う内的体験を管理するための努力を続けると，限られた注意の能力を内部に向けて浪費し，環境に存在する目標に関連した好機に気づくことの妨げになってしまう（Lloyd, Bond, & Flaxman, 2013）。

　ACT コーチは，クライアントが体験の回避のパターンや回避が生活に与える影響に気づくように支援する。回避することで短期的には苦痛を伴う思考や気持ちが軽減されるが，長期的には，有意義な目標を追求することに対して効果がなく，破壊的ですらあることを，多くのクライアントは発見する。本当に重要なことは，ある程度の感情的な痛みを伴うものである。新規事業を立ち上げる事業家は，失敗に対する恐れや，ミスを犯すことの苦痛に対処しなければならないだろう。部下に対して正直にフィードバックする勇気のある上司は，否定的な反応を経験することもあるだろう。ACT では，コー

チングにおいて，どんな感情が存在していても進んでそれを感じること，外界で起こっていることに進んで気づくこと，そして，価値に沿った機能的な行動を進んで選択することを，クライアントに奨励している。

アクセプタンス＆コミットメント・セラピーの核となる目的

ACT は主に，人生を活力と意味に満ちた方向に進めるような，行動変容を支援することに焦点を当てている。「自信がない」「発表に対して過度に不安を感じてしまう」「すぐに怒ってしまう」など，クライアントは，修正すべき問題の核心は，望まない内的体験だと思ってコーチングを依頼するかもしれない。しかし，ACT コーチは，内的体験を変えることが望ましいとか，変えることができるといった想定に対して疑問を呈する。望まない内的体験を変える代わりに，クライアントは，内的体験とこれまでとは違ったかかわり方をし，役に立たない思考や気持ちがあったとしても，有意義な行動がとれるように励まされる。

ACT コーチングの実践

ACT では，全般的に行動の機能分析が用いられる。そして，特に，効果的な行為の柔軟なパターンを確立したり，拡張したりするための介入において，心理的柔軟性を確立させるために RFT が用いられる。ACT の介入モデルは，さまざまな分野において，このような行動変容を促進することが示されている（ACBS, 2014a）。

ACT コーチングのプロセス
1. 心理的柔軟性を六つのプロセスに分ける
2. ある特定の場面と生活全般の両方について，クライアントがこの六つのプロセスをどのように行っているかアセスメントする
3. 六つのプロセスを確立するための介入を計画する

ACT コーチが関心を向ける六つのプロセスとは,「コミットされた行為」「価値」「アクセプタンス」「脱フュージョン」「文脈としての自己」「今この瞬間との接触」である。

アクセプタンス,脱フュージョン,今この瞬間との接触,文脈としての自己は,機能分析の観点から,「マインドフルネスとアクセプタンスのプロセス」と考えられている。

アクセプタンスとは,内的な体験(思考,感情,記憶,衝動など)が生じたときに,それらが不快であったり,望まないものであったりしたとしても,開かれた,好奇心のある,受容的な態度を向けることを選択することである。諦めと混同されることが多いが,アクセプタンスは,むしろ現在の体験の承認であり,目標に向けた行為に馴染むものである(Hayes et al., 2012)。アクセプタンスは,ウィリングネス(自ら進んで体験しようとする積極性)と密接に関係していて,「途中で痛みを感じるとしても,人生においてたどり着きたい場所,そちらに向かいたいと思える方向」(Wilson & DuFrene, 2010, p.99)を伴う。

脱フュージョンとは,自分の思考を観察し,それが何であるかを,単なる忙しい心の産物であると見ることのできる場所である。脱フュージョンは,「気づいて,気づいた対象を慈悲深く無視したり,優しく抱えたりして,ひどく捉えようとしないで,文脈に応じて,選びたい単語なら何でも選んだり,そうでなければ捨てたりする技術」である(Robb, 2013)。脱フュージョンには,思考の形式や内容ではなく,思考との関係性を修正することで,思考の機能を変える力がある(Hayes et al., 2012)。思考は,疑う余地のない真実ではなく,変わりゆく事象だと認識されている。このように,思考と真実の区別を促し,言葉の文字通りの意味の影響を弱めることは,自動的な反応を減らし,私的な目標に沿った行為を効果的に選択するための余地を生み出す(Hayes et al., 2012)。ACT コーチは,脱フュージョンを信じるべき事実や従うべき教示として伝えるのではなく,思考が浮かんでは消えていくのをマインドフルに観察することや,「私の心が……と言っている」などと,忙しい心の産物として思考にラベルを貼ることなど,脱フュージョンを促すためのさまざまな技術を用いる。

今この瞬間との接触（または今この瞬間への気づき）は，注意の自動操縦状態とは対照的で，「焦点が絞られていて，意図的で，かつ，柔軟な方法で注意を集中させる能力」である（Wilson & DuFrene, 2009, p.61）。このスキルは，クライアントが思考や気持ちに気づきやすくなることを助け，その結果，脱フュージョンとアクセプタンスが確立される。今この瞬間との接触は，環境の中にある目標に関連した機会に気づくための支えとなり，さらに，行為の結果に対する気づきを高める。このスキルは，クライアントに周囲の物事に注意を移してみてもらうなどして，セッション中に確立されるが多い。「呼吸に意識を向けて……床に足が接触している感覚に意識を向けて……この部屋の音に意識を向けて……今この瞬間に，体の中で感じていることに意識を向けて……」というように，簡単なマインドフルネス瞑想を取り入れてもいいだろう。ACT コーチは，クライアントが今この瞬間との接触を失う瞬間にも注目している。たとえば，ベンがある出来事について話しているときに，注意が狭まり，柔軟性がなくなっていることが明らかになったとする。ベンの注意は，自分の話している物語に固執してしまい，その話は何度もリハーサルされた物語のように感じられる。このようなとき，コーチは実際にそのことが起こった時のようにベンの注意を動かし，注意がより柔軟で機能的にシフトするように助ける。おそらく質問をすることで，ベンがその出来事の他の側面に気づくことを助けるだろう。もしくは，今話をしながら，ベンがどんな気持ちで何を体験しているのかに気づかせるだろう。そしてベンは，その後，セッションの外で同じような瞬間が訪れたときに，それに気づき，意図的に注意を広げるように促される。

文脈としての自己（または**観察者としての自己**）とは，ある特定の種類の視点取得のことであり，「私が『私』と呼んでいる人物は，私自身が何を考えて感じているかを知っているけれども，思考や感情のプロセスそのものからは区別される」（Hayes et al., 2012, 武藤・三田村・大月監訳, 図 4.6, p.217）。思考，気持ち，自分についての物語を，自分自身と捉えるのではなく，それらを観察することができる立場の「私」が，文脈としての自己である。

ACT は，心の問題解決型のモデルや凝り固まったルール支配行動の優位性を低下させるために，クライアントの視点を変えるスキルを伸ばす

（Barnes-Holmes et al., 2004）。今この瞬間との接触について十分な能力があり，内的プロセスを観察することができれば，この超越的な自己の感覚を体験しやすくなる（Barnes-Holmes, Foody, & Barnes-Holmes, 2013）。そのため，クライアントにこの自己についての超越的な感覚に触れさせる前に，マインドフルネスのスキルを習得させる必要があることが多い。

価値　ACT では，「価値」という言葉には特別な意味がある。「価値とは，瞬間の連なりを意味のある道のりに束ねる内的な資質である」（Hayes & Smith, 2005, p. 155）。価値は，勇気や思いやり，遊び心のような資質と見なされ，いつでも生み出すことができる。私が思いやりを自分にとって重要な資質と見なし，繰り返し，思いやりに満ちた行動をとると，やがて，人生が有意義なものになるだろう。

ACT には，よりテクニカルな行動科学に関連した価値の定義がある。それによると，価値とは，「言語的に構築されて，動的で，発展する活動の様式という強化子の特別なクラスで，その活動を支配する強化子が価値づけられた行動に従事すること自体に内在しているもの」（Wilson & DuFrene, 2009, p. 66）である。

この定義の鍵となる点は次の通りである。

- 価値がうまく機能すれば，選択された価値は，その価値と関連する行動を強化し，正のフィードバックループができる。
- 価値は固定されている必要はなく，時間とともに進化する。
- 価値は，長期的な利益につながる行為を促進し，短期的には報酬が得られるが，長期的には役に立たない行為をある程度弱める。
- 良い価値は，時間が経つにつれ，個人が豊かで意味のある人生を築くのに役立つ行動パターンを促進する。

RFT の観点では，価値との接触は，役に立つルール支配行動を促進する。

ACT では，価値が自由に選択されるものであるという点が重要である。価値は，やらなければならないことではない。人が純粋に，心の底から，支持するものである。

ACT コーチングの最初のステップは，クライアントが意識的に価値を選択することである場合が多い。これは，価値のカードを用いたり，次の区切りとなる誕生日など近々の人生における重要な出来事について，話し合うことによって行われる。他者にその記念日までの間，どのように自分とかかわってもらいたいと思うか，環境とのかかわりにおいてどのような資質を発揮していきたいと思うかを質問したりする。コーチは，クライアントが人生のどの側面（たとえば，家族，仕事や学習，健康など）を重要と思っているか，それぞれの側面において，どのような資質を発揮したいと望んでいるかを考慮する必要がある。

このプロセスは，クライアントが価値として何を選ぶかだけではなく，その価値が人生のさまざまな側面においてどのように現れることを望んでいるのかを，コーチが明確に理解することを目的としている。価値を明らかにすることは，自分が重要と思うことに対して，それが不快な感情の体験を伴ったとしても，ウィリングネスを発揮するのに役立つ。

コミットされた行為とは，選択した価値を実践に移すための行為を特定し，実行することである。クライアントは，状況の求めに応じて柔軟に，そして，不快なまたは望まない思考，気持ち，衝動を体験したとしても一貫して，このような行為を実行するように促される。結局のところ，ACT の他の五つのプロセスは，心理的柔軟性を発展させ，価値に沿った行為を実行させ，価値に調和した生活のパターンを徐々に拡大していくことをサポートするものである。(Hayes et al., 2012)。この終点を達成するために，ACT は，短期，中期，長期の目標設定，スモールステップの強化による行動のシェーピング，エクスポージャー，スキル・トレーニング，動機づけ面接，ソクラテス式質問，心理教育など，幅広い心理療法やコーチングのテクニックと戦略を利用する。ACT の主な目的は，目標に向かった自律的な行動を促進することにある（Lloyd et al., 2013）。

この人間の行動変容に関するモデルは，技法の組み合わせではなく，六つの独立したプロセスの組み合わせである。プロセスを標的とした多様で体験的なエクササイズ（Harris, 2009），メタファー（Winters, 2014），心理教育（Hayes et al., 2012）などがある。

ACT コーチングに向けたクライアントの準備

　ACT コーチングは，クライアントに多くのことを要求する。クライアントには不快な思考や気持ちの共有，この世界でどんな人間になりたいか，何を支持したいと思うのかについての，心の奥底にある願望についての語りが求められる。クライアントには，自分の行為が心の底にある価値に沿っていない時を探求することで，進んで自らの弱さと向き合うことが必要となる。また，成功の邪魔になるような自分の一部をアクセプタンスし，優しく向きを変えることを学ぶ必要がある（Hayes et al., 2012）。このような開放性と脆弱性は，気の弱い人だけに必要なわけではない。コーチにとって重要なのは，セッションを慎重に進め，クライアントにとってセンシティブと思われる項目やテーマについて扱う際に，繰り返しインフォームド・コンセントを取ることである。コーチングが組織体制の一環として行われるような場合には，コーチの秘密保持について，クライアント，管理職者，その他の関係者（たとえば，人事部の管理職者）に明示されなくてはならない。リーダーシップ研修の一環としてなど，コーチングを受けることが義務となっている場合もある。そのようなときには，コーチは簡易版の ACT を行うこともできる。個人的な内容で，話すのを強要されたくないと感じるような，実際の思考や気持ちについて扱うのではなく，価値や目標を探索し，マインドフルネス・スキルを鍛えるのである。

　クライアントが積極的に弱みを見せ，痛みを伴う思考や気持ちを探索するためには，コーチを深く信頼し，コーチ－クライアント関係が強固である必要がある。そのためには，共感的で積極的な傾聴など，すべてのコーチング行動が求められる。それに加え，ACT コーチは，自身の ACT プロセスを可視化させる。コーチングに携わって生きていきたいという自分の価値について，コーチが話すこともあるだろう。自分が期待するほど，上手くクライアントに応答できていないと感じたとき，コーチはそれを打ち明けるだろう。自分がフュージョンしたり，回避したりしたときに，どのように行動したかについて話すこともある。成功した CEO のクライアントに，次のように話すことがあるかもしれない。つまり，「あなたとの協働において，私は勇気を出してあなたに挑戦するつもりです。私の予感では，私の心は，あなたの

前ではいい人でいなければならないと繰り返し伝えてくるでしょう。あなた
を怒らせるリスクを取るべきではないと。これらの思考に惑わされて、挑戦
的な質問をしたり、難しい問題を扱ったりすることから距離を置くと、あな
たが目標を達成する上で、私は役に立てないでしょう。だから、もし私がそ
んなふうに、良い人であろうとしていることに気づいたら、それを指摘して
もらえますか?」

　自己開示は、クライアントを支援している際に、ある瞬間において、基本
的には、誰もが似たような困りごとや怖れを抱いているということを伝える
目的でのみ行われることに注意する必要がある。ACT のコーチが伝えよう
とすることは、望まない思考や気持ちに悩まされる傾向は、打ち負かすべき
問題なのではなく、人間性の一部であって、私たちは何と共に生きるべきか
を学ぶ必要があるということであり、それを学ぶのが人間になるということ
だといえる。

　ACT コーチングが、望まない気持ちを引き起こすことがある。自分が価
値に沿って生きていないことを意識するようになると、クライアントは不快
に感じる。思考に気づき、感情に開かれ始めると、少し不安定な気持ちにな
るかもしれない。新しい行動を試みるとき、多くの場合、クライアントは少
し不器用であるか、そう感じるものである。クライアントにこのことを伝え
ておくのは有益である。ゆっくり進み、困難に直面したときは自分に優しく
するように促すのである。

　ACT コーチングに決まった形式はなく、コーチングは柔軟に進められる。
コーチは、六つのプロセスのどれが、その瞬間に関連しているかを察し、そ
れに沿って対応する。

ACT コーチングに最も適したクライアント

　102 を超える無作為化比較対照試験で、ACT によって心理的柔軟性が
高まることで、ウェルビーイングが向上することが示されている（ACBS,
2014a）。これらの研究で扱われた人間の行動は広範囲に及ぶ。ACT を用い
た介入に伴い、生産性と職場のイノベーションの促進、仕事に関連したスト

レスと感情的苦悩の減少，レジリエンスの向上，糖尿病管理の改善，慢性的な健康問題を抱える労働者の予定外の欠勤の減少，新しく学んだことを仕事に適用する機会の増加，仕事の満足度，やる気，パフォーマンスの向上，テスト不安のある学生のテストの成績の向上，先延ばしの減少，身体活動性の増加，大食症の影響の減少，リスクのある女性の体重増加の減少，薬物乱用カウンセラーの偏見の減少，バーンアウトの減少，人前で話すことに対する不安の減少，セルフ・コンパッションと心理的ウェルビーイングの促進などが報告されている（最新のリストは ACBS (2014a) を参照）。ACT は，キャリア・コーチング，リーダーシップ開発，集団内の協力行動の促進，自信や安全管理に関する問題への対処などにも使用されている。

　もちろん，ACT がすべての文脈，すべてのクライアントにとって適切な支援法とは限らない。コーチは，ACT がクライアントに合っているかどうかを査定し，さらに進捗を評価する必要がある。目標の達成に向けて，意味のある進展が見られないような場合には，支援法を変更したり別のコーチを紹介することになるだろう。

ケーススタディ

クライアント

　エミリーは最近 MBA を修了した。野心家で，現在よりも上位の指導的役割を担うことを望んでいたが，管理職のチームからはその候補者と見なされているようには感じていなかった。最近の 360 度評価では，同僚から人間関係に十分配慮ができておらず，過度に批判的で，結果を出すことに固執し過ぎていると見られていることがわかった。エミリーは同僚からの評価を気にしていて，結果を出すことを犠牲にすることなく，効果的に人間関係を築き，維持するために取り組むことを望んでいた。

コーチング

　最初のセッションでは，インフォームド・コンセントが行われる。機能的文脈主義のコーチングでは，一般的なコーチングがどのように効果を発揮す

るかについての話し合いの中で，この支援法の鍵となる目的は，クライアントが価値に沿って行動できるように支援することである，という説明が行われる。そして，コーチとエミリーは，コーチングがどのように行動の柔軟性を広げるか，つまり，状況の求めに応じた行動の獲得を促進するかについて話し合う。コーチは，エミリーが取り組もうとしている問題が，セッションにおける二人のやり取りにも現れる可能性を伝え，それは，セッション内で直接エミリーの問題行動を扱うことができるという点で，有益な機会になり得ると説明する。

　ACT コーチングの最初のステップは，クライアントが表現したいと望む，価値を選択するように支援することである。エミリーはどのようなリーダーになりたいのか？　他者に自分をどのように感じてもらいたいのか？　エミリーは，支持的で，勇気があり，オーセンティック（本物）で，創造的でありたいと決心した。コーチとエミリーは，360 度評価にこれらの価値がどのように表れているか，エミリーが価値を実践できている部分と，特定の価値に偏り過ぎて問題が起こっていたり，価値が表現できていなかったりする部分の両方に目を向ける。会話をしながら，コーチは頭の中で，エミリーがACT の六つのプロセスをどのように行っているかについても評価する。コーチは，エミリーが自分と世界についての物語にフュージョンしている部分があることに気づく。「私はそんな繊細な部下全員に構っている暇などない。仕事は仕事でしょ。私は職場の人と友達になる必要などない」という考えが，エミリーの中にはある。エミリーはオーセンティックであることに価値を見出してはいるが，一方で，同僚と深い関係を築くことで，傷つきやすい心の状態になることを，不快に感じているようだとコーナは感じ取った。

　エミリーは，コーナと共に時間をかけて環境に対して柔軟に反応できるような，幅広い価値に沿った行動パターンを構築した。エミリーは，他者との関わりにおいて，その瞬間にもっといるようにして，目の前の課題についての単純なディスカッション以上のことを，相手が欲しているかどうかに気づくように促された。自分の思考や気持ちに気づき，それらに支配されない能力を身につけた。これがどのようにセッション内で起こるかを示す。

　管理職になることへの願望について話していて，人事部の問題に話が及ん

だとき，「それについて話すのはやめましょう」といって，エミリーは話すのをやめてしまった。エミリーは一瞬不快そうにしたが，すぐに売上を伸ばすための計画について話し始めた。売上は重要だが，エミリーが人事部の問題についての話をやめた様子からは，体験の回避の兆候が疑われた。コーチは優しく，エミリーの話を止める。

「ちょうど今，人事部について話したとき，あなたはたじろいだように見えましたが，あれはどういうことだったのですか？」

「ああ，人事部はめちゃくちゃです。求めるものが得られたためしがありません。」

「それは問題ですか？」とコーチはたずねる。

「もちろんです！　人事の手続きがとても遅いので，私の部署に優秀な人が来ません。求職者はぶらぶらと待ってはくれません。うちの会社の連絡が来ないうちに，他の会社に採用されてしまいます。人事部は動きが悪くて……」とエミリーは不満を続けた。コーチは，なぜそのことについて最初は話したがらなかったのかと質問した。

エミリーは再びたじろいで，「それは単に……私にできることなんて何もないと思っただけです。以前，変わる必要があると人事部に伝えたことがあります。しかし，何も起こりませんでした。つまり話すことは何もないのです。」

コーチは優しくエミリーに挑戦する。「これはあなたが取り組みたいといっている状況の一例のように思うので，もう少し検討してみませんか？」

エミリーは同意した。コーチは，柔軟な視点の取得，アクセプタンス，今この瞬間への気づきを構築するために質問をする。「人事部のピーターとの会話について，もう少し教えてください。何が起こったのですか？」（今この瞬間への気づき）。「ピーターはこの問題をどのように見ていると思いますか？」（視点の柔軟な取得）。「この中で，何がピーターにとって難しそうですか？」（視点の柔軟な取得）。「会話が軌道を外れたと思われる瞬間について，説明してもらえますか？」（今この瞬間への気づき）。「この問題について話していて，今現在，あなたはどのように感じていますか？」（アクセプタンス）。「会話の最中は，どのように感じていましたか？」（アクセプタンス）。

話しているうちに，コーチはエミリーが，ピーターがすべきと思う内容に関するルールにフュージョンしている可能性を感じ始める。コーチはエミリーにそれらのルールに気づくように促し，エミリーがもっと軽くそのルールを抱えることができないか（脱フュージョン）様子をうかがう。コーチとエミリーは，有用性に焦点を当てる。「このようなルールに従うことは，役に立つだろうか？」「自分が望むリーダーになれたとしたら，この状況で，どのような資質を発揮できそうですか？」（価値），「あなたとピーターの関わりはどのようになりそうですか？」（コミットされた行為）と，コーチはエミリーにたずねる。エミリーは，この問題を回避することが，自分が望んでいる，勇気があってオーセンティックであることを意味していない理由について語った。以前の会話をふり返ることで，エミリーは，自分が勇気に偏り過ぎていて，ピーターに対して支持的でなかったことに気づいた。

エミリーとコーチは，好奇心と思いやりをもって，エミリーの行動の機能分析を行った。エミリーはそれを理解し，行動変容に取り組んだ。そして二人は，ピーターと再び話し合う計画を立てた。今回は，より価値に沿った，ピーターがすべきことについてのルールにフュージョンしていない態度でかかわることとした。

時間の経過とともに，エミリーとコーチはこのような会話を重ねて，徐々にエミリーの心理的柔軟性が向上した。エミリーは今この瞬間にいられるようになり，価値に沿って動くようになった。

ディスカッションのポイント

1. 以下のことについて時間を取ってふり返ってみてください。体験の回避は，あなたの生活の中で，どのように現れていますか？　望まない思考や気持ちのせいで，あなたが避けている重要な行為は何でしょうか？　今以上に自分の価値を生きるために，積極的にその内的な不快感を体験することはできますか？

2. ACT では，価値に特定の定義があります。この定義は，あなたがクライアントとの間で価値という言葉を用いるときの傾向とどのように

違って，あるいは似ていますか？　価値について，主に人生を豊かに
するための行動のパターンに対する内発的な強化子を確立するために
用いるとすると，今までと違うどんなことに取り組めそうですか？

3. 自分の欠点をクライアントに説明することの長所と短所は何でしょう
か？　どのような状況であればそれが効果的で，どのような状況では
問題となる可能性がありそうですか？

4. ACT は，今この瞬間への気づきの確立に焦点を当てています。あな
たは，コーチングのセッションにおいて，特定の問題を探索する際に，
今この瞬間にあり，好奇心を持って，柔軟でいるためにどのような戦
略を用いますか？

推奨文献

Harris, R.（2009）. *ACT made simple: An easy-to-read primer on Acceptance and Commitment Therapy*. Oakland, CA: New Harbinger Publications. 武藤　崇（監訳）岩淵デボラ・本多　篤・寺田久美子・川島寛子（翻訳）（2012）よくわかる ACT（アクセプタンス＆コミットメント・セラピー）明日からつかえる ACT 入門　星和書店

Hayes, S.C., Strosahl, K.D., & Wilson, K.G.（2012）. *Acceptance and Commitment Therapy. The process and practice of mindful change*（2nd ed.）. New York: Guilford Press. 武藤崇・三田村仰・大月　友（監訳）（2014）アクセプタンス＆コミットメント・セラピー〈ACT〉第 2 版：マインドフルな変化のためのプロセスと実践　星和書店

Skews, R., & Palmer, S.（2016）. Acceptance and commitment coaching: Making the case for an ACT-based approach to coaching. *Coaching Psychology International, 9*（1）, 24-28.

Wilson, K.G., & DuFrene, T.（2009）. *Mindfulness for two: An Acceptance and Commitment Therapy approach to mindfulness in psychotherapy*. Oakland, CA: New Harbinger.

文　献

A-Tjak, J.G., Davis, M.L., Morina, N., Powers, M.B., Smits, I.A., & Emmelkamp, P.M. （2015）. A meta-analysis of the efficacy of acceptance and commitment therapy for clinically relevant mental and physical health problems. *Psychotherapy and Psychosomatics, 84*（30）, 30-36.

Abramowitz, J.S., Tolin, B.F., & Street, G.P.（2001）. Paradoxical eff.pts of thought suppression: A meta-analysis of controlled studies. *Clinical Psychology Review, 21*（5）, 683-703.

American Psychological Association（APA）, Society of Clinic 叫 Psychology.e（2015）. *Psychological treatments*. Retrieved November 10, 2015, from www.div12.org/

第6章　ポジティブ心理学におけるアクセプタンス＆コミットメント・トレーニングの実践　*161*

psychological-treatments/treatments/.

Association of Contextual Behavioral Science (ACBS). (2014a). *State of the evidence.* Retrieved November 9, 2015, from https://contextualscience.org/state_of_the_ act_ evidence.

Association of Contextual Behavioral Science (ACBS). (2014b). *Why do skeptics argue that there is quite limited support for A CT while advocates seem to say otherwise?* Retrieved November 14, 2015, from https://contextualscience.org/ why_ to_ skeptics_ argue_ that_ there _is_ a_ quite _limited_ support_ for_ act_ while_ advo cates _seem_ to_ say_ otherwise.

Association of Contextual Behavioral Science (ACBS). (2015). Publications. Retrieved November 10, 2015 from https://contextualscience.org/publications.

Barnes-Holmes, Y., Barnes-Holmes, D., McHugh, L., & Hayes, S.C. (2004). Relational Frame Theory: Some implications for understanding and treating human psychopathology. *International Journal of Psychology & Psychological Therapy*, 4 (2), 355-375.

Barnes-Holmes, Y., Hayes, S.C., Barnes-Holmes, D., & Roche, B. (2001). Relational frame theory: A post-Skinnerian account of human language and cognition. In R. Kail (Ed.), *Advances in child development and behavior* (pp. 101-138). San Diego, CA: Academic Press.

Barnes-Holmes, Y., Foody, M., & Barnes-Holmes, D. (2013). Advances in research on deictic relations and perspective taking. In S. Dymond & B. Roche (Eds.), *Advances in Relational Frame Theory: Research and application* (pp. 127-148). Oakland, CA: New Harbinger.

Biglan, A., & Hayes, S.C. (1996). Should the behavioral sciences become more pragmatic? The case for functional contextualism in research on human behavior. *Applied & Preventive Psychology*, 5 (1), 47-57.

Bond, F.W., Flaxman, P.E., van Veldhoven, M., & Biron, M. (2010). The impact of psychological flexibility and Acceptance and Commitment Therapy (ACT) on health and productivity at work. In J. Houdmont & L. Stavroula (Eds.), *Contemporary occupational health psychology: global perspectives on research and practice* (pp. 296-313). Chichester, UK: Wiley Blackwell.

Harris, R. (2009). *ACT made simple: An easy-to-read primer on Acceptance and Commitment Therapy.* Oakland, CA: New Harbinger.

Hayes, S.C. (2004). Acceptance and commitment therapy, relational frame theory, and the third wave of behavioral and cognitive therapies. *Behavior Therapy*, 35 (4), 639-665.

Hayes, S.C., Luoma, J.B., Bond, F.W., Masuda, A., & Lillis, J. (2006). Acceptance and commitment therapy: Model, processes and outcomes. *Behavior Research and Therapy*, 44 (1), 1-25.

Hayes, S.C., & Smith, S.X. (2005). *Get out of your mind & into your life : The new acceptance & commitment therapy.* Oakland, CA: New Harbinger Publications.

Hayes, S.C., Strosahl, K.D., & Wilson, K.G. (1999). *Acceptance and commitment therapy: An experiential approach to behavior change.* New York: Guilford Press.

Hayes, S.C., Strosahl, K.D., & Wilson, K.G. (2012). *Acceptance and Commitment Therapy:*

The process and practice of mindful change (2nd ed.). New York: Guilford Press.

Kashdan, T.B., Barrios, V., Forsyth, J.P., & Steger, M.F. (2006). Experiential avoidance as a generalized psychological vulnerability: Comparisons with coping and emotion regulation strategies. *Behavior Research and Therapy*, 9, 1301-1320.

Kashdan, T.B., & Rottenberg, J. (2010). Psychological flexibility as a fundamental aspect of health. *Clinical Psychological Review*, 30, 467--480.

Lloyd, J., Bond, F.W., & Flaxman, P.E. (2013). Identifying psychological mechanisms underpinning a cognitive behavioral therapy intervention for emotional burnout. *Work & Stress*, 27 (2), 181-199.

McHugh, L. (2011). A new approach in psychotherapy: ACT (acceptance and commitment therapy). *The World Journal of Biological Psychiatry: The Official Journal of the World Federation of Societies of Biological Psychiatry*, 601 (12 Suppl 1), 76.

Ost, L.G. (2014). The Efficacy of Acceptance and Commitment Therapy: An updated systematic review and meta-analysis. *Behavior Research and Therapy*, 61, 105-121. DOI: 10.1016/j .brat.2014.07.018.

Robb, H., (2013, August 30). Liquid Times. [Comment to ACBS Online forum] Message posted to: https://groups.yahoo.com/neo/ groups/acceptanceandcommitment therapy/ conversations/messages/31128.

Ruiz, F.J. (2010). A review of Acceptance and Commitment Therapy (ACT) empirical evidence: Correlational, experimental psychopathology, component and outcome studies. *International Journal of Psychology and Psychological Therapy*, 10, 125-162.

Smout, M.F., Hayes, L., Atkins, P.W.B., Klausen, J., & Duguid, J.E. (2012). The empirically supported status of acceptance and commitment therapy: An update. *Clinical Psychologist*, 16, 97-109.

Stewart, I., & McHugh, L. (2013). Perspective taking. In T.B. Kashdan & J. Ciarrochi (Eds.), *Mindfulness, acceptance, and positive psychology: The seven foundations of well-being* (pp. 1-29). Oakland, CA: Context Press.

Törneke, N. (2010). *Learning RFT: An introduction to relational frame theory and its clinical application*. Oakland, CA: Context Press/New Harbinger Publications. Wilson, K.G., & DuFrene, T. (2009). *Mindfulness for two: An Acceptance and Commitment Therapy approach to mindfulness in psychotherapy*. Oakland, CA: New Harbinger.

Wilson, K.G., & DuFrene, T. (2010). *Things might go terribly, horribly wrong: A guide to life liberated from anxiety*. Oakland, CA: New Harbinger.

Winters, E. (2014). Skills for navigating mind rips. Retrieved November 10, 2015, from www.chocksaway.com.au/skills-for-mind-rips/#. Vlunncr8-sQ.

第 7 章

PERMA 活性化コーチング

繁栄的な生活の基礎を築く

ダニエラ・ファレッキ，クライブ・リーチ & スージー・グリーン

はじめに

幸福や「よい人生」の追求といったトピックは，2000 年にポジティブ心理学が公に登場して以来（Seligman & Csikszentmihalyi, 2000; Hart & Sasso, 2011），数多くのポジティブ心理学関連の学術研究によるエビデンスを得て，科学的な学術誌だけでなく一般のメディアでも話題のテーマとなっている。

しかしながら多くの人は，人生のあらゆる側面でさまざまな成功を収めているにもかかわらず，つい足りない方へと意識が引き寄せられ，どうしても悲観的な見方に囚われてしまいがちである。従って自分の人生を前向きに評価することは，たいていの人にとってはかなり困難であり，どうやって「よい人生」を見つけるか，などと考えてみたところで，単に途方に暮れるだけである。

大人でも子どもでも年齢にかかわらず，「現実の自分」と「理想の自分」のギャップに苦しめば苦しむほど，ストレスや不安，抑うつのレベルが高まる（WHO, 2011）。こうなってしまうと「気分よく，問題なく毎日を過ごす」ことは，ほとんどの人にとって不可能となる。

ポジティブ心理学の根本的な狙いは，人の最適な機能の実現を目的に，繁栄的で良好な人生を促進するところにある。そこにポジティブ心理学コーチングを使うことで，クライアントの気分をよくし，機能を高め，最高の力の

発揮を支援することができる（Huppert & So, 2009）。

　ウェルビーイング理論にはさまざまなモデルが存在するが，中でもとりわけ広く普及しているのが，マーティン・セリグマン教授（Martin Seligman）の提唱する PERMA モデル（2012）である。PERMA は，P（ポジティブ感情），E（エンゲージメント），R（ポジティブな関係性），M（意味），A（達成）の五つの構成要素から捉えた多元的ウェルビーイングモデルで，個人，組織，コミュニティーのレベルで，これら五つの要素を高めることがウェルビーイングの促進につながるというものである。

　本章ではこの PERMA モデルについて，各構成要素に関連する理論的背景や研究成果を議論しつつ，ポジティブ心理学コーチング（PPC）とのかかわりについて概観する。さらに，エビデンスベースドなポジティブ心理学介入法（PPI）について，改めて整理しながら，PERMA モデルのコーチング文脈での応用を，具体例と共に説明する。PERMA の各構成要素を個別に，あるいは全体を包括的に探っていく，そのいずれであっても，クライアントおよびコーチ自身の繁栄的な人生の基盤の構築を支えるための，コーチングの枠組みとしての PERMA について，本章はその理解の一助となるだろう。

PERMA モデルの発展

　PERMA モデルは，セリグマンの著書，*Flourish*（2012，邦訳『ポジティブ心理学の挑戦』）の中で最初に登場した。ここで彼は，自身のオーセンティック・ハピネス理論（2004）を，主観的および心理的ウェルビーイングの双方の要素をうまく包括して再構築した。

　主観的ウェルビーイングとは，ディーナー（Diener, 1984）によると人生満足度，ポジティブ感情の存在，ネガティブ感情の不在という要素を含むもので，幸福，あるいは感情的ウェルビーイング とも称されている（Lambert, Passmore, & Holder, 2015）。

　一方，心理的ウェルビーイングは，リフとキースらによって明らかにされ（Ryff & Keyes, 1995），自己受容（Self-Acceptance），自律性（Autonomy），ポジティブな対人関係（Positive Relations with Others），環境制御力（En-

vironmental Mastery），個人的成長（Personal Growth），人生への満足感
（Satisfaction with Life）の六つの要素から構成される。主観的ウェルビーイ
ングと心理的ウェルビーイングは，基本的には異なるウェルビーイング理論
だが，両者とも通常，感覚的な快楽を求め苦痛を避けるヘドニックなアプ
ローチ，あるいはそれとは趣を異にするユーダイモニックなアプローチの
いずれかで議論される。ユーダイモニックなアプローチとはアリストテレス
による造語で，生きるに値する人生（Lambert et al., 2015），すなわち自ら
の卓越さを存分に発揮し，意味と目的を持って善く生きる，という意味が含
まれている（Ryan & Deci, 2001）。

　オーセンティック・ハピネス理論（2002）の中で，セリグマンは幸福に至
る三つの経路を下記のように示している。

　　1）「楽しい人生」（the Pleasant Life）：ポジティブな感情の経験を最大
　　　化するという幸福に対するヘドニックなアプローチ。
　　2）「没頭する人生（the Engaged Life)」：内なる美徳や価値観に従って
　　　生きるというユーダイモニックなアプローチ。
　　3）「意味深い人生（the Meaningful Life)」：他者との親密なつながりや
　　　貢献へと向かうユーダイモニックなアプローチ。

セリグマンは 2012 年にこの理論を修正し，従来の三要素である「楽しさ
（ポジティブ感情）」，「エンゲージメント」「意味」に，「関係性」と「達成」
を加え，PERMA 理論という新たなウェルビーイング 理論に発展させた。
　関係性を追加する必要性は，人間関係などのソーシャルサポートがウェル
ビーイングの実現においてきわめて重要であることを，数多くの研究が支持
しているからである（Vella-Brodrick, Park, & Peterson, 2009）。
　達成には，目標に向かって励み，実現し，自ら成し遂げてきたことをふり
返った時に得られるポジティブな感覚がかかわっている。（構成要素として
の）達成には，こうした目標の実現へと至る中，自ら研鑽を積んで発揮した
スキルや努力が反映されている。達成はまた，目標およびそれがウェルビー
イングに与える影響に関する科学的文献の豊富な研究を踏まえ構成要素とし

て，追加されている（Seligman, 2012）。

　この改訂されたウェルビーイングモデルの成果は，単に幸福や人生への満足度だけに着目するのではなく，PERMAという頭文字が示すように，複数の構成要素から多元的にウェルビーイングを捉え，モデル化したことである。

　セリグマンによれば，五つの領域でポジティブな行動を実践することがウェルビーイングの強化につながると述べており，具体的には以下のようになる。

- ポジティブ感情（Positive emotion）：健全でポジティブな経験が得られるように行動を計画し，そこに時間とエネルギーを費やすこと。
- エンゲージメント（Engagement）：やりがいを感じること，追求するに値することに没頭し，自らの強みを見つけ，その活動の中で強みを発揮すること。
- 関係性（Relationships）：社会的，感情的スキルを高め，他者とより良い関係性を築くこと。
- 意味（Meaning）：目的をもって行動し，自己を超えて，より高い目的の追求に貢献するあり方を体現し，そのように行動しようとすること。
- 達成（Accomplishment）：意義のある目標を設定し，そこに向かって努力を続け，障害を乗り越え，メンタルタフネスを維持しながら成長のマインドセットを体現すること。

　PERMAモデルは，ウェルビーイングを包括的に捉えたモデルではあるが，やや個人主義的である上，身体的健康については触れておらず，文化的な強みについても一切考慮していないとの批判がある（Biswas-Diener, Linley, Govindji, & Woolston, 2011）。こうした批判に対しては，個人から「集合的な善」に主眼を置く研究の広がりや，ポジティブな組織，およびコミュニティーを構築することの重要性に関するエビデンスが増加することで応えられるようになってきた（Cameron & Dutton, 2003）。

PERMA の全容

　繁栄（flourishing）とは何か。そこに至るプロセスとその状態（Gable & Haidt, 2005）を理解することがポジティブ心理学の中心的目的であり，ポジティブ心理学コーチングに取り組む目的でもある。

　ウェルビーイングという概念はさほど新しいものではないが，ポジティブ心理学の分野で，私たち人間が最適に機能している状態を，植物になぞらえ「繁栄」（flourish）という言葉で表現するようになったのは，ごく最近のことである。植物が太陽に向かって生き生きと伸びていくように，社会や文化，組織，個人にかかわらず，私たち人間も豊かさや道徳的な美しさ，前向きな方へと，自然に引き寄せられる傾向がある（Cameron & Levine, 2006）。

　ロジャーズ（Rogers）による自己実現への志向性も同様に，自らの内なる可能性を花開かせ，理想自己と現実の自己イメージや行動を一致させたいという，私たち一人ひとりの内なる欲求を示したものである（McLeod, 2014）。

　ヘドニックな観点から捉えた繁栄は，ポジティブな気分や経験をより多く得ることに焦点が向けられているが，これをユーダイモニックな観点から捉えると，他者に与えること，内なる価値観に従って生きること（Norrish, Williams, O'Connor, & Robinson, 2013）といった行動が，繁栄につながることになる。より簡潔に言うと，繁栄とはすなわち「有意義で充実した人間関係を持ち，有能感や自信を感じ，人生には生きる意味や目的があると信じられること，これらすべてを含んだ心理社会的な構成概念」（Norrish, et al., 2013, p.149）」だと定義づけられる。

　つまり PERMA モデルとは，繁栄に至るひとつの手段としてポジティブ心理学介入を個人や組織単位で実践する際の枠組みであって，これを実際にコーチングで活用するためには，PERMA の各項目の理論的背景とその研究的知見について，理解を深めておく必要がある。

ポジティブ感情

　すべての感情には何らかの目的があり，私たちの日々の経験のいたるところに存在する。ポジティブ心理学はネガティブ感情の重要さを無視している

のでは，といった誤解をしばしば耳にするが，これはまったくの誤りである。むしろ心から何かに打ち込み，生きる意味や達成感を求めて生きることには，多くの場合，恐れや不安，痛みといった「ネガティブ」な感情にあえて足を踏み入れ，挑んでいく意味も含んでいる。

とはいえ，種としての生存戦略とそれに伴う心理学的な進化の過程で，私たちはどうしてもネガティブな考えや感情にとらわれやすい（Fredrickson, 2006）。恐れや怒りと言ったネガティブ感情は，ポジティブ感情よりはるかに強力なので，ポジティブ感情を意識的に喚起する努力をしなければ，私たちは容易にネガティブ感情の力にとらわれてしまうのだ（Baumeister, Bratslavsky, Finkenauer, & Vohs, 2001）。

ポジティブ感情には，喜び，愛，感謝，希望，誇り，ひらめき，好奇心，愉快さ，心の平穏さ，畏敬の念（Fredrickson, 2006）などがあり，いずれも実証的に研究され，ウェルビーイング との関連性が見出されている。ポジティブ感情（あるいはよりポジティブな情緒的な反応）を非常に豊かに経験する人ほど，人生のさまざまな領域で成功を収め，何かを成し遂げる傾向が見られることを，いくつかの研究が示唆している（Lyubomirsky, King, & Diener, 2005, p.801）。また，ポジティブ感情を頻繁に経験する性格特性を持つ人は，自信や楽観性，自己効力感が向上しやすいことも示されている（Lyubomirsky et al., 2005）。

ポジティブ感情は快楽や満足感，心の安らぎを得る，という文脈で議論されることが多いが（Lambert et al., 2015），それ以上の作用があるとフレデリクソン（Fredrickson）は述べている。彼女によれば，ポジティブ感情には私たちの思考や行動の幅，柔軟性を広げる作用があり，これが人類の進化において大きな役割を果たし，人類繁栄の基盤になっているという（Fredrickson, 2006）。フレデリクソンの「ポジティブ感情の拡張－形成理論（1998）」によれば，意識的にポジティブな感情を高め，ポジティブ感情をより多く経験することで，思考の幅が広がり，大局的に物事がとらえられるようになり，創造性が増すとともに積極的な行動力が促される。つまり，ポジティブ感情を充実させることは，前向きな行動や態度を促し，私たちの身体的，知的，社会的，心理的，感情的リソースを高めるとともに，困難や

変化，重要な機会など，人生における重大な局面に遭遇した時のレジリエンスやメンタルタフネスにつながるスキルの向上を可能にする（Clough & Strycharczyk, 2012）のである。

「人間の感情やそれに対する反応は，出来事それ自体ではなく，その出来事に対する私たちの解釈によって引き起こされる（Sherin & Caiger, 2004, p.227）。」

もしこの言葉通りであれば，コーチに求められるのは，クライアントがストレスフルな状況や逆境の中にあっても，その中で少しでもポジティブな感情を見つけ，その感情を心の中で育てていけるように彼らを支援することである。そのためには機能していないことに注目する従来の方法を思い切って変え，うまく機能していることにクライアントの視点を変換させる方法を取ることが含まれる。このような方法によって，コーチはクライアントがポジティブな感情を表現し，その感情を追跡するために探索する機会を支援することができる。

ポジティブ感情を高めるためのエビデンスベースドな介入法の中で，コーチングに応用可能なものは数えきれないほど存在する。「よいことを数える（Counting Your Blessings）」「うまくいったこと（What's Working Well ?）」，「最高の自分（Best Possible Self）」を過去と未来バージョンで思い描く，楽観主義を学ぶ，強みを見つける，セーバリング（Savouring; 味わう）などの介入法がその例として挙げられる。もちろん，エビデンスベースドなコーチングはそれ自体が，クライアントの「希望」というポジティブ感情を高める作用を持つ（Snyder, 2002）。希望はコーチングの鍵となるポジティブな特性であり感情であるが，目標設定に意識を向け，内なる力を伸ばし，目標の実現に向けてあらゆる手段を考え出すことを通して，希望は一段と高められる（Green, Grant, & Rynsaardt, 2007）。

ポジティブ感情はさらに，個人レベルを超え，職場やあらゆる組織の中で，創造性や革新性の向上，ポジティブな組織変革や組織能力の開発などのさまざまな利点をもたらすことが，研究によって示唆されている（Sekerka & Fredrickson, 2008）。

エンゲージメント

　PERMA の中で，エンゲージメントは内発的に動機づけられた活動に完全に没頭している状態として定義づけられている。その状態にある時，人はいわゆる「フロー」を体験しており，そこでは挑戦の度合いとその個人のスキルが最適なバランスで調和している（Csikszentmihalyi, 1996）。

　取り組んでいる課題にどっぷり浸ることで，仮に目標を達成できなくても活動を行うことそれ自体に大きな満足感を感じる状態，それがフローである。

　夢中になって何かに打ち込んでいる時，私たちの好奇心は一層活発に働き，気持ちが高揚し，目標に向かって粘り強く前進する忍耐力も高まる（Hunter & Csikszentmihalyi, 2003）。エンゲージメントを高める方法のひとつが，キャラクターストレングスを積極的に使って内発的な動機づけを促し，フロー体験が得られるような土壌を育むことである。

　強みはいわば，「その人に活力を与え，最高の力を引き出してくれる内的な思考，感情，行動パターン」（Linley & Harrington, 2006, p. 6）である。

　人間の徳性に関しては，これまで心理学や哲学，宗教などさまざまな分野で議論が重ねられてきた。こうした中で，人間の最適な機能，あるいは人間として最善に生きるとは何かに関して，ポジティブ心理学の立場から効果的に説明するため，研究者たちは人間の徳性に関する測定可能な共通言語の開発を行う必要があった。セリグマン，ピーターソン（Peterson）をはじめとする研究者らは，最終的に何世紀にもわたって各分野で定義されてきたさまざまな人間の徳性を集約，整理し，その中から浮かび上がった，いわゆる美徳とみなされる六つのテーマを突き止めた。そこからさらに時代や文化の違いを超えて，私たち人類に共通する 24 個の徳性的な強み，いわゆるキャラクターストレングスを特定した（Peterson & Seligman, 2004）。私たち一人ひとりの個人としての「独自性」とは，こうしたパーソナリティーにおける徳性的な強みがどのように組み合わされているか，それを表現したものだと言える。ポジティブ心理学コーチングはどのプログラムでも，コーチ自身とクライアント双方のキャラクターストレングスを，しっかりと把握した上で行うことが基本となる。キャラクターストレングスは，VIA サーベイ（the Values in Action Character Strengths Survey）を受けることで特定できる

（www. viacharacter.org）。

　私たちは 24 のキャラクターストレングスすべてを持ち合わせ，それぞれをある程度体現してはいるものの，VIA サーベイの結果で上位 5 位から 7 位に入る強みは，とりわけ自身の内なる価値観や興味と密接につながっており，その人らしさを最も特徴づける強み，すなわち「シグネチャーストレングス」と呼ばれている（Linley & Harrington, 2006）。これまでの膨大な研究結果が示しているように，シグネチャーストレングスを日常生活や勉強，仕事などにおいて意識的に活用することでエンゲージメントが高まり，人生満足度やウェルビーイング，意味やパフォーマンスに直接的に作用する（Wood, Linley, Maltby, Kashdan, & Hurling, 2011）。

　ポジティブ心理学コーチングでは，VIA サーベイの結果をクライアントのシグネチャーストレングスの認識とその活用プランを立てるツールとして活用できる。実際，キャラクターストレングスを日常的に使っている人は，ウェルビーイングを経験する傾向がきわめて高いことが，研究でも明らかになっている（Proctor, Maltby, & Linley, 2009）。仕事の領域で言えば，キャラクターストレングスを意識的に仕事で使うことは，仕事への満足度，パフォーマンスを高めると同時に組織内の人間関係に良好な効果をもたらし（Lavy & Littman-Ovadia, 2017），仕事上のストレスを軽減する効果も実証されている（Harzar & Ruch, 2015）。近年では，強み順位の下位に位置するいわゆる「弱い強み」を伸ばす効果についても研究が進み，その利点が明らかにされている。とりわけシグネチャーストレングスをすでに日々積極的に使っているクライアントの場合，弱い強みを伸ばすことで一層のプラス効果が期待できる（Proyer, Gander, Wellenzohn, & Ruch, 2015）。したがって，ポジティブ心理学コーチングでは，クライアントのシグネチャーストレングスと弱い強み，その両方を検討して，クライアントと共に今後の積極的な強み活用の方略を立てていくことが重要である。

　その他，パフォーマンス・ストレングスというアセスメント手法を使って，クライアントの目標達成やウェルビーイング を高める方法もある。ストレングスアセスメントにはさまざまなものがあるが，特に仕事の領域への適用に焦点を当てたものが数多く市場に出回っている。その中でもイギ

リスの応用ポジティブ心理学センター（the UK Centre for Applied Positive Psychology）で開発された「ストレングスプロファイル（the Strengths Profile）」は，効果が科学的に実証されたポジティブ心理学に基づく強みのアセスメントである。この尺度は，エネルギー，パフォーマンス，活用の三つの局面にまたがる 60 の特性について，「活力を与えるもの」，「活力を奪うもの」をそれぞれ把握し，強みを多面的に測定できる構成となっている。測定結果は，認識できている強み，弱点，後天的に獲得された態度や行動，認識できていない強み，として現れた特性が，プロファイルに示される。自分に活力を与える特性と，逆にエネルギーを奪う特性は何かについてそれぞれ理解することで，ポジティブ感情やフローの体験をこれまで以上に生み出し，日々の活動により積極的に打ち込み続けることができる。

　いずれの強みアセスメントツールを用いるにせよ，強みに基づく介入法は，有意義な目標設定や目標に向けて努力することを通して，クライアントのエンゲージメントを高める手助けとなる。それだけでなく強みを積極的に使うことで，他者と自身との違いや共通点への理解が深まり，良好な人間関係を築きやすくなるなどの利点がクライアントにもたらされる。同時に，日々のさまざまな行動選択の意味や目的意識も，強みを使うことでより意識されやすくなる。

　強みを使うことのわかりやすい例は，たとえばユーモアの強みの高い人であれば誰かを笑わせることかもしれないし，創造性の強みが高い人であれば芸術講座への参加かもしれない。親切心の強みの高い人は介護施設を積極的に訪ねようとするかもしれないし，感謝の強みが高い人は感謝の手紙を書いたり，リーダーシップの強みの高い人は，大勢で集まるイベントを企画したりするかもしれない。いずれの強みであれ，自分の強みを知りそれを意識して使うことで，強みに基づく介入法の効果が高まり，ウェルビーイングの柱である PERMA の各要素を豊かに育むことにつながるのである。

関係性

　ポジティブな関係性（人間関係）は，私たちの内的リソースの核にある安定した社会的，感情的スキルを伸ばす上で，中心的役割を果たしている（Roffey, 2011）。「他者は重要である」（"Other People matter"），よく引用

されるクリス・ピーターソンのこの言葉は，ポジティブ心理学が単に個人の
ウェルビーイング の向上だけを焦点にしているのではなく，いかに他者と
良好な関係性を築き，他者への貢献や与えること（Roffey, 2011）を重要視し
ているかを示している。

　「他者とは苦しみや悩みを癒すいちばんの特効薬になるだけでなく，私た
ちの気持ちを引き上げてくれる，最も信頼できるもの」（Seligman, 2012, p.20）
であり，その反対に社会的な孤立は抑うつや薬物濫用，その他さまざまなメ
ンタルヘルスの症状を悪化させることにつながることが，研究でも指摘され
ている（Hassed, 2008）。

　コーチングはそれ自体が，コーチとクライアントとの共同作業であり，そ
の前提には何の主観的判断も交えないオープンで誠実な，かつどんなに難し
い対話場面でも揺らぐことのない確固たる信頼感に裏打ちされた関係性の構
築が必要とされている（Adams, 2015）。言い換えるなら，コーチングにおけ
る関係性そのものが良好で前向きでなければならないということである。そ
のためには，コーチにはコーチングにおけるコミュニケーションスキル，た
とえば傾聴や反映，課題の明確化，共感，効果的な質問法，ラポールの形成
などを効果的に活用することが求められる（van Nieuwerburgh, 2012）。要
するにコーチングとは，質の高い関係性（Dutton & Heaphy, 2003）の構築
を容易にするものであり，こうしたポジティブな関係性こそが個人や組織を
繁栄へと導くのである。

　クライアントの視点から言うと，他者との人間関係はすべての生活領域に
関わってくる。その中で人間関係の質，すなわちポジティブあるいはネガティ
ブなかかわりの経験比率が私たちのウェルビーイング に影響してくる。カップ
ル研究の権威として知られるジョン・ゴットマン（John Gottman）博士は，夫
婦間でポジティブなコミュニケーションが行われていた人々と，ネガティブな
コミュニュケーションが行われていた人々とを比較し，そこから結婚の安定
性を予測する5：1という比率を割り出した[訳注]（Gottman, Coan, Carrere, &
Swanson, 1998）。

訳注）これは，安定して幸福な夫婦はネガティブな関わりを1とするとその5倍，ポジティ
ブな関わりを持っていたということである。

ポジティブな人間関係の構築を支援するために，ポジティブ心理学コーチはクライアントにまず関係性を強化したい相手とのコミュニケーションをふり返ってもらう。そのコミュニケーションの質のポジティブ対ネガティブ比率を，クライアントに記録してもらい，図式化してもらうとよいだろう。このようなデータは，セッションでの検討事項，あるいは社会的・感情的能力を育てるための材料として活用できる。

　関係性を改善するもうひとつの方法が，「関係性強化の鍵は，どのように相手とうまくケンカするかではなく，どのように相手を称賛するかを提示した」（Seligman, 2012, p. 48）シェリー・ゲーブル（Shelly Gable）教授の「積極的で建設的な反応（Active Constructive Responding: ACR）」の実践である。ゲーブル教授の研究によって，この方法がポジティブな関係性構築に，きわめて有効であることが見出されている。このスキルを強化するには，コーチ自らが手本となり，良い知らせを伝えようとする相手の言葉に対し，「それはすごい。それは確かに嬉しいですよね。もっと詳しく聞かせてくれませんか？」という具合に，彼らの言葉にどう積極的に耳を傾け，相手を褒め，ポジティブに反応するかを具体的に示してみるとよいだろう。

　もうひとつ，親切な行いをすることも人間関係の構築には有効な方法である。これについては研究においてもポジティブ感情の向上との関連性が何度も指摘されている。ある研究では，参加者に介護施設でのボランティア活動，近所の人に食事を振る舞う，同僚の仕事を手伝うといった他者への親切な行為を，不定期，定期的のいずれかを選択して行ってもらい，その後の参加者の幸福度を測定した。その結果，いずれの頻度の場合も親切な行為を行った参加者に幸福度の上昇が認められるという結果が得られた（Lyubomirsky, 2008）。他者への親切行為は，社会の一員として互いに支え合い協力し合う意識を育むだけでなく，親切行為を行った人に，親切行為の受け手以上の，深い満足感と感謝の念を与えてくれるのである（Lyubomirsky, 2008）。

　ふり返りや質問，うまく機能していることへ注意を向けること，互いの経験を共有し合うことなどを通じ，私たちは他者とのポジティブな関係性をより構築しやすくなる。同時に，質の高いつながりを形成する上で，コーチングそれ自体がきわめて有効な手法であることも，このような実践を通して理

解することができるだろう。

意味

　意味とは，社会に貢献することで，自らの強みや価値観を目的意識と共に有意義に，誇りを持って活かせていると感じるときに，心の内側から沸き起こってくる重要感と喜びのことを指す（Baumeister & Vohs, 2005）。目的意識や意味，意義を感じるとき，人は，自己を超えたより大きな存在とのつながりを感じ，それによって自らの行為に大いなる価値を見出す（Kern, Waters, Adler, & White, 2014）。たとえば，働く意味を感じることは，その人のウェルビーイング を高めるだけでなく，他者への敵対心や仕事上のストレスや抑うつを和らげる効果があることが研究で示されている（Steger, Frazier, Oishi, & Kaler, 2006）。ここに意味と，いわゆるユーダイモニックなウェルビーイングとの直接的な関係を見ることができる。人生を意味あるものにしようと思うなら，そこには努力と行動が要求される。意味を持つことで，自ら進むべき方向性が示され，目的意識に支えられたビジョンを描くことができる。目的までの道のりには努力がつきものだが，初めはその努力によって必ずしもポジティブな感情が得られるとは限らない。しかしながら目的に向かって忍耐強く，着実に成功を積み重ねながら歩み続けることで，最後には深い満足感とポジティブな感情を得ることができる（Lambert et al., 2015）。

　意味を育てるためにコーチングで実践される戦略としてよくあげられるのが，クライアントに自らの価値観に従った行動を促す手法である。その際，一般的にはクライアントの「核となる価値観」リストが活用される。加えて，前述した自らのキャラクターストレングスの認識も，目標設定や達成への戦略を立てる上で欠かせない要素となる。自らの価値観や強みをよりよく理解することで，最高の未来の自分像を一層明確に思い描けるようになる。ある研究では，参加者に努力の末に目標を達成した未来の最高の自分を思い浮かべ，その姿を詳細に書き出してもらった。その結果，参加者にはポジティブな気分の顕著な上昇が認められた（Lyubomirsky, 2008）。これは書くという実際的な行為を通して，参加者が自分の考えを，分析しつつ体系的に整理で

きたからであり，また，書くこと自体が自分の中に意味を構築する作業だからだと考えられる（Lyubomirsky, 2008）。

意味を育てるにはロック（Locke）とラーサムの目標設定に関する基礎研究（Locke & Latham, 1984）も，ポジティブ心理学コーチングにおける有効なツールになるだろう。コーチは目標設定を通してクライアントの方向づけを促し，意欲を失うことなくその実現に向かって前進するための具体的で測定可能な方策を立てるように支援する。とりわけ，核となる価値に調和した目標（Sheldon, 2002）の設定を支援することで，クライアントは内発的で意義のある目標を立てやすくなる。

達成

ここでの達成は，実現したい目標に向かう過程でスキルや努力を発揮し，熱心に励むことが含まれている（Seligman, 2012）。そこには達成への動機づけ，およびその過程で直面する困難を乗り越えようとする忍耐力の双方が要求される。同時に目標までの歩みを臨機応変に進める上での十分な洞察力も必要とされる。達成へのコーチングプロセスの基本は，明確な目標設定を行い，現実的で戦略的な実行計画を立てることである。

ダックワース，ピーターソン，マシューズ，ケリーらの研究（Duckworth, Matthews, & Kelly, 2007）から，目標達成には，グリット（Grit）が成功の鍵を握る重要な要素であることが示されている。グリットは情熱と忍耐強さから構成されており，ダックワースらの研究ではグリットが高い人ほど，長期的な目標達成に向けて根気強く努力する傾向が見られる（Duckworth et al., 2007）。

スタンフォード大学のドゥエック（Dweck, 2008）は，グリットを伸ばす特定の方法は未だ不明であるとの見解を示しているが，ドゥエック自身の研究成果が大きなヒントを与えている。ドゥエックの「固定的マインドセット対成長マインドセット」の研究から，知性や徳性が伸ばせると考える人は，能力は固定したもので変わらないと捉えがちな人たちに比べ，成功する可能性がより高いことが示されている。さらに研究では，こうした「成長のマインドセット」は，学習によって育てられることも明らかになっている。クラ

イアントの成長のマインドセット構築を支援する上で，コーチが実践できる方法のひとつが，これまでの一連のプロセスをクライアントと共にふり返り，その上で目標の達成に向けて彼らが見せた努力を称え，これまでの成功へと導いてくれたさまざまな方策を，前向きに評価することである。

継続的に見直すという行為，特にうまく機能していることをふり返って考えることは，目的と意味をクライアントの中に育てることにつながる。アプリシエイティブ・インクワイアリー（AI：真価を認める問い，探求）（Cooperrider, 1996; Gordon, 2008）は，こうしたふり返り作業を強化し，それを有効に活用した手法である。AIでは最高にうまくいっていることを洗い出し，そこから見えてきた強みを軸に，未来の可能性をイメージし，その実現に向けて計画を立てる過程を踏む。

この他，目標遂行に関しては過去何十年にもわたる研究成果が存在することも，伝えておく必要があるだろう（Sheldon, 2002）。実際，従来コーチングが焦点にしているのは「達成」であり，目標を達成することは，クライアントに対して著しくポジティブな影響を与えることが研究で示されている。こうした点を踏まえ，ポジティブ心理学コーチングの実践において認識すべき課題は，いかに目標の達成とウェルビーイングの向上を同時に実現するかであり，ウェルビーイングを犠牲にした上での目標達成という従来よく見られた方向性ではない。

それゆえにポジティブ心理学コーチングは，「普通のコーチング」を超えたアプローチであり，従って特定のポジティブ心理学的アプローチも，目標達成を追求しながら，どのようにしてクライアントのウェルビーイングを同時に高めて行くかという観点で実践される。そのためのひとつとしてまず取り上げたいのが，キャラクターストレングスの認識である。これは目標達成とウェルビーイングを同時に高めることが研究で示されている（Govindji & Linley, 2007）。クライアント自身のキャラクターストレングスを認識した後の次の段階では，有意義で現実的（自己矛盾のない，自己一致している）な目標設定を行う。そして最後の段階として，クライアントの目標達成への意欲とグリットを一層高めるために，これまでのふり返りという形でフィードバックを与える。コーチはうまくいったことに対する称賛を与え，それと共

になぜうまく言ったのかを詳細に検討する。ここにコーチングの本来の持ち味とも言える問題解決アプローチを組み合わせることで，クライアントのグリットと成長のマインドセット構築をより効果的に育むことができる。

目標達成を支援するコーチングでよく使用されるモデルのひとつに，GROW モデルがある（Palmer & Whybrow, 2014）。このモデルでは，GROW のフレームワークに基づく質問がクライアントに与えられる。

Goal（目標）：達成したい目標は何ですか？
Reality（現実）：今起こっていることは何ですか？　それは問題ですか，それともチャンスですか？
Options（選択肢）：目標達成に向かうためにはどんな選択肢がありますか？
Way Forward（前進する）：それらの選択肢のうち，どの方法でいつ実行しますか？

GROW フレームワークによる質問を行うことで，コーチ自身もクライアントの自己一致した目標構築をコーチとして十分に支援するために，自身の自己認識を一層高めることができる。

コーチング実践における PERMA

ポジティブ心理学コーチが PERMA を軸に実践するとき，具体的には以下のような支援を行う。クライアントのポジティブ感情への意識を高め(P)，彼らがエンゲージメントやフローをより豊かに体験できるよう，強みに対する認識を促して積極的にその活用を働きかける（E）。さらに良好な人間関係の構築や維持を支え（R），意味や目的とのつながりを明らかにし（M），これまでにクライアントが達成したことを称える（A）。

こうした実践はクライアントの目標達成の手段として，同時にウェルビーイングの向上，ひいては繁栄へと彼らを導くものとして，直接的に PERMA にアプローチする形で展開することもあれば，実践の中に暗に打ち出す形で取り入れることもできるだろう。いずれにしても，PERMA モデルを使い，

ウェルビーイングとパフォーマンスの向上，その両方を支援しようとするなら，PERMA の各項目を切り分けて取り組んだり，過剰に単純化してモデルを実践しないよう，コーチは肝に命じておかねばならない。確かに本書では便宜上，PERMA 各領域の理論的背景を個別に説明してきたが，PERMA の各領域は相互に密接に関連しており，実際のコーチングでも，この五つの領域は常に相互に組み合わせた形で実践されることを，コーチは常に留意しておく必要がある。

　コーチングは PERMA を査定するのに役立つが，妥当性の検証されたセルフ・アセスメントツールのひとつに PERMAH プロファイラー（PERMAH-Profiler; Butler & Kern, 2015）がある。これは，PERMA の構成要素ごとに測定項目が構成され，身体的健康に関する測定項目を含め，各領域での現時点の繁栄のレベルを測定できるようになっている。測定結果は，その後の話し合いやウェルビーイングにかかわる目標とコーチングで実践する上での介入法について確認するベースラインとなる。目標達成のみならずメンタルヘルスや生活の質（quality of life）の向上に，エビデンスベースドなコーチングプログラムが実際的に効果を発揮することが，研究によって次々に明らかにされる中，こうしたアセスメントツールの活用の重要性はますます高まっている（Grant, 2003）。

　ポジティブ心理学コーチングではウェルビーイングの促進のほか，困難や挑戦に直面した際のレジリエンスや困難に前向きに立ち向かってゆく心の強さを育てることにも，PPI を活用している（本書第9章を参照のこと）。

　中でもメンタルタフネスは，ひとつの研究分野としてポジティブ心理学コーチングと直接関連があるだけでなく，（その研究は PPC の）理論的裏づけにもなっている。メンタルタフネスは，ストレスやプレッシャー，変化や予期せぬ状況にめげることなく対処する精神的な強さであると定義されている（Clough & Strycharczyk, 2012）。メンタルタフネスのアセスメントでコーチが活用可能なものに，MTQ48（Clough, Earle, & Sewell, 2002：英語版のみ）がある。これはメンタルタフネスを四つの要素から測定するもので，主に精神的な強靭さの測定にかかわる「挑戦」「自信」因子と，レジリエンスにかかわる「制御力」「コミットメント」から構成されている。一連の PPI の手

法は，各人のメンタルタフネスを育てるために取り入れることが可能であり，個人のニーズやアセスメントに応じて，成人，青少年層の双方に適用できる。

全体をまとめると，コーチングは個人のレジリエンスの構築ならびに総合的なウェルビーイングを高める上で，非常に有効な手段だと言える。新たなスキルを学ぶことで，クライアントは内発的動機づけに基づいた目標を一層認識しやすくなり，目標に向かって着実に行動することができる。それに加え，困難を異なる観点から捉え直し，その中からチャンスを見出すための多角的な視点を鍛えることも可能となる。

PERMA 活性化コーチングはどのようなクライアントに最適か？

PERMA の枠組みを使ったコーチングは，ほぼすべての生活領域で応用可能であり，現在すでに繁栄している人々から，「メンタルヘルス的には適度に良好」，あるいは「ウェルビーイング が低い」状態にある人々，「繁栄」へと移行したいと願う人々にとって，理想的な手法である。その応用範囲もビジネスの現場から政府機関，教育機関，あるいは医療の現場から地域社会まで幅広く適用可能で，個人，グループ，組織全体などさまざまな領域，グループ単位で実践が可能である。ただし，前述したように，深刻な抑うつ状態に苦しむ人々，うつ病，不安症をはじめとするメンタルヘルス上の問題を抱えている人々は，そもそも PPC の適用対象とはならない。従ってその点はくれぐれも注意すべきである。

以下にその具体的なコーチング適用例をいくつか挙げておく。

■ リーダーシップ・コーチング

PERMA の枠組を使ったコーチングは，リーダー個人のウェルビーイングやエンゲージメントの向上に効果的なだけでなく，いわゆる「さざ波効果」（O'Connor & Cavanagh, 2013）として，より幅広い組織レベルでポジティブな作用を起こす可能性がある。リーダーシップやマネジメント職にかかわる「ハイ・パフォーマー」なリーダーたちは，一方で精神的な疲労やバーンアウトに陥りやすい状態に置かれている（Grant, 2012; Spence, 2015）。この状況を考えるに，コーチングを通してリーダーの仕事上の課題やチャンスに対

する認識や理解を深める支援を行うことが，部下のエンゲージメントやウェルビーイングの向上といったポジティブな効果につながる可能性がある。

■ キャリアチェンジ・コーチング

　近年，キャリアをめぐる状況は不確実さを増しており，多くの人々が失職のリスクやキャリアにかかわる重要な決断に迫られる事態に直面している。こうした状況の中で，PERMA は変化の只中にあるクライアントに対して，彼らのウェルビーイングをより効果的に支援する上で，非常に大きな可能性を秘めている。キャリアの過渡期にあたり，クライアントが変化に対する十分な心構えやレジリエンスを身につけ，自信を持って変化に立ち向かえるよう支援するため，PERMA を以下のような方法で適用できる。PPC では，具体的に次のような形でクライアント支援を行うことができる。

■ ポジティブ感情

　これまでの仕事，キャリアをふり返り，その中での最高にうまくいった時のことを思い描き，それを具体的に書き出してもらう。過去の仕事での達成をふり返ってもらうことで，クライアントのポジティブ感情を促し，失職やキャリアチェンジの不安定さから生じるネガティブ感情にうまく対処し，ポジティブな感情を保てるように支援する。

■ エンゲージメント

　クライアントには普段自分が強みをどう使っているかをふり返ってもらい，仕事上の達成にその強みがどのような形で活かされていたか，改めて確認してもらう。その上で自分の強みを，職探しにおけるセルフ・ブランディングの材料として，履歴書やリンクドイン（LinkedIn）などのソーシャルメディアの中でどのように積極的に活用できるかを探ってもらう。その一方で，コーチは，クライアントが変化の中でもウェルビーイングを維持できるように，自らの強みをしっかり認識し，普段から積極的に強みを使えるように導く。

■ 関係性（人間関係）

自らの対人関係スキルと職場での良好な人間関係について，クライアントにじっくり考えてもらい，転換期の中にあっても他者とのポジティブな関係性を築けるようにする。

■ 意味

今後得たい理想の仕事，最高の未来のキャリアをクライアントにじっくり探ってもらい，今後のキャリア選択に関する有意義なヒントが得られるよう支援する。

■ 達成

SMART フレームワークを使って目標設定を行い，クライアントが転職活動に積極的に乗り出し，希望する職が得られるようにする。

■ 教育現場でのコーチング

ポジティブ教育の世界的な盛り上がりを受け，小学校から高校，大学をはじめ，教育活動を提供するあらゆる組織や場など教育現場全体で，PERMAや繁栄を育むことを目的に，ポジティブ心理学やコーチングが積極的に活用されはじめている（Leach & Green, 2015）。

コーチングの対象が教師，生徒のいずれであっても，ウェルビーイングやレジリエンス，ハーディネスや目標をやり遂げる力，希望を高める上で大きな成果が認められている（Green, Grant, & Rynsaardt, 2010; Dulagil, Green, & Ahern, 2016）。加えてリーチ，グリーン，グラントらは（Leach, Green, & Grant, 2011），教育の主流から外れてしまった子どもたちの繁栄を育むためのプログラムとして，コーチングをはじめとする PPI の持つ潜在能力の大きさを強調している。

ケーススタディ

クライアント

　42歳のサラはある公的機関の上級管理職で，夫と3人の子どもたち（7歳，9歳，12歳）と暮らしている。現在の職場は勤務してすでに15年以上経つが，最近，新たな責任が職務に加わり，これまで以上に仕事の負担が増す状況が続いている。サラはもともと同僚たちが働きやすいようにサポートするスタイルを好み，6人いるチームメンバーたちと楽しく和気あいあいと働くことを楽しんでいた。ところが管理職としての仕事量や責任が重くなるにつれ，人とかかわるよりも書類仕事や会議に時間を取られることが増え，これは本当に自分のすべき仕事なのかと，徐々に疑問を抱き始めるようになった。

　行き詰まりや苛立ちを感じることが増える一方で，仕事への情熱とやる気が失せる中，サラは次第に自分の仕事や生活全体を悲観的に捉えるようになっていった。慢性的なストレスは，不眠，高血圧などサラのウェルビーイングを損ねるだけでなく，家族との時間がほとんど取れないことで，家族にも悪影響を及ぼしはじめていた。

　サラは仕事上の友人からコーチングの有用性について耳にし，人生の主導権を再び自らの手に取り戻すべくコーチングを受けてみることにした。ネットでの検索や友人に相談を重ねた結果，サラはようやく，これだと思える資格を持つコーチを探し当て，ポジティブ心理学とウェルビーイングを専門とするコーチに連絡を取った。

コーチ

　このコーチは認定された資格を持ち，サラの連絡を受けて彼女とのコーチングを開始した。コーチングは一対一のセッションをひと月に1回，連続して計8カ月間実施し，1回のセッションは1時間でスカイプを通じて行われた。さまざまなコーチングアプローチがある中で，サラが今最もストレスを感じている最大の問題に焦点を当て，そこからウェルビーイングの五つの柱であるPERMAにアプローチする手法が採られることになった。

　初回のセッションでサラは，自分は基本的に「ご機嫌」なタイプだが，最

近の自分はとても皮肉屋で悲観的で，仕事でも家庭でも周りにとって「嫌な奴」になっているのではないかと，自らをふり返った。そこで今回は，再び「ご機嫌な自分」を復活させ，仕事への情熱を取り戻し，子どもたちのよいお手本になることを，コーチングの目標に設定することにした。

コーチングセッション

通常，初回のコーチングセッションで最初にコーチが行うべきことは，クライアントとのラポールと信頼の形成，およびクライアントの現状把握である。今回のケースでも，コーチはまずクライアントのサラに現状における最大のストレス要因について詳しく話してもらうことから始めた。同時に，現状の中でうまく機能していることについても，サラに語ってもらった。

ストレスや問題を抱えているとき，私たちの意識はどうしてもうまくいかないことにとらわれがちになる。コーチングでは，うまくいっているプラス面にクライアントの視点を持っていくことで，ネガティブに偏りがちな捉え方を，別の角度から捉えられるように促す。そのためここでは PERMA の枠組に従って，仕事でのポジティブ感情の経験，仕事で発揮している自分の強み，周囲の人たちからのサポート，仕事のやりがい感やこれまでの仕事での達成など，ウェルビーイングの柱である PERMA の各項目に基づく質問を，コーチはサラに投げかけていった。最初の段階でコーチが使用した質問については，表 7-1 に詳細をまとめている。

質問にすべて答え終えると，サラは現状の中にもポジティブな面がいくつもあることを発見して驚いた。彼女は，自分がこれまでいかに部下たちのプラス面を無視し，マイナス面ばかりに気を取られ，自分の期待通りにちゃんと仕事をしてくれないと不満ばかり抱いていたかを改めて自覚した。PERMA の質問をふり返ることで，サラは自分が見ていた以上のことが現実には起こっていたのではないかと，気づくようになった。

ネガティブなことだけではなく，実はその中にポジティブなことも同じくらい存在していたという新たな気づきを与えたことで，サラの視点を転換できた後は，彼女の仕事でのウェルビーイングを強化し高める具体的な行動計画を構築する段階へと進んでいった。この時使った行動を起こすための質問

第7章 PERMA 活性化コーチング　*185*

表 7-1

PERMA モデル	質問
P ポジティブ感情	今の職務で一番気に入っていることは何ですか？ それはどのような気分を与えてくれますか？
E エンゲージメント	今の職務でのあなたの強みは何ですか？ なぜそれが強みだとわかるのですか？ フローを経験するのはどんな時ですか？
R 関係性	あなたの今の仕事での役割を支えてくれているのは誰ですか？ どんな風に支えてくれていますか？
M 意味感	この仕事に就こうと思った理由は何ですか？ これまでどのように仕事に貢献してきましたか？ この仕事はあなたにとってどれくらい重要ですか？
A 達成	持ち帰り仕事をしなくてはいけないほど忙しいでしょうか？ そんなに忙しいというのであれば，前月に達成した成果を 10 個 リストアップしてみましょう。

は，表 7-2 に示す。

　質問は 1 回目のセッションで終わり，それをもとにサラは自分のウェル
ビーイング計画を立てていった。コーチと共に，いつ，どのような形で行
動を実行するか具体的に整理し，計画を練ったことで，計画は現実的で意味
のあるものとなった。その次のセッションでは，サラのキャラクターストレ
ングスである感謝，リーダーシップ，親切心，チームワーク，熱意の強みに
ついて改めて確認し，これらの強みを今後どのように実際の行動につなげて
いくか検討した。さらにその後のセッションでは，PERMA の各項目のふり
返りを行い，うまくいっている点，修正が必要な点を洗い出し，確認していっ
た。こうしたプロセスを経た結果，サラは自分にはスマートフォンを使った
感謝日記が，その日のポジティブ感情を思い出すのに効果的だと理解した。
ただしこの方法は，これまで達成した大きな仕事や過去の遺産のような重要
な思い出を記録するにはあまり向いていないことにも気がついた。そこで彼
女は，過去の達成を記録するためにコラージュを使うことにした。サラは家
族との休暇の写真をコラージュして机の上に飾り，それを眺めるたびに自分

表 7-2

PERMA モデル	質問
P ポジティブ感情	仕事で何か良いことがあった場合, その良いことにどのようにしてうまく意識を向けていられるでしょうか?
E エンゲージメント	オンラインの VIA サーベイを受け, 自分の上位五つの強みを確認してみましょう。そこで明らかになった自分の上位の強みから二つを選び, それを新しい方法で仕事に活用するならば, どのような使い方ができるか考えてみましょう。 「下位にある強み」のうち, もっと伸ばしたい強みはどれですか? その強みを伸ばすことで, 今回の目標の実現に一番大きな効果が期待できそうなものはどれだと思いますか?
R 関係性	仕事でお世話になっている人について考えてみましょう。 自分がどれほどその人に助けられているか, 具体的に感謝を伝えるにはどんな方法があるでしょうか? (たとえば感謝の手紙を書くなど)
M 意味	自分は今週, どれだけ仕事で意味のある大きな仕事を残せたか, 週の終わりにふり返ってみましょう。 その意味を感じる仕事を来週に向けて, どのように記憶として残しておきたいと思いますか?
A 達成	ちょっとした「学習目標」(新しい PC ソフトについて学ぶなど) や「パフォーマンス目標」(時間通りに月例報告書を終わらせるなど) を立ててみましょう。 「小さな」目標を達成するごとに, 自分をどのように祝ってあげられるでしょうか?

にとって一番大切なことを思い出せるようにした。

　さらに彼女は部下たちに VIA サーベイを受けてもらい, 各自が皆, 異なる強みを持っていることをチーム全体で認識できるようにした。それから自分一人の達成を祝うのではなく, チーム全体の達成を祝えるように「達成ボード」を設置した。そのボードはチームの一人ひとりがその週に成し遂げた成果や, それにまつわるストーリーを各自が自由に貼ることができ, ボードを眺めることでチーム全体で達成を共有できるようになっていた。彼女はまた, チーム内の人間関係が良好かどうかを見極めるため, 会議中に参加者が発したコメントを, 肯定的なものと否定的なものに分類することにした。以上の

実践に加え，彼女は毎週月曜の朝の通勤電車の中で，未来の最高の自分をイメージして書き出すエクササイズを行動計画のひとつとして実践した。

8カ月間計8回に渡ったコーチングセッションの最後に，サラは全体をふり返り，自分が以前に比べると活力が湧き，毎日をうまくコントロールできるようになった気がしていると述べた。コーチングの結果，サラは自分が下す決断や，自分にとって最も意味のあることは何であるか，職務のなかで目的意識をどのように維持するかをより明確に意識できるようになっていた。こうした深い気づきを得ることで，サラは仕事とプライベートをうまく線引きできるようになり，それに伴って夫や子どもたちと充実して過ごす時間も増えていった。彼女のストレスの原因である仕事の責任や期待の重さそのものは，以前とさほど変わらないものの，成長のマインドセットを育むことで，プレッシャーのかかる難しい状況も，以前に比べて，ずっとうまく舵取りができるようになった。

サラは自らの強みをよく認識できるようになったことで，以前に比べて他者の強みにも気づきやすくなり，それに伴って部下にフィードバックを与える際も，個人的な面でなく，それぞれの職務での成果に着目して評価する姿勢へと変わっていった。サラはうまくいかなかったことをあれこれ考えるのではなく，うまくいったことに意識を巡らせるように訓練していった。

こうした成果の中でとりわけサラにとって有意義だったのは，今回学んだ手法を，家族の中でも実践できたことであった。毎晩，その日うまくいったことを家族で語り合う時間は，彼女にとって大切なものになった。サラは自分をふり返り，今では自分が再び活力を取り戻し，仕事でさまざまな変化に直面しても，意欲的にチームを率いていると感じられるようになったと述べた。彼女は，自分が再び笑顔をとり戻し，難しい仕事も前向きに取り組めるようになったと感じるようになった。

もちろん，「善きことをなし，気分も良し」というように，サラが自分にとって本当に価値のある有意義なことを行い，気持ち的にも良好だという境地に至るには，さらに時間が必要だろう。しかしサラは，今の自分は仕事や生活の中で起こる通常レベルの気持ちの浮き沈みであれば，難なく対処できる有効な手段を手にしていると感じている。

ディスカッションのポイント

1. PERMA の枠組みを使って，意味ある目標を設定することの重要性をどのように強調してクライアントに伝えることができるでしょうか？

2. 目標を達成することは，自らのウェルビーイングを犠牲にすることではないことを，どのようにクライアントの理解を促せばよいでしょうか？

3. コーチングの進捗評価と，コーチングを受けた結果，どの程度の成果が得られたかといった，いわゆる「投資利益率(ROI)」を確認するため，どの測定尺度を使用してウェルビーイングを測ればよいでしょうか？

4. コーチングあるいはポジティブ心理学の実践家，あるいは学習者として，日々の生活の中で自らの PERMA をどのように育て，あるいは維持できるか考えてみましょう。

推奨文献

Biswas-Diener, R., & Dean, B. (2010). *Positive psychology coaching: Putting the science of happiness to work for your clients*. New York: John Wiley & Sons. 宇野カオリ (監訳)・高橋由紀子 (翻訳) (2016) ポジティブコーチングの教科書：成長を約束するツールとストラテジー　草思社

Niemiec, R.M. (2013). *Mindfulness and character strengths*. Boston, MA: Hogrefe Publishing.

Peterson, C., & Seligman, M.E.P. (2004). *Character strengths and virtues: A handbook and classification* (Vol. 1). New York; Oxford University Press.

Seligman, M.E.P. (2012). *Flourish. A visionary new understanding of happiness and well-being*. New York; Simon and Schuster. 宇野カオリ (監訳) (2014) ポジティブ心理学の挑戦："幸福"から"持続的幸福"へ　ディスカバートゥエンティワン

文　献

Adams, M. (2015). *Coaching psychology in schools: Enhancing performance, development and wellbeing*. London: Routledge.

Baumeister, R.F., Bratslavsky, E., Finkenauer, C., & Vohs, K.D. (2001). Bad is stronger than good. *Review of General Psychology*, 5, 323-370. Available at: www.csom.umn.edu/Assets/71516.pdf.

Baumeister, R.F., & Vohs, K. (2005). Meaningfulness in life. In C.R. Snyder & S. Lopez

第7章　PERMA活性化コーチング　*189*

(Eds.), *Handbook of positive psychology* (pp. 608-618). Oxford, UK: Oxford University Press.

Biswas-Diener, R., Linley, P.A., Govindji, R., & Woolston, L. (2011). Positive psychology as a force for social change. In K.M. Sheldon, T.B. Kasadan, & M.F. Steger (Eds.), *Designing positive psychology: Taking stock and moving forward* (pp. 410-418). Oxford: Oxford Press.

Butler, J., & Kem, M.L. (2015). The PERMA-Profiler: *A brief multidimensional measure of flourishing*. Available at www.peggykem.org/questionnaires.html.

Cameron, K., & Dutton, J. (Eds.). (2003). *Positive organizational scholarship: Foundations of a new discipline*. San Francisco, CA: Berrett-Koehler.

Cameron, K., & Lavine, M. (2006). *Making the impossible possible*. San Francisco, CA: Berrett-Koehler.

Clough, P.J., Earle, K., & Sewell, D. (2002). Mental toughness: The concept and its measurement. In I. Cockerill (Ed.), *Solutions in sport psychology* (pp. 32-43). London: Thomson Publishing.

Clough, P.J., & Strycharczyk, D. (2012). *Developing mental toughness: Improving performance, wellbeing and positive behaviour in others*. London: Kogan Page Publishers.

Cooperrider, D.L. (1996). Resources for getting appreciative inquiry started: An example OD proposal. *Organization Development Practitioner*, 28 (1 & 2), 23-33.

Csikszentmihalyi, M. (1996). *Flow and the psychology of discovery and invention*. New York: Harper Collins.

Diener, E. (1984). *Subjective Well-Being Psychological Bulletin*, 95 (3). Available at SSRN: https://ssm.com/abstract=2162125

Duckworth, A.L., Peterson, C., Matthews, M.D., & Kelly, D.R. (2007). Grit: Perseverance and passion for long-term goals. *Journal of Personality and Social Psychology*, 92 (6), 1087.

Dulagil, A., Green, S., & Ahern, M. (2016). Evidence-based coaching to enhance senior students' wellbeing and academic striving. *International Journal of Wellbeing*, 6 (3), 131-149.

Dutton, J.E., & Heaphy, E.D. (2003). The power of high-quality connections. In K. Cameron & J. Dutton (Eds.), *Positive organizational scholarship: Foundations of a new discipline* (pp. 262-278). San Francisco, CA: Berrett-Koehler Publishers.

Dweck, C.S. (2008). *Mindset: The new psycholoeof success*. Random House Digital.

Gable, S., & Haidt, J. (2005). Positive psychology. *Review of General Psychology*, 9, 1089-2680.

Gordon, S. (2008). Appreciative inquiry coaching. *International Coaching Psychology Review*, 3 (1), 19-29.

Gottman, J.M., Coan, J., Carrere, S., & Swanson, C. (1998). Predicting marital happiness and stability from newleed interactions. *Journal of Marriage and the Family*, 60, 5-22.

Govindji, R., & Linley, P.A. (2007). Strengths use, self-concordance and well-being: Implications for strengths coaching and coaching psychologists. *International Coaching Psychology Review*, 2 (2), 143-153.

Grant, A.M. (2003). The impact of life coaching on goal attainment, metacognition and mental health. *Social Behavior and Personality: An International Journal*, 31 (3), 253-263.

Grant, A.M. (2012). ROI is a poor measure of coaching success: Towards a more holistic approach using a well-being and engagement framework. *Coaching: An International Journal of Theory, Research and Practice* 1, 12.

Green, S., Oades, L.G., & Grant, A.M. (2005). An evaluation of a life-coaching group program: Initial findings from a waitlist control study. In M. Cavanagh, A. Grant, & T. Kemp (Eds.), *Evidence-Based coaching* (pp. 127-142). Bowen Hills, Australia: Australian Academic Press.

Grant, A. M., Green, L., & Rynsaardt, J. (2010). Developmental coaching for high school teachers: Executive coaching goes to school. Consulting *Psychology Journal: Practice and Research*, 62 (3), 151-168.

Green, S., Grant, A.M., & Rynsaardt, J. (2007). Evidence based coaching for senior high school students: Building hardiness and hope. *International Coaching Psychology Review*, 2 (1) 24-31.

Hart, K.E., & Sasso, T. (2011, May). Mapping the contours of contemporary positive psychology. *Canadian Psycholoe*, 52, 82-92.

Harzer, C., & Ruch, W. (2015). Tgyhe relationships of character strengths with coping, work-related stress, and job satisfaction. *Frontiers in Psychology*, 8, article 165, 1-12.

Hassed, C. (2008). *The Essence of Health: the seven pillars of wellbeing*. Sydney: Random House.

Hunter, J.P., & Csikszentmihalyi, M. (2003). The positive psychology of interested adolescents. *Journal of Youth and Adolescence*, 32 (1), 27-35.

Huppert, F. A., & So, T. (2009). What percentage of people in Europe are flourishing and what characterises them? Briefing document for the OECD/ ISQOLS meeting "Measuring subjective wellbeing: an opportunity for NSOs?" 23/24 July, 2009, Florence, Italy.

Kern, M.L., Waters, L.E., Adler, A., & White, M.A. (2014). Assessing employee wellbeing in schools using a multifaceted approach: Associations with physical health, life satisfaction, and professional thriving. *Psychology*, 5 (6), 500.

Lambert, L., Passmore, H.-A., & Holder, M.D. (2015). Foundational frameworks of positive psychology: Mapping well-being orientations. *Canadian Psychology/ Psychologie Canadienne*, 56 (3), 311.

Lavy, S., & Littman-Ovadia, H. (2017). My better self: Using strengths at work and work productivity, organizational citizenship behavior and satisfaction. *Journal of Career Development*, 44 (2), 95-109.

Leach, C.J.C., & Green, S. (2015). The integration of positive psychology & coaching in education. In C. van Nieuwerburgh (Ed.), *Coaching in professional contexts* (pp. 169-186).London: Sage.

Leach, C., Green, S., Grant, A. (2011). Flourishing youth provision: The potential role of positive psychology and coaching in enhancing youth services. *International Journal of*

第 7 章　PERMA 活性化コーチング　*191*

Evidence Based Coaching and Mentoring, 9 (1), 44-58.

Linley, P.A., & Harrington, S. (2006). Strengths coaching: A potential-guided approach to coaching psychology. *International Coaching Psychology Review,* 1 (1), 37-46.

Locke, E.A., & Latham, G.P. (1984). *Goal setting: A motivational technique that works!* Englewood Cliffs, NJ: Prentice Hall.

Lyubomirsky, S. (2008). *The how of happiness: A scientific approach to getting the life you want.* New York: Penguin.

Lyubomirsky, S., King, L., & Diener, E. (2005). The benefits of frequent positive affect: does happiness lead to success? *Psychological Bulletin,* 131 (6), 803.

Lyubomirsky, S., & Layous, K. (2013). How do simple positive activities increase well-being? *Current Directions in Psychological Science,* 22 (1), 57-62.

McLeod, S.A. (2014). Carl Rogers. Retrieved from www.simplypsychology.org/ earl-rogers.html.

Norrish, J.M., Williams, P., O'Connor, M., & Robinson, J. (2013). An appliedframework for positive education. *International Journal of Wellbeing,* 3 (2).

O'Connor, S., & Cavanagh, M. (2013). The coaching ripple effect: The effects of developmental coaching on wellbeing across organisational networks. *Psychology of Well-Being: Theory, Research and Practice,* 3, 2. Available at: www.psywb.com/ content/3/1/2.

Palmer, S., & Whybrow, A. (2014). *Handbook of coaching psychology: A guide for practitioners.* Hove, UK: Routledge.

Peterson, C., & Seligman, M.E.P. (2004). *Character strengths and virtues: A hand-book and classification* (Vol. 1). New York: Oxford University Press.

Proctor, C., Maltby, J., & Linley, P.A. (2009). Strengths use as a predictor of well-being and health-related quality of life. *Journal of Happiness Studies,* 10, 583-630.

Proyer, R.T., Gander, F., Wellenzohn, S., & Ruch, W. (2015). Strengths-based positive psychology interventions: a randomized placebo-controlled online trial on long-term effects for a signature strengths vs. a lesser strengths-intervention. *Frontiers in Psychology,* 6, 456. Available at: http://doi.org/10.3389/fpsyg.2015. 00456.

Roffey, S. (Ed.). (2011). *Positive relationships: Evidence based practice across the world.* New York: Springer Science & Business Media.

Ryan, R.M., & Deci, E.L. (2001). On happiness and human potential: A review of research on hedonic and eudaimonic well-being. *Annual Review of Psychology,* 52, 141-166.

Ryff, C.D., & Keyes C.L.M. (1995). The structure of psychological wellbeing revisited. *Journal of Personality and Social Psychology,* 69, 719-727.

Sekerka, L.E., & Fredrickson, B.L. (2008). Establishing positive emotional climates to advance organizational transformation. In N.M. Ashkanasy & C.L. Cooper (Eds.), *Research companion to emotion in organizations* (pp. 531-545). Cheltenham, UK: Edward Elgar Publishing.

Seligman, M.E.P. (2002). *Authentic happiness.* New York: Free Press.

Seligman, M.E.P. (2012). *Flourish: A visionary new understanding of happiness and well-being.* New York: Simon and Schuster.

Seligman, M.E.P., & Csikszentmihalyi, M. (2000, January). Positive psychology: An introduction. *American Psychologist*, 55, 5-14.

Sheldon, K.M. (2002). The Self-concordant model of healthy goal striving: When personal goals correctly represent the person. In E.L. Deci & R.M. Ryan (Eds.), *Handbook of self-determination research* (pp. 65-88). Rochester, NY: University of Rochester Press.

Sherin, J., & Caiger, L. (2004). Rational-Emotive Behavior Therapy: A behavioral change model for executive coaching? *Consulting Psychology Journal: Practice and Research*, 56 (4), 225-233.

Snyder, C.R. (2002). Hope theory: Rainbows in the mind. *Psychological Inquiry*, 13 (4), 249-275.

Spence, G. (2015). Coaching for peak performance. In C. van Nieuwerburgh (Ed.), *Coaching in professional contexts*. London: Sage.

Steger, M.F., Frazier, P., Oishi, S., & Kaler, M. (2006). The meaning in life questionnaire: Assessing the presence of and search for meaning in life. *Journal of Counseling Psychology*, 53 (1), 80.

van Nieuwerburgh, C. (2012). *Coaching in education: Getting better results for students, educators, and parents*. London: Kamac Books.

Vella-Brodrick, D.A., Park, N., & Peterson, C. (2009). Three ways to be happy: Pleasure, engagement, and meaning -Findings from Australian and US samples. *Social Indicators Research*, 90 (2), 165-179.

WHO. (2011). *Global burden of mental health disorders and the need for a comprehensive, coordinated response from the health and social sectors at country level*. Available at: www.wpps.who.int/gb/ebwga/pdf-files/EB130/B130 _9-en.pdf.

Wood, A.M., Linley, P.A., Maltby, J., Kashdan, T.B., & Hurling, R. (2011). Using personal and psychological strengths leads to increases in well-being over time: A longitudinal study and the development of the strengths use questionnaire. *Personality and Individual Differences*, 50 (1), 15-19.

第8章

健康とウェルビーイングのための
ポジティブ心理学コーチング

レベッカ・レイノルズ, ステファン・パーマー & スージー・グリーン

はじめに

　本章では健康とウェルビーイングを領域としたポジティブ心理学コーチングに焦点を当てる。栄養，ダイエット，身体活動といったライフスタイル行動，およびこれらの習慣と関連した身体的心理的アウトカムを中心とする。

　世界保健機構（WHO: 2015a）は，良好な健康を「身体的・精神的・社会的に完全に良好な状態であり，単に病気あるいは虚弱でないことではない」と定義した。また，ウェルビーイングは「人々が生活について考え感じていること，たとえば良好な人間関係，ポジティブ感情やレジリエンス，起こりうることを現実化すること，全体的な生活の満足，すなわち『ウェル・ビーイング』（よいありかた）」とされてきた（Centers for Disease Control and Prevention, 2013）。

　本章では「ウェルビーイング」（wellbeing）という語を，人々の生活を良くするものとして用い，ハイフンを入れない。ハイフンを入れた「ウェル・ビーイング」（well-being）はイル・ビーイング（ill-being）の反対として特別な概念として扱う。（IJW, 2011）

　人々の健康やウェルビーイングを向上させることを目的とした活動や研究領域は，個人レベルでも集団でも，健康増進や健康教育を含む幅広くかつ重複する領域である。誰が何を，いつ，どこで，という点で重複するが，よ

り広範囲な領域であっても，すべての活動は人間の体と心の「健康な」状態を得ることが目的である，という基本的な前提は同じである。

健康とウェルビーイングのためのポジティブ心理学コーチングの発展

2008年にセリグマン（Seligman）はポジティブヘルス（positive health）という語を用い始めた。ポジティブヘルスは単に病気がないということを超えて，定義可能で測定できるものである。ポジティブヘルスは生物学的，主観的，機能的に測定されたものに基づいた，優れた状態の組み合わせによって運用されると思われる（p.3）。アスピンウォールとテダスキ（Aspinwall & Tedeschi, 2010）はポジティブ心理学のムーブメントの興隆が，健康やウェルビーイングを高めるポジティブ感情や認知に対する一般的な関心と，どのように平行して発展してきたかということに注目した。しかしながら彼らはガンなどの重篤な病気の治癒におけるポジティブ思考といった，よくある観点については扱わなかった。

興味深いことに，2008年までポジティブ心理学の応用の焦点は，教育的，組織的なものに当てられ，健康やウェルビーイングはあまり注目されてこなかった。しかしながらセリグマン（2012）によって提唱されたPERMAモデル（Positive emotion: ポジティブ感情，Engagement: 没頭，Relationship: 関係性，Meaning: 意味，Achievemeny: 達成）は広く引用され，最近ではポジティブヘルスの重要性を認識したPERMAHとして普及しつつあることは，特筆すべき重要事項である（Butler & Kern, 2016; McQuaid & Kern, 2017）。

コーチング心理学の分野で，ヘルスコーチングが次第に関心を集め，注目されるようになってきた。2003年にパーマーらは健康教育と健康増進の統合について議論した。「ヘルスコーチングは個人のウェルビーイングを強化し，個人の健康に関連した目標達成を促進する，コーチングを背景をとした健康教育と健康増進の実践である」（Palmer, Tubbs, & Whybrow, 2003: p. 92）。ゲール（Gale, 2007）は同様にこう述べている。「ヘルスコーチングは，病気の予防および健康やウェルビーイングの向上といった慢性的健康状

態の予防と管理のために，生活習慣の行動変容に取り組むヘルスコーチング
やコーチング心理学という分野で理論と実践を統合した」(p. 12)。同様に
リンダー，メンジーズ，ケリー，テイラーとシェアラー（Linder, Menzies,
Kelly, Taylor, & Shearer, 2003; 1）は慢性疾患に焦点を当て，プライマリー
ケア（たとえば家庭医）におけるコーチングの定義を次のように行っている。
それは，「患者が慢性疾患における自己管理において，積極的な参加者とな
ることを支援する，仲間または専門家との相互的な役割である。」

理論と基本的概念

生活習慣の行動変容

　減量のような生活習慣の行動変容に関しては，クライアントの目標がいか
なるものであっても，健康的な栄養や身体活動といった習慣を強化し，持続
することは，往々にして困難である（Dombrowski, Knittle, Avenell, Araújo-
Soares, & Sniehotta, 2014）。変化はたいてい 2 歩進んで 1 歩下がる，あるい
は 1 歩進んで 2 歩下がる。しかし，重要なことは，最善の健康とウェルビー
イングに向けた，長期的にポジティブな変化は可能であり，成功を支援する
エビデンスに基づく理論や戦略がいくつかある。

　栄養や身体活動の行動変容は，たいていの場合，各自が日常的に行ってい
る選択である。しかしながら，健康に関する社会的決定事項，たとえば食
費のような個人のコントロール外にある影響が存在する（Marmot, 2005）。
栄養や身体活動の習慣は，健康とウェルネスの原因であり，その結果でもあ
る。たとえば population observational association による 2004 年のレビュー
報告では，果物，野菜，魚，穀類を多く摂取する人は，うつ病のリスクが低い
可能性があるといわれている（Lai, Hiles, Bisquera, Hure, McEvoy & Attia,
2014）。

　身体活動が運動と同じではないことに言及することも重要である。しかし
ながら，これらの用語はしばしば互換が可能である。身体活動は「エネル
ギー消費をきたす骨格筋によってもたらされるあらゆる身体の動き」と定義
される（Caspersen, Powell, & Christenson, 1985: 126）。一方，運動は，「目

的である身体的健康のひとつ，もしくはそれ以上の要素を改善し，維持する意味で，計画的で，構造的で，繰り返し行われ，目的志向な身体活動である」(Caspersen et al., 1985; 128)。運動は身体活動の部分集合である。

　マトリーとフォルクナー（Mutrie & Faulkner, 2004）は身体活動を「動きのポジティブ心理学」と言及し，「身体活動は個人と共同体の両方を，生存と繁栄に導く人間活動」であると提案した（p. 146）。これは身体活動と健康とウェルビーイングには，原因−結果の関係性があるからである。たとえば身体を動かすことによってエンドルフィン様の良い気分になる化学物質が分泌されるかもしれない。あるいは身体活動を継続する動機づけを向上させる良い感情につながるかもしれない。

　健康とウェルビーイングのためのポジティブ心理学コーチングは，健康の促進や疾病の予防，ある程度のレベルの病気や疾患で治療に苦労している人のような，どちらかと言えば，より健康な人に役立つと思われる。慢性疾患の例として，いわゆる非伝染性疾患や生活習慣病が挙げられる。これは直接人から人へ伝染するのではなく，長期間かけてゆっくりと進行する（World Health Organization, 2015b）。いくつかの慢性疾患が進展する危険性は過体重および肥満と関連があり，それらは食事や身体活動と関連する（Must, Spadano, Coakley, Field, Colditz & Dietz, 1999）。それゆえ徐々に高カロリー食になり身体活動が不足すると，多くの場合，過体重もしくは肥満となり２型糖尿病や心血管疾患（心臓と血管）のような慢性疾患につながる危険性が高まる。過体重と肥満は健康を損なう脂肪の過剰な蓄積である，と定義される。ボディ・マス・インデックス（Body mass index: BMI）は身長と体重の比率で成人の過体重と肥満の指標として昔から広く用いられている。BMI は人の体重をメートルで表した身長の２乗で割ったものと定義される（World Health Organization, 2015c）。

　肥満率の増加に伴い，人々は体重の管理にコーチングを求めるようになっているようである。ポテトチップ，加工されていない赤身肉や加工肉の摂取，砂糖で甘味づけられた飲料水やアルコール，テレビを見ることで，長期間かけて体重が増加するような生活習慣行動が多くみられる（Mozaffarian, Hao, Rimm, Willett, & Hu, 2011）。反対に野菜，全粒穀物，果物やナッツの

摂取，身体活動に参加するといった体重増加を防ぐと思われる行動もみられ
る（Mozaffarian et al., 2011）。しかしながら体重増加には多くの因子がかか
わり，関連性の研究については有益ではあるものの，ポテトチップが肥満の
直接原因であるというような因果を証明するものではない。

　流行している，あるいはその他のダイエット・プログラムで，個人レベ
ルでは短期間の減量は成功するかもしれない。しかしながら，多くの人は，
12カ月またはそれ以上に渡って減量を維持している，という減量の定義に
おいては成功していない（Wing & Phelan, 2005）。

　それにもかかわらず，減量に成功して減少した体重を維持している人もい
る。長期にわたって体重の減少を維持することと関連した行動には，低脂肪，
低カロリープログラム，身体活動，体重のセルフモニタリングや矛盾しない
食行動パターンが含まれている（Wing & Phelan, 2005）。しかしながら，こ
れらは実際行われている，多くの潜在的なライフスタイルの変化の戦略のう
ちの，一例に過ぎない。食行動パターンを変化させるのは，低脂肪か低カロ
リーか，といった処方されたダイエット法そのものではなく，むしろそのダ
イエット法に対するアドヒアランスが問題であることを，エビデンスは示唆
している（Jonston el al., 2014）。

　結局のところ，いわゆる「あらゆる体型の健康」といわれるアプローチ
に対する認識が増加している。健康に着目すると，体重の制御は体重減少
ではなく，たとえばあなたの体の声を聞くことを学ぶ（Bacon, Stern, Van
Loan, & Keim, 2005）というような，空腹感と満腹感といった内なる合図に
反応した食行動にある。いくつかの研究によって，このアプローチは体重減少
を目指すダイエット戦略より，優れていることが判明している（Bacon et al.,
2005）。

行動変容理論

　生活習慣の行動変容を予測し説明しようとする，多くの行動変容モデルと
理論がある。これらの多くは集団の健康を対象として発展し，応用されてき
たが，それ以外にも個人や小集団レベルでの変化，そして健康やウェルネス
コーチにも関連がある。

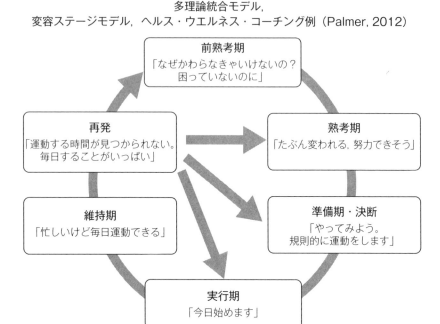

図 8-1 トランスセオレティカルモデルあるいは変容のステージモデル：ヘルス／ウエルネスコーチングの例
（Palmer の許可を得て修正再掲載，2012a: 38）

　理論と研究に裏づけられたヘルスコーチングの基盤は，コーチングプロセスの効果を増強させる可能性がある。なぜなら，それはコーチに行動の決定要因にどう対処するかということと，個人の行動変容を引き起こす最も効果的な戦略を知らせることができるからである。言い換えるなら，理論はコーチがクライアントの個別の問題が何であるかを特定することや，適切かつオーダーメイドの，変化につながる特定のテクニックや，戦略に関する研究結果に基づく，特定のステップなどのアプローチを決定するのを助けるかもしれない。次節では関連する三つの理論について，簡単に議論したい。
　トランスセオレティカルモデル（Transtheoretical Model）は変容ステージモデルともいわれ，プロチャスカ（Prochaska）とデクラメンテ（DiClemente）

により1982年に作成された。これは六つの説明ステージ：前熟考期，熟考期，準備期，実行期，維持期，終了期における行動変化のプロセスとして表記されている。この理論は食行動および，そのアウトカムを含む健康関連領域に応用されている（Spencer, Wharton, Moyle, & Adams, 2007）。

図8-1はウェルネスコーチングの例に関連した，トランスセオレティカルモデルを図式化したものである（Palmer, 20012a: 38）。

ヘルス／ウェルネスコーチに関連するもうひとつの鍵となる理論が，アイゼン（Ajzen, 1985）によって開発された行動計画理論（Theory of Planned Behavior）である。この理論では，人の行動の大部分は行動を達成する意図，もしくは動機づけによって決定される。

社会的認知理論（Social Cognitive Theory）は自己効力感の重要性を強調した理論である（Bandura, 1977）。自己効力感とは，途中で障害があろうとも目標を達成する，あるいは特異的な行動を遂行することができる，と信じる度合いのことである。ヘルスコーチは動機づけ面接（MI）や小さな達成および対処可能なステップ，認知的／想像的コーピング技法の実施を含め，自己効力感を強化する多くの介入を用いていると思われる。

実　　践

健康とウェルビーイングにおけるポジティブコーチングの目標

健康とウェルビーイングにおけるポジティブコーチングの目標は，過体重，肥満，慢性疾患（たとえば2型糖尿病）の予防と治療のために，最適な健康やウェルビーイングに向かう生活習慣行動を改善し，ポジティブなボディイメージを維持し，他の心理的刺激を統制することである。これは通常，目標を設定し，障害の分析，解決，動機づけなどを含めて行動変化を計画することで達成される。そしてコーチというより健康のエキスパートとして，クライアントに向き合う。

健康に関連したコーチングの例は，過体重と肥満，妊娠による体重増加，健康なBMIの下限より体重減少を望むケース（食行動異常，やせに傾いたボディイメージ），疲労，前糖尿病（しばしば2型糖尿病に進展する耐糖能

異常)，病的食行動，食行動異常（たとえば気晴らし食い，強迫的であるが健康的な食行動)，座位になっていることが多い生活習慣，日常生活の活動での筋力低下，移動の不足，動作の不足，喫煙，過量の飲酒，野菜摂取不足，高コレステール，高血圧である。

　ポジティブコーチングの戦略は，人のライフスタイルの中で今，何が悪いのか，あるいはそれはなぜかについてより，どのようにしたら変化するのか，変化したらどうなるのかという，ポジティブな側面に焦点を当てる。そのうちのいくつかは，理論や実行において，類似したもの，領域の重なったものであり，おそらくコーチングの過程において考え，感情，行動を関連づける行動計画，対処計画（Sniehotta, Schwarzer, Scholz, & Schüz, 2005)，変化への動機づけの促し，変化に対する障壁への取り組み（Mathews, Lindner, & Nicholas, 2007)，解決志向への変化（Grant, 2012)，目標設定（Locke & Latham, 2002)，動機づけ面接（Miller & Rose, 2009)，実行意図（Oettingen & Gollwitzer, 2010)，セルフ・コンパッション（Neff, 2015)，マインドフルネス（Hays, Follette, & Linehan, 2004）を含めた認知行動的なものである。われわれは健康，ウェルビーイングにおいて，ヘルス，ウェルビーイング，ウェルネスのコーチたちが使用できるポジティブ心理学の介入が沢山あり，それは本章で取り上げたものだけに限らないと主張したい（eg. Sin & Lyubomirsky, 2009; Bolier, Haverman, Westerhof, Riper, Smit, & Bohlmeijer, 2013)。ボリエル（Bolier）ら（2013）はポジティブ心理学介入のメタ分析でポジティブ心理学介入はうつ病を減少させ，主観的ウェルビーイングと心理的ウェルビーイングの両方を高めることに一翼を担う可能性を示している。

■ 目標設定

　目標設定と目標のセルフモニタリングは，健康／ウェルネスコーチングで通常よく行われる。目標とは単純に「行動の目的あるいは目標，たとえば具体的な基準の達成で，通常は時間的な制約がある。」(Locke & Latham, 2002: 705)。クライアントが具体的で（Specific)，測定可能な（Measurable)，達成できる（Achievable)，現実的で（Realistic)，時間に制約のある（Time-bound)（SMART と略される）目標，あるいは二次的な目標を設定するこ

とはきわめて重要である。たとえば「私は毎日新鮮な果物を2切れ食べる」という風に。

　コーチが，クライアントの障壁や変化への目標に特化した戦略の選択肢を提案することは重要である。マシューズら（2007）は行動変化を支援することを約束したサイコロジストたちが，必ずしも有益で実行可能な戦略を提供できていなかったことを報告している。変化のための戦略は成功のために重要であるが，頻回の情報だけではたいていの場合不十分である。「どのようにすればいいのか？」という点がクライアントに役立つのである。

■ 実行意図

　心理対比においてクライアントは，自分の望む健康関連の目標達成を想像し，そのあといかに現実が目標達成，または望ましい未来に向けたクライアントの進展を妨げているかを考えることが求められる。（Adriaanse, Oettingen, & Gollwitzer, Hennes, de Ridder, & de Wit, 2010; Oettingen & Gollwitzer, 2010）。この過程はコーチとクライアントが心理対比[訳注1]や実行意図[訳注2]（表8-1）を用いて完成させることができる。

　オルセンとネスビット（Olsen & Nesbitt, 2010）のレビューによると，健康なライフスタイル行動の改善に有効なヘルスコーチングプログラムには，目標設定や動機づけ面接，健康関連職との協力関係が含まれていた。このような協力関係は，人がさまざまな健康専門職に相談しなければならないときにはよいかもしれない。それは，たとえば明らかな病気の存在があり，2型糖尿病で家庭医や栄養士とすでに専門的な信頼関係がある，といったケースである。この場合，ヘルスコーチは仲介者もしくはケース・マネージャーとして機能すると思われる。

■ 動機づけ面接

　動機づけ面接（Motivational Interviewing: MI）は，従来依存症の治療など健康に関連した選択をするとき，アンビバレンス（両価性）をもったクラ

訳注1）目標達成時のポジティブな側面や障害などを考えてもらう方法。
訳注2）具体的な計画の作成。

表 8-1 心理対比と実行意図の形式

1. 目標

問題と気づいたあなたの（　　）という習慣化した考え方がありますか？

はい／いいえ　詳細

もし，「はい」であったら，なぜこの考え方が問題なのですか？

詳細

来週以降に変えたいと思うあなたの（　　）という習慣化した考え方がありますか？

はい／いいえ　詳細

特にあなたが変えたいと思うことについて，教えてくれませんか？（たとえば丸ごとの野菜を毎日摂るなど，食物についての種類と量を見据えた目標）

はい／いいえ　詳細

次回（　　）日後までに（たとえば，次回のコーチング・セッション時までに）その特別な目標を記載してください。

2. もっともポジティブな成果

あなたの目標を達成したらあなたが経験する最もポジティブな成果は何でしょうか？（意識を集中せず，目標を達成した起こりうる最高のできごとを想像しようとしてください。たとえば，食行動が改善することによって体重が減少し，昔着ていた小さめのドレスが再びちょうどよく着られる）

ポジティブな成果を記載してください。

3. 障害

あなたの目標を達成する上でどんな障害がありますか？

障害を記載してください。

4. 実行意図

3で挙がった障害に打ち勝つためにあなたができる最善の方法は何ですか？（意識を集中せず，障害に打ち勝った最高の状態を想像しようとしてください。たとえば，午後何回かジムに行けるようにベビーシッターを依頼する）

あなたの障害について改善後の計画を記載してください。もし（　　）なら，（3の答えをここに入れる）。そして（　　）

イアントに役立つように発展してきた。その創始者であるミラーとロルニック（Miller & Rollnik, 2009）は MI を「変化への動機づけを惹起し強めるようにガイドする，協働的で来談者中心主義的な形態である」と定義した。その後 MI はアルコール減量，ダイエット，運動，内服薬のアドヒアランス，性的健康，喫煙，薬物の誤使用（Palmer, 2012b）を含む広範囲な健康関連の問題に用いられてきた。

ミラーとロルニック（2009）は頭文字 **RULE** を用いて，コーチをガイドする。すなわち，Resisit は（セラピストが）正したい反射を抑える，Understanding

はクライアントのジレンマやモチベーションを理解する，Listen はクライアントを傾聴する，Empower はクライアントをエンパワーする。また，MI の基本的原則として OARS の頭文字で要約している。すなわち，Open-ended questions 開かれた質問，Affirmations 是認，Reflective listening 聞き返し，Summaries 要約，である。健康やウェルビーイングコーチが目標に関連したアンビバレンスをもったクライアントを支援するためには，MIのトレーニングを受けておくことを推奨する。

■ マインドフルネスとセルフ・コンパッション

　セッションで毎回マインドフルネス・エクササイズを行うことは，クライアントにとって，有用な目標になるかもしれない。たとえば過食に対してマインドフルネスを用いると，香りや味のような食物に関することを意識し過ぎなくなる。セイバリング[訳注3] は，マインドフルネス・テクニックのひとつの例である。栄養を与えてくれるものに対する尊重のセイバリングの例は，香り，味，食感，温度，色を含めた食物の心地よい感覚と関連がある。栄養や身体活動の習慣に応用できる，それ以外のマインドフルネス・テクニックには，食事を分けあうことや，他の人といっしょに歩く体験，探索を行う体験などの楽しい経験——たとえば新しい食べ物を試すなど——を含んでいる (Black Dog Institute, 2012)。

　セイバリング研究のリーダーであるブライアント (Bryant, 2003) は，マインドフルに没頭したり，感情に意識を集中している時に起こるポジティブなできごとの利点に注目した (Bryant & Veroff, 2006)。セイバリングはマインドフルネスの重要な側面であり，喜びの体験に対する意図的な意識的集中である (Black Dog Institute, 2012)。このことはマインドフルな食事と関連し，食事中の瞑想を含み，意図的であり，食事体験について批判的にならずに集中する (Hayes et al., 2004)。マインドフルな食事 (mindful eating) は，摂取エネルギーの減少と体重減少を促進させるような健康行動やアウトカムの改善に貢献するかもしれない (Timmerman & Brown, 2012)。

訳注3) ささやかな瞬間や経験，物事をそのまま素直に感じ，楽しみ，感謝するという方法。

セルフ・コンパッションはネガティブな出来事に直面したときに，慈悲や優しさをもって自分自身を扱うことである。健康関連行動の自己制御の成功を進めるときにも見られる(Terry & Leary, 2011)。三つの要素を示す。(a) 自分への優しさ—厳しく自己批判的になるより痛みや失敗を事実の中にある自分に対して優しく，理解的であること。(b) 一般的な人間性—人の体験を分離し孤立した体験とみなすより，もっと大きな人間的な体験の一部とみなすこと。(c) マインドフルネス—つらい考えや感情を，過剰に同定するのではなく，バランスのとれた意識の中で維持すること (Neff, 2003)。

セルフ・コンパッションを強化する瞑想とワークシートの多くは，オンラインで入手可能である。この作業は以下のような質問の答えを書き下すようにクライアントに求める (Neff, 2015)。「最初に，親しい友人が人生の中で現実に困惑していることで悪い感情をもっていると考えてみましょう。この状況の中で，(特にあなたが最高に調子いいときに)，友人に対してどう反応しますか?」(Neff, 2015)。クライアントは友人と話したときの音声のイントネーションを含めて，ふだんしていること，言っていたことを書き下すよう励まされる。このエクササイズはセルフ・コンパッションを強化し，役に立たないライフスタイル行動を，どれほど長続きさせているかをクライアントに対して実証する。

■ 認知行動的な介入とマルチモダールな介入

パーマー(Palmer)ら(2003)は健康に関連した変化に対する心理的障壁は，個人あるいはグループでのヘルスコーチングセッションによって，検証することも，修正することも可能であると提唱した。ソクラテス式質問 (Neenan & Palmer, 2001) のような認知的テクニックは健康を阻害する考え (Health Inhibiting Thinking: HITs) から，健康を増進する考え (Health Enhanceing Thinking: HETs) に進展するよう修正するために用いられてきた。パーマーら (Palmer, 2004: 190) はソクラテス式質問の過程を下記のように提示している。

クライアント：昨日大食いしてしまった。ダイエットを台無しにしてしまっ

た。もうギブアップだ！（HIT による全か無か思考）。

コーチ：1 日多く食べてしまっただけなんだね。1 日でも大食いしてしまっ
　　　たからといって，よいと思っている今のダイエットを止めることは，ど
　　　のくらい論理的だろうか？（ソクラテス式質問）。

　さらなる議論でクライアントとヘルスコーチは新しく，もっと有益な健康
を増進する考え（HETs）を生み出した。

HET：今日食べ過ぎたからといって，ダイエットが台無しになった訳では
　　　ありません。明日はダイエットをいつも通りにつづけられます。

　認知行動的な介入が必ずしも成功しないことは，しばしば経験される。こ
れは焦点を当てるところによるものかもしれない。そこでパーマー（Palmer,
2008）は，マルチモダール・アプローチが包括的なアセスメント形式によ
るヘルス・コーチのための，もうひとつの重要なオプションであると主
張している（Palmer, 2008）。このアプローチは人間の経験から頭文字を
BASIC とした 7 領域をターゲットにしている。BASIC とは Behaviour: 行
動，Affect: 影響，Sensations: 感覚，Images イメージ，Congnitions: 認知，
Interpersonal 対人，Drugs/biology 薬物／生物学である。このテクニックは
クライアントの質，コーチの質，コーチのスキル，コーチングの同盟関係，テク
ニックの特異性に関係した全体的な手法に応用される（Palmer, 2008, p. 23）。
　認知行動的でマルチモダールなアプローチは，ポジティブ心理学コーチ
ングとウェルビーイング・コーチングに容易に取り入れられる可能性が
ある。たとえばパーマーとオリオーダン（Palmer & O'Riordan, 2016）は
HITs（健康を阻害する考え）ではなく，クライアント自身の HFTs（Health
Flourishing Thoughts：健康を繁栄させる考え）を引き出し，さらに健康を
繁栄させる焦点（HFF: Health Flourishing Focus）へと発展させている。彼
らが挙げたひとつの例を示す。

HFT：一歩一歩の運動が私のウェルビーイング改善の目標に近づいています。

HFF：私はフィットビット（Fitbit™）で歩数と運動によるカロリー消費を
　　測定するつもりです。

■ テクノロジーを用いた介入

　オンライン上の介入である，Positive Online Weight Reduction Program
という体重減少のための集団プログラムにおいて，多くの参加者は過去に恥
ずかしさや戸惑いといったネガティブ感情を経験していたことが報告された
（Bradbury, Dennison, Little, & Yardley, 2015）。この研究では心理学のリ
サーチフェローもしくは助手からの電話によるコーチングにおいて，コーチ
に対するアカウンタビリティ[訳注4]とそれによるコミットメントと動機づけの
向上という肯定的側面と，多忙なライフスタイルの中で決められた回数の通
話を行うというネガティブな側面の，肯定的否定的の両面があったことが報
告された（Bradbury, 2015）。

　スマートテキスト機能を用いて行った臨床的な集団に対する 2015 年の介
入がもうひとつある。スマートフォンで毎日 3 回励ましと自動的なフィード
バックによるコーチングを提供することで身体活動が増加することが報告さ
れた（Martin et al., 2015）。この自動化された方法は「コーチング」とフィー
ドバックを提供し，上手く複合させたやり方である。

　コーン，ピエトルカ，サスロー，ヒュルトとモスコヴィッツ（Cohn,
Pietrucha, Saslow, Hult, & Moskowitz, 2014）は 2 型糖尿病患者に対して
セイバリング，感謝，親切の行為といったポジティブ感情を教えることに焦
点を当てる，自分のペースでできるオンライン介入を行った。対人ではなく
オンラインの参加にもかかわらず，参加者は抑うつの減少を報告した。

どのようなクライアントが最も恩恵を受けるか？

　慢性疾患が長期に渡って進行し，長年に渡って形成された習慣による不健
康なライフスタイル行動を基盤としていることを考慮すると，慢性疾患を

訳注 4）主体的に自ら進んで責任を引き受けていく意識のこと。

もった人々が変化を達成することは特に困難であり，多くの人が病気の状態にとどまる。一対一のセッションは，特に数カ月以上の持続期間がある場合に最も有用だろう（Bolier et al., 2013）。しかしながら，個人レベルでの成果は集団的組織的な文脈で行うことによって改善されるかもしれない（Theeboom, Beersma, & van Vianen, 2014）。最も恩恵を受けるクライアントは，トランスセオレティカルモデルにおける熟考期，準備期，実行期のステージにある人たちだろう。熟考し，計画し，すでに変化し始めている場合もあるからである。ソーシャルサポートを受けているクライアントも変化を起こしやすい。

限界

- 健康やウエルネスコーチングに関連した領域における専門的知識の限界。たとえば，コーチが栄養士ではない，運動療法士や理学療法士ではない，心理師や精神科医ではない，家庭医や他の健康専門職ではないなど。
- 複合的疾患が行動変化を妨害する可能性。たとえば 2 型糖尿病で特に薬物に強く依存する場合。
- 薬物による食欲や気力の影響。
- 偏った食事や食行動があり，栄養や身体活動に対して過剰に意識を向けて，精神科医の介入が必要となる人が多いこと。
- 小児，思春期，高齢者は，成人と比べて異なる健康やライフスタイルをもっていること。コーチはこれらのグループを扱うとき，追加のトレーニングが必要かもしれない。

　要約——トランスセオレティカルモデルにおける熟考期，準備期，実行期のステージの人たちが最もコーチングの恩恵を受ける。

ケーススタディ

クライアント

　ロバートは 20 代の男性である。フィットネス，スケートボードとパーティ

が好きである。海岸の近くで一人暮らしをしている。最近疲労感があり，重篤な病気ではないかと心配している。

コーチング

ロバートはグーグルのオンライン検索でコーチの詳細を見つけ，電子メールで予約をとり，1週間後に対面となった。

コーチは初回の面談に先立って，詳細な情報は何も求めなかった。最初の対面セッションで，相談室にいる彼は不安そうにしていた。

コーチ：これからあなたと一緒にベースラインのセッションを行っていきます。あなたの個人情報の詳細をいくつか伺ってよろしいでしょうか？
　　　　ありがとうございます。では，最近とても強い疲労を感じていると電子メールで訴えておられましたね。なぜ本日ここにいらしたのですか？
クライアント：はい，ここ6カ月疲労を感じています。重篤な病気じゃないかと心配なんです。
コーチ：その疲労のことで，家庭医にかかりましたか？[訳注5)]
クライアント：はい，でもその先生（女性医師）からは，僕にはストレスがあってライフスタイルを変える必要があるといわれました。それであなたにコンタクトを取ったのです。たぶん先生のいうことは正しいと思います。僕は気分が良くないことで病気になっているのです。もし必要なら栄養やライフスタイルを変える心の準備があります。

ロバートはトランスセオレティカルモデルの前熟考期と思われる。さらに話し合いをしたところ，直近の6カ月に一段と運動とパーティが多くなったことが判明した。彼はライフセーバーとして働き，かなりの身体活動を行っていた。ピーク時には毎日一つか二つの激しいエクササイズを行っていた。さらに毎晩決まってアルコールを多飲していた。

訳注5）もし現在の問題点について最近家庭医にかかっていなかったら，ヘルスコーチはこのケースのように，検査のために家庭医を受診することを勧める。未診断の糖尿病や甲状腺機能低下症のような医学的介入が必要な重篤な問題を抱えているかもしれないからである。

コーチ：医学的な診断，あるいは薬の投与を受けましたか？

クライアント：はい，睡眠を改善して不安を軽減するために，睡眠薬を頓用しています。

　さらに話し合いをすすめると，ロバートは厳格なパレオ・ダイエット[訳注6]を行っており，炭水化物を避けていることが判明した。彼は体脂肪を減らし，筋肉を増やそうとして，食事を伴う社交的な交流（アルコール以外の！）をすべて避けているという。

コーチ：変化の先にある目標は何でしょうか？

　ロバートは下記のように心理対比と実行意図を行う[訳注7]。

コーチ：あなたの栄養や身体活動の習慣について，問題だと気づいた点はありますか？

クライアント：はい。私は十分食べていません。アルコールを飲み過ぎています。そして運動しすぎです。

コーチ：なぜそのことが問題なのですか？

クライアント：いつも疲れていて不安な気持ちだからです。

コーチ：今度お会いする来週までに，変えたいと思う栄養や身体活動の習慣がありますか？

クライアント：はい。最初にアルコールをやめたいです。もっとコントロールできると思います。

コーチ：アルコール摂取について，特に変えたいと思うことについて話してくれませんか？

クライアント：私が思うに——丸1週間飲むことをやめたいと思います。

コーチ：もし1週間飲まなかったとしたら，あなたが経験する最もよい結果は何でしょうか？　考える時間をとりましょう。目を閉じてもいいかも

訳注6）魚などの動物性たんぱく質を中心に摂取し，穀類や糖質を避ける方法。
訳注7）p.202 の表 8-1 を参照。

しれません。

クライアント（1分後）：酔っ払って友人の前で馬鹿面をさらすことがなくなるでしょう。そうしたらもっとよく眠れて，疲れも減ると思います。

コーチ：1週間飲むのやめることを困難にしている障害は何ですか？

クライアント：一緒に外にいるとき，友人が飲めとプレッシャーをかけてくることです。

コーチ：この障害に打ち勝つためにもっとも良い方法は何でしょうか？　また，目をとじてこの障害に打ち勝ったら，どんなよいことが起きるか想像してください。

クライアント（短い時間の後）：パーティをしないで，家でくつろぎ，テレビをみて夜を過ごすことができるでしょう。

　ロバートは話し合ったことを家に持ち帰ることができるように，シートに記入するよう勧められる。以下はそのリストである。

1. 私の目標は，次のコーチングの予約の来週まで，アルコールを飲まないことです。
2. 来週までアルコールを飲まないことで起きる最もよい結果は，酔っ払って馬鹿面をさらすことがなくなることです。そうしたらもっとよく眠れて，疲れも減り，もっと自分をコントロールできている感覚になるでしょう。
3. もし友人が訪ねてきて，パーティやバーに誘ったり，アルコールを飲むようにプレッシャーをかけてきたら，友人を追っ払うために，私は抗生物質を内服しているので，1週間は飲めないと言うつもりです。

コーチ：今書いたことをこのセッション終了後も忘れないようにするにはどうしたらいいでしょうか？

クライアント：私のホーム・オフィスの掲示板に貼っておきます。

コーチ：それはいいアイデアですね。

最初のセッションから1週間後，彼はかなりリラックスした様子である。

コーチ：先週お会いして以来いかがでしたか？

クライアント：とてもよい感じです。全く飲まないことを達成する，自己管理ができました。とても大変でしたが，私の問題についてお隣の人に打ち明けたら，助けてくれたので比較的容易に実行できました。私は，不安が減って，強迫的に運動することも減り，良く眠れるようになりました。

コーチ：あなたはソーシャルサポートを利用してアルコールをやめるのを助ける戦略を開発しましたね（コーチは達成や実行中に現れた戦略に焦点を当てることで，ポジティブな強化を行う）。

コーチ（継続）：ソーシャルサポートが夜間の睡眠をよくしてくれたとは興味深いです。このサポートもしくは睡眠の改善のどちらかが不安を減少させ，運動の強迫性を低下させたのでしょうか？　あるいはその両方の組み合わせによるものでしょうか？（コーチはロバートのふり返りを支援し，話し合いをはじめるため，異なる側面を関連づけようと試みる）。

　セッションの終わりに

コーチ：不安が減り，休めていると感じるようになってから，明確になってきたことは何かありますか？

クライアント：私は自分に対して悪い感情を抱いています。

コーチ：どういうことですか？

クライアント：自分はこれでよい，とは思えない気持ちです。

　この自己卑下についてはさらに深く話し合う。コーチはロバートにセッションとセッションの間にセルフ・コンパッション瞑想を紹介し，実践することを勧める。

■ 1カ月後

　ロバートは予約の日に現れなかった。しかし，2週間後に再び現れる。2

週間前の第2回目のセッションの後，酔っ払ってスケートボードでケガをしていたことが判明した。

この出来事から混在した結果が明らかになった。彼はこの間運動や仕事ができなかった。彼は当初，その状況の中で抑うつ的であった。しかし，彼は今お隣さんといい関係になって，彼女が彼の面倒をみている。

■ 6カ月後

ロバートはコーチにスケートボードの事故以来，アルコールを飲んでいないこと，匿名のアルコール依存症自助グループ（Alchoholics Anonymous group）に入会し，彼女（お隣さん）が彼の家に引っ越してきたこと，勉学のために大学に戻り，自分自身についてよりよいと感じていることを語った。彼は少なくとも週に1回はセルフ・コンパッション瞑想を実践していると確信している。彼は再びコーチに会う必要はないと思うが，コーチに対して時々近況を伝えたい希望と感謝の意を伝えた。彼は行動変容における維持期であると思われる。次回の受診までの数年間この状態をつづけられるかどうかは，時がそれを教えてくれるだろう。

ディスカッションのポイント

1. あなたの人生において栄養や身体活動を改善に成功したことはありますか？　どのようにしましたか？　なぜ行ったのですか？　何ができて何ができなかったですか，その理由を考えてください。

2. ライフスタイル行動の中で個人的責任のレベルはどれくらいだと思いますか？　たとえば，過体重や肥満で体重が多すぎるとあなたが「非難」されるのはどの程度でしょうか？

3. 健康を改善させるライフスタイル行動に焦点を当てることと，病的食行動と食行動異常の食事や身体活動に，より強く焦点を当てることの違いは何でしょうか？

4. クライアントが健康的な食べ物（たとえば野菜など）を増やそうか，あるいは不健康な食べ物（たとえばビスケット）の摂取を減らそうか

考えているとき，クライアントがどのような気持ちでいるか，考えて
みてください。

推奨文献

Australian Government diet and physical activity guidelines. Available at: www.
eatforhealth.gov. au/guidelines.

Arloski, M. (2014). *Wellness coaching for lasting lifestyle change* (2nd ed.). Duluth, MN:
Whole Person Associates.

Mitchie, S., Rumsey, N., Fussell, A., Hardeman, W., Johnston, M., Newman, S., & Yardley,
L. (2008). *Improving health: Changing behaviour -NHS health trainer handbook.*
London: Department of Health. Available at: http://healthtrainerscngland. com/wp-
content/uploads/2014/05/NHSHealthTrainerHandbook.pdf.

Roger, J., & Maini, A. (2016). *Coaching for health: Why it works and how to do it.*
Maidenhead, UK: Open University Press.

文　献

Adriaanse, M.A., Oettingen, G., Gollwitzer, P.M., Hennes, E.P., de Ridder, D.T.D., & de
Wit, J.B.F. (2010). When planning is not enough: Fighting unhealthy snacking habits by
mental contrasting with implementation intentions (MCII). *European Journal of Social
Psychology,* 40, 1277-1293.

Ajzen, I. (1985). From intentions to actions: A theory of planned behavior. In L. Kuhl & J.
Beckmann (Eds.), *Action-control: From cognition to behavior* (pp. 11-39). Heidelberg,
Germany: Springer.

Aspinwall, L.G., & Tedeschi, R.G. (2010). The value of positive psychology for health
psychology: Progress and pitfalls in examining the relation of positive phenomena to
health. *Annals of Behavioral Medicine,* 39, 4-15.

Bacon, L., Stern, J.S., Van Loan, M.D., & Keim, N.L. (2005). Size acceptance and intuitive
eating improve health for obese, female chronic dieters. *Journal of the American
Dietetic Association,* 105 (6), 929-936.

Bandura, A. (1977). Self-efficacy: Toward a unifying theory of behavior change.
Psychological Review, 84, 191-215.

Black Dog Institute. (2012). *Fact Sheet: Positive psychology.* Retrieved 5 November from
www.blackdoginstitute.org. au/docs/Positivepsychology. pdf.

Bolier, L., Haverman, M., Westerhof, G.J., Riper, H., Smit, F., & Bohlmeijer, E. (2013).
Positive psychology interventions: A meta-analysis of randomized controlled studies.
BMC Public Health, 13, 119.

Bradbury, K., Dennison, L., Little, P., & Yardley, L. (2015). Using mixed methods to
develop and evaluate an online weight management intervention. *British Journal of*

Health Psychology, 20 (1), 45-55.

Bryant, F.B. (2003). Savoring Beliefs Inventory (SBI): A scale for measuring beliefs about savouring. *Journal of Mental Health*, 12 (2), 175-196.

Bryant, F.B., & Veroff, J. (2006). *Savoring: A new model of positive experience*. Mahwah, NJ: Lawrence Erlbaum Associates.

Butler, J., & Kem, M.L. (2016). The PERMA-Profiler: A brief multidimensional measure of flourishing. *International Journal of Wellbeing*, 6 (3), 1-48.

Caspersen, CJ., Powell, K.E., & Christenson, G.M. (1985). Physical activity, exercise, and physical fitness: Definitions and distinctions for health-related research. *Public Health Reports*, 100 (2), 126-131.

Centers for Disease Control and Prevention. (2013). *Well-being concepts. Health-related quality of Life*. National Center for Chronic Disease Prevention and Health Promotion. Division of Population Health. Retrieved 21 August 2017, from www .cdc.gov/hrqol/ wellbeing.htm.

Cohn, M.A., Pietrucha, M.E., Saslow, L.R., Hult, J.R., & Moskowitz, J.T. (2014). An online positive affect skills intervention reduces depression in adults with type 2 diabetes. *The Journal of Positive Psychology*, 9 (6), 523-534.

Dombrowski, S.U., Knittle, K., Avenell, A., Araújo-Soares, V., & Sniehotta, F.F. (2014). Long term maintenance of weight loss with non-surgical interventions in obese adults: Systematic review and meta-analyses of randomised controlled trials. *BMJ*, 348 g264b. DOI:https://doi.org/10.1136/bmj.g2646.

Gale, J. (2007). *Health psychology meets coaching psychology in the practice of health coaching* (pp. 12-13). InPsych: The Bulletin of the Australian Psychological Society Ltd., June. Available at: www.psychology.org.au/publications/inpsych/ health_ coaching/.

Grant, A.M. (2012). Making positive change: A randomized study comparing solution-focused vs. problem-focused coaching questions. *Journal of Systemic Therapies*, 31 (2), 21-35.

Hayes, S.C., Follette, V.M., & Linehan, M.M. (2004). *Mindfulness and acceptance: Expanding the cognitive-behavioral tradition*. New York: Guilford Press.

IJW. (2011). Why 'Wellbeing'? Editorial policy. *IJW*. Retrieved 15 August 2017, from https://internationaljournalofwellbeing.org/index.php/ijow/about/editorial Policies.

Johnston, B.C., Kanters, S., Bandayrel, K., . . . Mills, E.J. (2014). Comparison of weight loss among named diet programs in overweight and obese adults: A meta-analysis. *JAMA*, 312 (9), 923-933.

Lai, J.S., Hiles, S., Bisquera, A., Hure, A.J., McEvoy, M., & Attia, J. (2014). A systematic review and meta-analysis of dietary patterns and depression in community-dwelling adults. *American Journal of Clinical Nutrition*, 99 (1), 181-197.

Lindner, H., Menzies, D., Kelly, J., Taylor, S., & Shearer, M. (2003). Coaching for behaviour change in chronic disease: A review of the literature and the implications for coaching as a self-management intervention. *Australian Journal of Primary Health*, 9 (3), 177-185.

Locke, E.A., & Latham, P. (2002). Building a practically useful theory of goal setting and

第8章　健康とウェルビーイングのためのポジティブ心理学コーチング　*215*

task motivation: A 35-year odyssey. *American Psychologist*, 57 (9), 705-717.

McQuaid, M., & Kern, P. (2017). *Your wellbeing blueprint: Feeling good and doing well at work.* Victoria, Australia: McQuaid.

Marmot, M. (2005). Social determinants of health inequalities. *The Lancet*, 365 (9464), 1099-1104.

Martin, S.S., Feldman, D.I., Blumenthal, R.S., . . . Blaha, M.J. (2015). mActive: A randomized clinical trial of an automated mHealth intervention for physical activity promotion. *Journal of American Heart Association*, 4, e002239.

Mathews, R., Lindner, H., & Nicholas, A. (2007). *Special Report: Health behaviour change: Eating habits and physical exercise.* InPsych. Retrieved 21 August 2017, from www.psychology.org.au/inpsych/health _ behaviour/.

Miller, W.R., & Rollnick, S. (2009). Ten things that motivational interviewing is not. *Behavioural and Cognitive Psychotherapy*, 37, 129-140.

Miller, W.R., & Rose, G.S. (2009). Toward a theory of motivational interviewing. *American Psychologist*, 64 (6), 527-537.

Mozaffarian, D., Hao, T., Rimm, E.B., Willett, W.C., & Hu, F.B. (2011). Changes in diet and lifestyle and long-term weight gain in women and men. *New England Journal of Medicine*, 364, 2392-2404.

Must, A., Spadano, J., Coakley, E.H., Field, A.E., Colditz, G., & Dietz, W.R. (1999). The disease burden associated with overweight and obesity. *JAMA*, 282 (16), 1523-1529.

Mutrie, N., & Faulkner, G. (2004). Physical activity: Positive psychology in motion. In P.A. Linley & S. Joseph (Eds.), *Positive psychology in practice* (pp. 146-164). New York: John Wiley and Sons.

Neenan, M., & Palmer, S. (2001). Cognitive behavioural coaching. *Stress News*, 13 (3), 15-18.

Neff, K. (2003). Self-compassion: An alternative conceptualization of a healthy attitude toward oneself. *Self and Identity*, 2 (2), 85-101

Neff, K. (2015). Self-compassion. Retrieved 10 November 2015, from http://self-compassion.org/.

Oettingen, G., & Gollwitzer, P.M. (2010). Strategies of setting and implementing goals. In J.F. Maddux & J.P. Tangney (Eds.), *Social psychological foundations of clinical psychology* (pp. 114-135). New York: Guilford Press.

Olsen, J.M., & Nesbitt, B.J. (2010). Health coaching to improve healthy lifestyle behaviors: An integrative review. *American Journal of Health Promotion*, 25 (1), e1-e12.

Palmer, S. (2004). Health coaching: A developing field within health education. *Health Education Journal*, 63 (2), 189-191.

Palmer, S. (2008). Multimodal coaching and its application to workplace, life and health coaching. *The Coaching Psychologist*, 4 (1), 21-29.

Palmer, S. (2012a). Health Coaching Toolkit Part 1. *Coaching at Work*, 7 (3), 36-38.

Palmer, S. (2012b). Health Coaching Toolkit Part 2. *Coaching at Work*, 7 (4), 32-34.

Palmer, S., & O'Riordan, S. (2016). *Positive psychology and health coaching through the life course.* Workshop held in London at the 6th International Congress of Coaching

Psychology on 26 July 2016.

Palmer, S., Tubbs, I., & Whybrow, A. (2003). Health coaching to facilitate the promotion of healthy behaviour and achievement of health-related goals. *International Journal of Health Promotion and Education*, 41 (3), 91-93.

Prochaska, J.O., & DiClemente, C.C. (1982). Transtheoretical therapy: Toward a more integrative model of change. *Psychotherapy Theory Research and Practice*, 2, 176-288.

Seligman, M.E.P. (2008). Positive health. *Applied Psychology: An International Review*, 57, 3-18.

Seligman, M.E.P. (2012). *Flourish: A Visionary New Understanding of Happiness and Well-being*. New York: Atria Books.

Sin, N.L., & Lyubomirsky, S. (2009). Enhancing well-being and alleviating depressive symptoms with positive psychology interventions: a practice-friendly meta-analysis. *Journal of Clinical Psychology: In Session*, 65 (5), 467-487.

Sniehotta, F.F., Schwarzer, R., Scholz, U., & Schüz, B. (2005). Action planning and coping planning for long-term lifestyle change: theory and assessment. *European Journal of Social Psychology*, 35, 565-576.

Spencer, L., Wharton, C., Moyle, S., & Adams, T. (2007). The transtheoretical model as applied to dietary behaviour and outcomes. *Nutrition Research Review*, 20 (1), 46-73.

Terry, M.L., & Leary, M.R. (2011). Self-compassion, self-regulation, and health. *Self and Identity*, 10 (3), 352-362.

Theeboom, T., Beersma, B., & van Vianen, A.E.M. (2014). Does coaching work? A meta-analysis on the effects of coaching on individual level outcomes in an organizational context. *The Journal of Positive Psychology*, 9 (1), 1-18.

Timmerman, G.M., & Brown, A. (2012). The effect of a mindful restaurant eating intervention on weight management in women. *Journal of Nutrition Education and Behavior*, 44 (1), 22.28.

Wing, R.R., & Phelan, S. (2005). Long-term weight loss maintenance. *American Journal of Clinical Nutrition*, 82 (1), 222S-225S.

World Health Organization. (2015a). *Trade, foreign policy, diplomacy and health. Glossary of globalization, trade and health terms*. Retrieved 15 August 2017, from www.who.int/mediacentre/factsheets/fs220/en/.

World Health Organization. (2015b). Health topics. *Noncommunicable diseases*. Retrieved 15 August 2017, from www.who.int/topics/noncommunicable_ diseases/ en/.

World Health Organization. (2015c). *Media Centre. Fact sheet No. 311. Obesity and overweight*. Retrieved 15 August 2017, from www.who.int/mediacentre/factsheets/fs311/en/.

第9章

レジリエンスとウェルビーイングを高める
コーチング

レイチェル・スキューズ，ステファン・パーマー ＆ スージー・グリーン

はじめに

　レジリエンスはプレッシャーを肯定的にとらえ，困難から回復する能力で
ある，と一般に理解されている。プレッシャーは人に大きな緊張をもたらす
が，同時に課題に取り組み，やり遂げる動機づけを与えることもできる。し
かしながら，自分が経験しているプレッシャーが，対処できると考える範囲
より大きいと知覚するとき，プレッシャーのネガティブな影響が出現する。
これを通常ストレスと呼ぶ。レジリエンスの低い人は，自分に課される要求
を，よりストレスフルに知覚するだろう。一方，レジリエンスの高い人は，
ストレス事態に転落するまでは，より大きなプレッシャーを受け止められる
と思うかもしれない。内的で心理的なものであれ，外的で実利的なものであ
れ，さまざまな資源を用いることで，困難とストレスによる衝撃の均衡を取
ることが可能となり，ストレスのネガティブな影響を防ぐことができる。

　直面している困難と利用可能な資源の均衡を取ることは，レジリエンスと
ウェルビーイングのためのコーチングにおける中心的な目標である。コーチ
ングは人が自分の利用可能な資源のうち，内的なもの（心理的資源）と外的
なもの（実利的資源）の両方を使うことを手助けすることができる。それら
は，人が経験している要求とプレッシャーの効果に対して緩衝材となる。ポ
ジティブ心理学では，緩衝効果のある資源には，強み，価値，意味あるいは

目的の感覚，楽観性（強化されたポジティブな思考，感情，行動），メンタルタフネス，フローの経験が含まれる，と提言している。

　本章では，コーチングがどのようにしてこれらの資源を特定し強化することを支援し，プレッシャーを経験している人がストレスにポジティブに対処し，ウェルビーイングを高めレジリエンスを向上させるか，について論じる。さらに，コーチングの主なアプローチの中で使われる技法についても見ていく。

レジリエンスコーチングの発展

　レジリエンス研究の多くは，子どもたちがパーソナリティ特性としてのレジリエンスをどのように発達させ，あるいは獲得していくか，ということに焦点を当てている。これは，人生において過酷な逆境を経験しながら，その辛い経験にもかかわらず回復し，より前進することができる子どもがいるのはなぜか，それはどのようにしてそうなるのか，を理解しようとする試みである。これらの初期の研究は，レジリエンスが通常の適応過程を通して発達することを示唆している。そして私たちがレジリエンスについて最もよく探索できているのは，精神病理ではなく最適な機能（optimal functioning）についての研究を通してである（Masten, 2001）。レジリエンスの概念は，臨床心理学（Garmezy, 1970; Zigler & Glick, 1986），スポーツ心理学（たとえば，メンタルタフネスモデルの発達（Clough, Earle, & Sewell, 2002）），ポジティブ心理学（たとえばレジリエンスは心理的資本の中心的な柱のひとつである（Luthans, Luthans, & Luthans, 2004））などの心理学の領域と強く関連している。ポジティブ心理学は主に人の最適な機能について理解することに強くかかわっており，レジリエンスは基本的にこの目標とまっすぐに繋がっている。

　なぜならレジリエンスは，通常の適応過程がどのようにストレスのネガティブな影響から人を守り，ウェルビーイングに役立っているかについて，われわれの理解を発展させてくれるからである。レジリエンスの重要な資質は，それが発達し，向上する，という点である。多様なバックグラウンドを持つコーチが，レジリエンスを向上させ，ストレスを低減し，ウェルビーイングとパフォーマンスを高めるためにデザインされたさまざまな技法を，ク

ライアントに対して使用することができる。これらのアプローチには解決志向コーチング，認知行動コーチング，アクセプタンス＆コミットメント・コーチング（ACC），強みベースのコーチングを含んでいる。さらにコーチは，神経科学（Dias et al., 2015），エコ心理学（Palmer, 2015）など他の心理学の領域から技法を取り入れることもできる。この二つの領域はウェルビーイングとレジリエンスに対して，さらなる洞察を提供してくれるだろう。本章では，これらのコーチングのアプローチがどのようにレジリエンスとウェルビーイングを発展させるのかを，より深く論じていく。

理論と基本概念

現在，レジリエンスの普遍的な定義はまだ存在しない（Palmer & Gyllensten, 2015）。レジリエンスは多次元的な構成概念であると表現されてきた（Luthar & Cushings, 1999）。本章では，ブロックとクレマン（Block & Kremen, 1996）の，以下の定義を紹介する。「心理的レジリエンスは変化する状況的なニーズに柔軟に対処することであり，ネガティブな感情的経験から立ち直る能力である。」

しかしながら，コーチングやセラピーにおいて，「立ち直る」という語を使うことには弊害もあり得る。なぜなら，コーチングを受ける人やクライアントの一部は，自分がこうでなくてはならない，と思いこんでいる早さで回復しなければ，自信喪失や自責の悪循環に陥るかもしれないからである。「私は早く立ち直らなければならない。もしそうでなければ，私は完全な敗北者だ」といった自我の完璧主義的信念が，この問題を悪化させる。ニーナン（Neenan, 2009, 2018）は，回復は時としてゆっくりした適応過程になる可能性があるので，「もどってくる」（coming back）という語の方がふさわしいと示唆している。（Masten, 1994 も参照のこと）

サイコロジストのマスタン（Masten, 2001）による研究は，人のレジリエンスを向上させる要因は，レジリエンスを低下させるリスク要因と同様，幼い頃から経験され，獲得されると示唆している。リスク要因には社会経済的地位が低いこと，幼時にトラウマを経験しているなどの要因も含まれる。クー

ツ（Coutu, 2002）は，レジリエントな人々に共通の資質が三つあると示唆している：第一に，現実をあるがままに受容していること，つまり状況の現実を歪めることのない楽観性である。第二に，人生に意味をもたらす深い信念，または強く抱いている価値である。最後に，状況に応じて即応し，適応し，変化する能力である。人はこれらの要因を後の人生において管理し，発達させ，加速させることができると，研究が明らかにしている（Luthans, Avey, Avolio, Noman, & Combs, 2006）。この研究の中には，人が経験しているストレスとウェルビーイングのバランスをどうすれば最もよく管理できるかを理解するための支援も含まれている。

　より広く文献を見ると，研究では心理的レジリエンスを二つの方法で操作する傾向があるようだ。①過程あるいは状態の一部として扱う（たとえば緩衝材としてのアプローチ）または，②特性として扱う（Maltby, Day, & Hall, 2015）。ルーサー，チチェッティ，ベッカー（Luthar, Cicchetti, Becker, 2000: 543）は「レジリエンスを個人的属性（特性）として取り扱う科学はいずれも，一部の人たちは逆境を克服する際に必要なものを『ただ持っていない』のだ，という知覚を無自覚に持ってしまうかもしれない」と論じている。その上，このようなまちがった不当な見方は，潜在的なレジリエンスの過程に光を当て，適切な介入計画に導くことには，ほとんど役に立たない（Masten et al., 1990; Reynolds, 1998; Tarter & Vanyukov, 1999）。

　よって，本章の目的に合わせ，あるいは幅広いコーチング介入のため，われわれはレジリエンスを「**鍛えうる状況的な能力**」と見なすことにする。比較的短期のレジリエンストレーニングプログラムによって，ポジティブな心理的能力を向上させうることが，研究によって示されている（Luthans, Avolio, Avey, & Norman, 2007）。マステンとコーツワース（Masten & Coatsworth）は，レジリエンス介入を，人がより好ましい方向へ発達するために，計画的に試みる防御的なプロセスであると定義している。

ウェルビーイングのモデル
　ウェルビーイングは，必要とされる心理的，社会的，身体的な資源のバランスが，心理的，社会的，身体的な困難に対応できることと考えられる

(Dodge, Daly, Huyton, & Sanders, 2012)。この定義における鍵となる概念は，人が経験している困難と，その人が使える資源とのバランスである。困難と資源の均衡が取れていれば，人は安定したウェルビーイングを経験できる。しかしながら，もし，要求が資源より勝っているなら，ウェルビーイングは減衰するかもしれず，人はストレスを経験する。同様に，要求や困難の欠如は，沈滞，燃え尽き，あるいは退屈をもたらし，それもウェルビーイングの低下に繋がる。このモデルでは，ウェルビーイングは，その人の要求と利用可能な資源のバランスを形成することによって達成される。困難には，苦痛となる身体的，心理的，社会的に有害な経験が含まれ，それゆえ，生理的，心理的な対価が必要となる。重要なことは，これらの困難な経験や出来事はしばしば個人的な成長を刺激する，ということである。そのような例には，新しい仕事を始めることや，健康問題を克服することなどがある。資源には，人が目標を達成し，要求レベルを低下させ，個人的な成長を刺激することを支援する身体的，心理的，社会的側面がある。資源の例としては，所属する組織から重んじられていると感じることや，家族，友人，同僚たちとよい人間関係を結ぶことなどが含まれる。

　職業心理学の領域では，よく似たバランスモデルが，どのように職場のストレスを低減しウェルビーイングを増大させるかを説明するために使われている。仕事の要求度―資源モデル（Bakker & Demerouti, 2007）は，資源が，困難の衝撃を低減するだけではなく，動機づけを高め，その人自身の能力によって成長と学びを導くものでもあることを示している。この領域における研究は，過度の要求は緊張と健康問題を引き起こすが，資源は没頭と動機づけを予想もたらすことを示している（Bakker & Demerouti, 2007; Schaufeli & Bakker, 2004）。

心理的資源を拡大する

　ここでは，クライアントのレジリエンスを発達させ，拡大するために，コーチングがターゲットとする可能性のある，よく知られている心理的資源について述べる。以下に，四つの資源―強みとフロー，心理的資本，メンタルタフネスおよび価値について述べる。

■ 強みとフロー

　ポジティブ心理学は，レジリエンスの発達における強みの役割について，われわれの理解を推し進めてくれた。強みとは，「われわれが使おうとする自然の能力で，オーセンティックな（真正の）表現を可能にし，エネルギーを与えてくれるもの」（Govindji & Linley, 2007: 144）と定義できる。ポジティブ心理学の研究によると，勇気，正直さ，忍耐力，フローの能力，などのポジティブな人間の特性が，ストレスの影響や精神的な病気の緩衝材となる（Seligman, 2002）。ナカムラとチクセントミハイ（Nakamura & Csikszentmihalyi, 2002）はフローを，没頭している活動に内発的に動機づけられている状態であると定義しており，さらに，それ自体が報酬となる自己目的的な活動であるとも言及している。フローに必要な状況とは，自分が知覚している能力のレベルまたは適切なレベルを伸ばすような活動や挑戦に没頭しており，明確で近い目標を持っていて，そこから即時のフィードバックを得ていることである。

　より高いウェルビーイング，活力，真正さは，自分の強みを知った上で使用し，自己一致した目標を設定し，それに向かって努力した結果として経験しうるものである。実証研究もこれを支持しており，自己認識の感覚，欲求と価値，強みを使うことと，主観的および心理的ウェルビーイングの高さとの関連性が示されている。（Govindji & Linley, 2007）レジリエンスに関していえば，強みについての知識が発達し，利用が増加するだろう。これが強みをベースとしたコーチングの中心的な目的である。コーチングは，人が目指すべき最良の方向性（たとえば自己一致した目標など）を明確化するために，特に有益なプロセスである。

　エビデンスベースドコーチたちは，VIA（Values in Action）（Peterson & Park, 2009; Peterson & Seligman, 2004）のキャラクターストレングスと，ギャラップ社のストレングス・ファインダーやR2（Buckingham, 2001; Rath, 2007）などのパフォーマンス・ストレングスを区別しておくことが重要である。VIAのキャラクターストレングスは，倫理・道徳的に価値づけられたもので，24の強みすべてを発達させる価値があると論じられている。コーチにとっては，「シグネチャーストレングス」（上位五つの強み）を活用

することと，「弱いストレングス」つまり下位五つの強みを発達させること
の両方に取り組む機会がある。レジリエンスについては，直面する困難にとっ
てどの強みが最も関連があるかということを，コーチングで話し合うことも
有益である。パフォーマンス・ストレングスの測定もまた，レジリエンスの
ためのコーチングに役に立つ。特に役立つのは，クライアントが仕事におい
て「使い過ぎている」あるいは「使っていない」強みがあって，それが成長
するための能力に影響を与えているかもしれない場合である。

■ 価値

　強みベースのコーチングを含め，多くのコーチングアプローチが人を発達
させ，動機づけるために何らかの形で価値（values）を使っている。すでに
述べたように，レジリエントな人々のひとつの資質は，彼らが持っている深
い信念あるいは価値であり，それがその人の人生に意味をもたらしている
(Bond & Shapiro, 2014)。ほとんどの社会科学者は，価値は深く根ざしたもの:
人を導き，正当化し，態度，規範，意見，行動を説明する抽象的な動機づけ，
であると見ている（たとえば Halman & de Moor, 1994; Rokeach, 1973;
Schwartz, 1992; Williams, 1979)。一般的に，価値は人が人生において依って
立つものとして何を求めるか，人生の進むべき方向としてどこに向かいたい
のか，何が人を動機づけるのか，といったことを示すものだとみなされている。
価値は特にアクセプタンス＆コミットメントセラピー（ACT）から発生した
ACC[訳注]（Skews & Palmer, 2016）にとっては，核となる構成要素である。
ACT は，人が意味と目的（たとえば価値など）をもたらすことに深く関与し
た行動をとることの重要性を強調した心理学的理論である。ACC は人が意
味のある人生を生きることにより集中することと，価値の調整を支援するこ
とを目指す。よって，価値の概念はコーチングの中核をなす。ACC は，クラ
イアントに，自分の価値を明確化し，価値に沿った目標を特定するように手
助けする。このプロセスは生活あるいは仕事の分野を構成する異なるドメイ
ン（領域）やカテゴリー（たとえば，キャリアの価値，家族の価値，運動の

訳注）Acceptance and Commitment Coaching：アクセプタンス＆コミットメント・コー
チング

価値など）を生成することもある。ドメインは，達成したいと望んでいる目標に沿って，コーチの枠組みによって提供されるか，あるいはクライアントと共に作りあげられる。クライアントが自分の価値をいったん明確化すれば，その明確が価値に沿った目標に向かう歩みを促進し，動機づけを促す。

■ メンタルタフネス

　メンタルタフネスは，スポーツ心理学の概念で，レジリエンスおよびウェルビーイングの増進と強く結びついている。メンタルタフネスは「困難，ストレッサーやプレッシャーなど……ともかく一般的な状況において，人がいかに効果的に対処するかの大部分を決定づける資質である」（Clough & Strycharczyk, 2012）と定義づけられてきた。それは，逆境に対して比較的影響を受けずに残る，高い自己信念の感覚であり，自らの運命に対する高いコントロール感である（Clough, Earle, & Sewell, 2002）。レジリエンスと概念的に類似してはいるが，シェアード（Sheard, 2010）は，メンタルタフネスはそれ以上のものであると主張している。メンタルタフネスは単に逆境やネガティブな経験から立ち直る能力ではなく，ポジティブなプレッシャーや期待から来る困難を防御する役割も果たしている。クロフと共同研究者たち（2002）が提唱したモデルは，四つの要素から構成されている。

1. 感情やライフイベントに対するコントロール感
2. 経験に対して回避するよりもかかわり，深く関与すること
3. 変化する人生に対して挑戦し，受け入れ，それが与える機会を見る
4. 成功を達成する能力に対する自信と高い自己信念

　レジリエンスおよび強みと同様，メンタルタフネスも自信，自尊心，統制の所在（locus of control : LOC），問題解決能力などの要因を向上させる人生経験あるいは発達上の機会を通して発達する可能性を持っている（Marchant, Polman, Clough, Jackson, Levy, & Nicholls, 2009）。いったん，メンタルタフネスが発達すると，それを維持するために必要な三つのメカニズムが根底にある（Connaughton, Wadey, Hanton, & Jones, 2008）。第一

は，内面化された成功への願望と動機づけであり，第二は影響力のある他者による支援のネットワークを持っていることである。第三のメカニズムは，不安のマネジメントや視覚化（visualisation）などの基礎的および応用的な心理的スキルの効果的な利用である。コーチングサイコロジストは，これらの心理的スキルを向上させたい人を支援する上で，イメージング（Palmer, 2008）の利用などさまざまな技法を使用することができる。

■ 心理的資本

　心理的資本モデル（Luthans, 2002; Luthans, et al., 2004）は，経済学の「資本」の概念を心理学の分野に取り入れたもので，人には将来の利益のために投資や借入をすることのできる，四つの鍵となる心理的資源の要素があると提案している。四つの要素とは，希望，楽観性，自己効力感（自信），そしてレジリエンスである。人はフローの状態に没頭しているとき，実際に将来に向かって心理的資本を投資し，築いているのだとセリグマン（2002）は述べている。心理的資本とは，単にあなたが知っていることやあなたが知っている人ではなく，あなたが誰であり，あなたがどうなっていくのか，ということである（Luthans et al., 2006）。レジリエンスは心理的資本モデルの四つの要素のひとつであり，逆境的な出来事を経験した後にレジリエンスが増す理由を，この四つの要素の組み合わせによって説明できることを，研究が示している（Luthans et al., 2007）。困難から立ち直った人たちは，自信と希望が増大し，結果として将来の目標達成に向けて一層の努力をする。大きな困難を克服することは，同様の困難に将来遭遇したら，どのように立ち直ればよいのかについて，人は一層明確なビジョンを持つことになり，その結果，楽観性が増す。

実　　践

　レジリエンスコーチングの主たる目的は，困難と資源のバランスを実利的にも（外的な障害への対処），心理的にも（心理的障壁への対処）向上させることである。本節では，さまざまなコーチングアプローチの中から，クライアントのレジリエンスとウェルビーイングを向上させる支援に役立ついく

つかの技法を紹介する。

解決志向コーチング

　コーチングにおける解決志向的アプローチは，心理的な障壁を発見しようとするよりは，外的な資源を特定し査定することに関連している。この手法は，コーチング過程を促進する支えとして利用可能な資源，たとえばスキル，強み，知識，個人的資質や，個人の経験などに焦点を当て，できることをする。解決志向コーチの核となる目的は，クライアントに自分の可能性に気づかせ，より大きな気づきを創造するために協働することである。このアプローチは最小限の概念と介入を使用し，アプローチとしては非常に実利的である（O'Connell & Palmer, 2007; O'Connell, Palmer, & Williams, 2012 を参照のこと）。例として技法を挙げるなら，コーチが問いかける「ミラクル・クエスチョン」（De Shazer, 1988）がある。クライアントは，自分が眠っている間に奇跡が起こり，目が覚めたら話し合っていた問題が消えている，という状況を想像するように言われ「奇跡が起こったという最初のサインは何でしょうか?」と質問される。この質問は，クライアントが望んでいることと，それを達成するために役立つ方略を発見するのに役立つ（O'Connell & Palmer, 2007）。このアプローチは，すでにある問題解決と解決探索方略の上に築かれ，鍵となる利用可能な資源を特定することに焦点が当てられる。コーチングの会話は，解決志向的な言語と思考に集中し，クライアントの目標達成の方略を生み出さない問題志向的な会話からは距離を置く。

認知行動コーチング

　解決志向コーチングとは対照的に，認知行動コーチング（CBC）では心理的技法を内的資源の特定と利用に使用するだけではなく，心理的な障壁や役に立たない思考を発見することにも焦点を当てるアプローチである。CBCは，人が要求の衝撃を緩和するために必要な資源を，より一層活用できるよう支援する上で効果的である。CBC はこれを，より有益な思考の方略を通してポジティブでレジリエントな感情を高めることと，クライアントが持っているかもしれない，役に立たない思考の枠組みのとらえ直し（リフレーミ

ング）を奨励することを通して行う。コーチとクライアントは，ストレスの引き金となる出来事を理解することで，そこに帰属させられる信念とその信念がもたらす知覚された結末を特定することができる。これによってコーチは，何がクライアントの心理的障壁を維持しているのかをよりよく理解できる。心理的障壁に取り組むことは，クライアントのウェルビーイングを高める。心理的障壁に対処する方法には，質問によって役に立たない思考を論駁すること，および，認知的，行動的な，あるいはイメージングの技法を使用することが含まれる（Palmer, 2009）。

二元システムアプローチ

認知行動コーチングにおける二元システムあるいは双頭アプローチ（double-headed approach）は，望ましい行動的および／あるいは認知的変化を達成するには，行動および心理の両面への介入が重要かつ有益であるという認識に立っている（Milner & Palmer, 1998; Neenan & Palmer, 2000; Palmer & Burton, 1996; Palmer & Williams, 2013）。二元システムアプローチでは，問題解決的，解決探索的，認知行動的な技法を用いる（Neenan & Palmer, 2000; Palmer & Szymanska, 2007）。問題は心理的（認知的，感情的など）あるいは実利的（それが実用的，感情的，心理的，行動的な障壁のいずれであるかは，最も適切な技法によって決定される）かに分類される。節約の法則（クライアントには，最も簡便で最も効果的な介入法を使う）は，どのタイプの介入が最もふさわしいかを決定するための手助けとなる。二元システムアプローチを使うことで，コーチはどのモデルおよび技法がもっともふさわしく，いつ使うのがもっとも効果的かを特定し，査定することができる。コーチは，直面している問題や出来事の，行動的あるいは実利的側面に対応するために，**PRACTICE** モデル（Palmer, 2007）などの枠組みを使うことができる。**PRACTICE** モデルは，ワシク（Wasik, 1984）の7段階問題解決手順を元にした7段階の解決探索的な枠組みである。頭文字は，**P**roblem identification（問題を特定する），**R**ealistic goals developed（現実的な目標を策定する），**A**lternative solutions generated（代替解決法を生成する），**C**onsider consequences（結末を考える），**T**arget the most feasible solutions（最も実現可能な解決法に的を絞る），Implement the Chosen solutions（選択した解決法を実行する），Evaluate the outcome（結果を評価する）を表している。エガートンとパーマー（Egerton & Palmer, 2005）は，クライアントが役に立たない感情的あるいは心理的な障壁を経験している場合，ABCDEF モデルの使用を検討し，障壁を維持し続けている信念を論駁あるいは変容させることを，コーチに薦めている。心理的マネジメントのABCDEF モデルは，理性感情行動療法（REBT）に起源を持つ。REBT の法則によると，私たちの出来事に対する反応は，出来事そのものというより，その出来事に対する私たちの評価によって決定される（Neenan & Palmer, 2001）。出来事に対する役に立たない評価を修正することによって，私たちはそれに対する反応を変えることができる。コーチングでは，モデルの「A」は，克服すべき Activating event（きっかけとなる出来事）あるいは Adversity または Awareness of a problem（逆境または問題の知覚）を表す。「B」はきっかけとなる出来事に対して持っている Belief（ビリーフ／信念）をあらわす（人々はきっかけとなる出来事に関連して，評価的な信念を自分自身に対して持つこともある）。もし，クライアントにとってきっかけとなる出来事が，困難で克服不能な課題であると知覚されているのなら，その出来事に関する信念は，役に立たないものだろう。このような信念はさまざまな「C」（結末 Consequences），たとえば，先延ばし，回避（行動），不安（感情），動悸（身体・生理）などのきっかけとなる。コーチとクライアントは共に，その出来事の何が本当に不快なことなのかを十分に理解することによって，きっかけとなる出来事を精練させ，その出来事に対して持っている役に立たない信念についてより深く理解することが可能になる。たとえば，管理職の前でプレゼンテーションを行うことが，ストレスのきっかけとなる出来事だとする。この出来事に関連する，さまざまな役に立たない，あるいはストレスを誘発する思考（SITs: Stress-Inducing Thoughts）がある。たとえば，「プレゼンは完璧でなくてはならない（要求的）」「下手なプレゼンをすることは本当に恐ろしい（ひどい）」「もしプレゼンが完璧でなければ，自分は敗北者だ」（価値の下落や自己卑下）などである。「D」は SITs についての Disputation（Discussion）論駁または議論をあらわす。役に立つ質問の領域は，その信

念を支持する根拠は何だろうか（経験的質問），その信念を支持する論理は何だろうか（論理的質問），クライアントの目標達成にとってその信念は役立つだろうか（実利的／機能的質問）である。関連する SITs が特定されたら，コーチはクライアントに，現在の信念についてソクラテス的質問や論駁を行い，より役に立つ信念や，ストレスを軽減するような信念の開発を始める。これが着手されたら，次に新しいより効果的（Effective）なアプローチが開発される（E）。最後の「F」は問題の目標に残っている Future（未来）への焦点であり，さらに現在の状況から何を学び，何を将来応用できるかということに関連している。

強みベースのコーチング

すでに述べたように，強みベースのコーチングは，クライアントの強みの知識と利用を増強することを目的としている。強みは，目標を達成するように人を内発的に動機づける。そして，強みの知識が増すことで，コーチングはクライアントが自己一致的な目標（クライアントの価値や関心と一致した目標）を特定することを奨励する（Linley, Nielsen, Gillett, & Biswas-Diener, 2010）。これを達成するためのひとつのテクニックは，強みの尺度（VIA のキャラクターストレングスなど）を使って，クライアントの強みを探索することである。強みの尺度は，強みを調べ，発見する枠組を提供してくれる。自分の強みをふり返り，目標と関連づけて考えることで，クライアントは，内発的に動機づけられた自己一致的な目標を見出すことができる。コーチは，クライアントに対して自分の強みを新たにこれまでと違った方法で使い，さらにこれまでほとんど知らなかった，新しく発見した強みを試すように励ます。

アクセプタンス＆コミットメント・コーチング

アクセプタンス＆コミットメント・コーチング（ACC）では，クライアントが一番大切にしていること（価値）に焦点を当てることを奨励する。人が経験している不快あるいは困難な思考，気分，感覚は，目標を達成する妨げになっているかもしれないが，そこにはあまり焦点を当てない。ACC では，価値とは私たちに意味，目的，活力をもたらしてくれるものであると考える。たとえば，

よいコーチであることが，意味深い方法で他者の変化を促進すること，などである。ACC の技法は，たとえその過程で困難な思考や気分を経験するとしても，人が自分にとって意味のあるものに向かって歩んでいけるように，価値を明確化することを支援する。ACC コーチは，そのためにクライアントに心理的柔軟性（今この瞬間と体験に気づく能力，行動をやり通すか変えるかのいずれにしても価値に基づいて行い，困難な思考や気分があっても価値のある行動を取ること；Hayes, Strosahl, & Wilson, 2012）を身につける技法を教える。

　心理的柔軟性が増すことは，レジリエンスとウェルビーイングを発達させる上で有益である。なぜなら，クライアントが柔軟かつ刻々と変化する流動的な視点で，自分自身を見ることが可能になるからである（Flaxman, Bond, & Livheim, 2013）。このようなレジリエントな視点は，思考，気分，および感覚を観察することに焦点を当てる，マインドフルネス実践を通して発達させることができる。思考を観察し，気づくことを通して，クライアントは，不快な思考や気分を，いつもより離れた視点から見るように奨励される。そのことで，多くの場合，人は困難な思考や気分に対して，自動的に反応するのではなく，自分が本当に取りたい行動についてふり返るスペースを得ることができる。クライアントは，自分の困難な思考や気分が威力を失い，脅威ではなくなってきたと報告するだろう。これによってクライアントは，困難な思考や気分にただ従い，反応するのではなく，自分の価値と目標に基づいて行動する決断ができるようになる。

繁栄のモデル RAW

　グリーンとパーマー（2014）は，コーチングとトレーニングのために，三つの相互に関連する構成要素を含む，繁栄の枠組みを開発した。（1 章の図 1-1 参照）

1. **R**esilience（レジリエンス）
2. **A**chievement（達成）
3. **W**ellbeing（ウェルビーイング）

これは覚えやすい頭文字RAWで簡便に作られている。この枠組みは，応用ポジティブ心理学の研究とその他の関連ある理論，および研究に裏づけられている。ポジティブ心理学コーチは，このモデルを実践に用いたり，クライアントの目標によって，どのようにレジリエンスとウェルビーイングを高めることができるかを説明する際に使用できる。ケーススタディに示すように，コーチングの過程で，レジリエンスを低下させる思考（RUTs: Resilience Undermining Thoughts）は消え，レジリエンスを増大させる思考（RETs: Resilience Enhancing Thoughts）が発達するだろう。(p151)

どのような人のコーチングに最も適しているか

レジリエンスとウェルビーイングを高めるコーチングで最も恩恵を得るのは，プレッシャーにさらされたり，逆境の中にいる人である。特に，仕事上あるいは生活上のストレスを経験している人にとって役立つだろう。逆境の経験は試練である。このようなときに行われるコーチングは，クライアントの辛い時期を支えることができる。同時に，逆境の中にあるいくつかのポジティブな側面に，光を当てることもできるかもしれない。心的外傷後の成長の領域でも（Calhoun & Tedeschi, 2013），置かれた状況からの「バウンスフォワード（より望ましい方向への回復）」を望むクライアントと共働しているコーチには，適しているだろう。コーチは成長と発達の機会を提供することで，困難の枠組みをうまく変容させることができるかもしれない。人を快適なゾーンから引っ張り出し，ポジティブな挑戦をさせるような伸展の最適レベルがある，ということを考慮にいれておくとよいだろう。しかしながら，伸展可能なレベルを越えるような困難を経験しているクライアントに対しては，コーチングによるサポート——すなわちより健康的なバランスの達成や，経験している逆境に負けない，ウェルビーイングの増大や，意味と目的をもたらすような事柄に集中させること——が必要かもしれない。

本章で紹介した技法は，コーチングがどのようにレジリエンスを発達させることができるかを示すものである。これらの技法は柔軟性があり，一般的なコーチングプログラムの一部としても使うことができる。また，特定の技

法については，クライアントのニーズに対応していなければならない。レジリエンスコーチングにおいてコーチが使用できる技法の幅広さは，われわれが本章でカバーできる範囲を超えている。しかしコーチがレジリエンスとウェルビーイングを高めるために，他の領域の研究を利用することはできるかもしれない。たとえば，エコ心理学の研究では，自然の中で時間を過ごすと，ストレスが低減し，気分とウェルビーイングが改善すると示唆されている。これなどは，自然の中での散歩（グリーン・エクササイズ），あるいは森林の環境で過ごすといった形で，コーチングプログラムの中に組み込むことができるかもしれない（Palmer, 2015）。

ケーススタディ

クライアント

　ベンは1年以上にわたって職についていない。彼の気分は時々低下し，意欲が湧かない。彼は求職活動を先延ばしし，行動を起こさない。目標は職を探し，それに応募することである。

コーチング

　ベンのような状況にある人に対しては，さまざまな心理療法あるいはコーチングのやり方がある。認知行動療法家は気分の低下と抑うつ的な認知との関連性に焦点を当てるだろう。一方，ポジティブ心理学コーチまたはポジティブ心理学の立場に立つサイコロジストは，レジリエンスを高めることに焦点を当て，職を得るためのプロセスを促進させるだろう（ストレスや気分の低下を経験している人の場合は，臨床的なうつ病の査定や，その結果に応じて専門家への紹介が必要なことを指摘しておく）。

　仕事のレイオフや解雇に関するコーチングの依頼は珍しくない。このケーススタディの場合，ベンを仕事に復帰させる支援には，二元システム，ストレスとレジリエンスに対する強みベースの認知行動的アプローチが効果的かもしれない。（Palmer & Cooper, 2013）

　最初のセッションでは，目標が設定される。RAW モデルを使ってベンの

直面する問題を探索し，レジリエンスを高めることによって，彼がどうやってもっとやる気を出し，もう一度求職活動に集中し始めるかに焦点を当てる。目標を達成することで，彼は気分がよくなり，結果として全体的なウェルビーイングが向上する。認知行動的アプローチが説明され，次のセッションまでの宿題として，ストレスへの対処法に関するセルフコーチングの本の，特に3章「あなたの思考を変化させる」を読むように指示される。

　次のセッションでは，この読書課題を復習し，どの思考の誤りが彼の失業状態と関連しているかについて，気づいたことが話し合われる。鍵となるRUTsは，「自分は二度と職に就けないだろう」（全か無か思考），「自分はこの状態にもう耐えられない」（低い欲求不満耐性），「12カ月も失業しているなんて，ひどいことだ」（恐怖），「自分は完全な敗北者だ」（レッテル貼り・自己卑下）。レジリエンス拡張フォーム（表9-1参照）を使って，彼の焦点となる問題を表のA欄に書き出し，RUTsをB欄に書く。このフォームは心理的マネジメントにおける認知行動的なABCDEFモデルに基づいている。三つめの欄は，RUTsがどのようにして，これまでと異なる感情的，行動的，身体的反応のきっかけになるかについての洞察を得るために完成させる。これによってクライアントは，感情知能を成長させ，モデルのABCの部分の理解が促進される。

　次に，ベンは現実的な質問をされる。「RUTは，やる気を起こさせますか，それともやる気を失わせますか」クライアントは，これまでのセッションで思考の誤りやRUTsに焦点を当てる時間を割いてきた理由を理解する必要があり，この質問はそのための重要なプロセスである。RUTsがやる気を失わせることは明白で，話し合いによってそれを変容させる価値がある。RUTsに対応する新しいRETsが設定され，フォームのD欄に記入される。「もし，もう一度求職をはじめたら，職を得るチャンスが増えるだろう」「私はこの状況はいやだが，それでもここにいる。自分は耐えられる」「この状況はよくない。しかし，世界の終わりというわけではない」「今年，新しい職を得られないかもしれない。でも，個人として完全な敗北者というわけではない」ベンは宿題として，メンタルタフネス（Clough, Earle, & Strycharczyk, 2008）やウェルビーイングを増強させる鍵となる心理的方法のウェブサイトや参考

表9-1 レジリエンス拡張フォーム

A. 取り組む問題	B. レジリエンスを低下させる思考 (RUTs)	C. 感情的、行動的、身体的反応	D. レジリエンスを拡張する思考 (RETs)	E. 問題に対する効果的で新しいアプローチ
長引く失業状態 目標：もう一度、職探しと応募を始める	自分は二度と職に就くことができないだろう（全か無か）	ストレス、不安	もし、再び求職活動を始めたら、職を得るチャンスが増えるだろう	履歴書を今日書き直す 求職を始める 条件に合う職に応募する
	自分はこの状況に、もう耐えられない（低い欲求不満耐性）	不安	この状況はいやだが、それでもこらえている。自分は耐えられる	職業の再訓練を考える
	12カ月も失業していることだ（恐怖）、なんて、ひどい	抑うつ	この状況はよくはないが、世界の終わりというわけではない	疲労感に対処するためには、就活の面接に行ったり、ネットで職探しをしない時、昼間からテレビを観る代わりに、公園に散歩に行く時間を確保する
	自分は完全な敗北者だ（レッテル貼り／自己卑下）	抑うつ、 行動：求職活動や応募を止める。家族に対して苛立つ 身体：疲労感	自分は今年、新しい職に就けないかもしれないが、だからといって、個人として完全な敗北者になるわけではない	F. 将来の焦点 問題が発生したとき、問題を直視せず、自らの努力を人生が好転することを願うのではなく、課題に集中して取りかかる

©2016, ステファン・パーマー

資料を，心理教育の教材として渡される。それにはメンタルタフネスや，腹式呼吸，注意のコントロール，視覚化の方法などが含まれる。

コーチング過程の最後は，直面している問題に取り組むための，効果的な新しい方法を確立することである。この過程には多くの場合，クライアントが全体的な目標を達成することを支援する行動的な方略が含まれる。これらは最後のＥ欄に記入される。このケーススタディでは，最初の三つの項目は新しい職を得ることに直接関係がある。すなわち，履歴書を今日書き直す。今週，求職をはじめる。適当と思われる職に応募する。（職業の）再訓練について真剣に考える。しかし，全体的な疲労感に取り組み，動機づけとウェルビーイングを高めるのを支援するためには，行動の活性化とグリーン・エクササイズ（エコ心理学の研究に基づく公園の散歩など）の恩恵も話し合われ，フォームに書き込まれる。将来に向けての部分では，ベンは将来似たような状況が発生したときに使うこととして，この数カ月間，自分の経験から何を学んだかと，コーチングの最後に質問される。

その後のコーチングのセッションでは，新しい職を探すための現実的な観点および，価値と強みの査定が行われる。これは，彼の価値に沿った職を特定するのを支援するだけではなく，彼の強みを活用するためでもあり，それらは共にウェルビーイングと仕事におけるエネルギーを高めるものである。

ディスカッションのポイント

1. コーチは，クライアントとレジリエンスを高めるコーチングプログラムをはじめる前に，どのようなことを考慮する必要があるか考えてみましょう。

2. 自分のコーチング実践をふり返り，クライアントのレジリエンスとウェルビーイングを高めるために，どのような技法が使えるか考えてみましょう。それらの技法をどのようにあなたの実践に取り入れますか？　あるいは，もしすでに使っているなら，どのように取り入れていますか？

3. 本章で言及された概念，アプローチ，技法の類似点は何でしょうか？

レジリエンスを高めるために最も効果的と思われる，それらのアプローチに共通して重要なことは何でしょうか？

4. クライアントにとって，自分の価値や強みをふり返る時間を取ることの利点は何でしょうか？ それはクライアントを目標に向かって動かす上で，どのような目的に役立つでしょうか。

推奨文献

Clough, P., Earle, K., & Strycharczyk, D. (2008). Developing resilience through coaching: MTQ48. In J. Passmore (Ed.), *Psychometrics in coaching using psychological and psychometric tools for development*. London: Kogan Page.

Luthans, F., Avey, J.B., Avolio, B.J., Norman, S.M., & Combs, G.M. (2006). Psychological capital development: toward a micro-intervention. *Journal of Organizational Behavior*, 27 (3), 387-393.

Neenan, M. (2018). *Developing resilience: A cognitive-behavioural approach* (2nd ed.). Hove, UK: Routledge.

Reivich, K., & Shatté, A. (2002). *The resilience factor: 7 keys to finding your inner strength and overcoming life's hurdles*. New York: Broadway Books. 宇野カオリ（翻訳）(2015) レジリエンスの教科書：逆境をはね返す世界最強トレーニング　草思社

文　献

Bakker, A.B., & Demerouti, E. (2007). The job demands-resources model: State of the art. *Journal of Managerial Psychology*, 22 (3), 309-328.

Block, J., & Kremen, A. M. (1996). IQ and ego-resiliency: conceptual and empirical connections and separateness. *Journal of Personality and Social Psychology*, 70 (2), 349-361.

Bond, S., & Shapiro, G. (2014). *Tough at the top? New rules of resilience for womena's leadership success*. South Chailey, UK: Shapiro Consulting and For Business Sake Consulting. Retrieved 18/12/16, from http://shapiroconsulting.co.uk/wp-content/uploads/2014/11/Tough-at-the-Top. pdf.

Buckingham, M. (2001). *Now, discover your strengths*. New York: The Free Press.

Calhoun, L.G., & Tedeschi, R.G. (2013). *Posttraumatic growth in clinical practice*. New York: Brunner Routledge.

Clough, P., Earle, K., & Sewell, D. (2002). Mental toughness: The concept and its measurement. *Solutions in Sport Psychology*, 32-45.

Clough, P., Earle, K., & Strycharczyk, D. (2008). Developing resilience throughcoaching: MTQ48. In J. Passmore (Ed.), *Psychometrics in coaching usingpsychological and psychometric tools for development* (pp. 208-223). London: Kogan Page.

Clough, P., & Strycharczyk, D. (2012). *Developing Mental Toughness: Improving*

Performance, Wellbeing and Positive Behaviour in Others. London: Kogan Page Publishers.

Connaughton, D., Wadey, R., Hanton, S., & Jones, G. (2008). The development and maintenance of mental toughness: Perceptions of elite performers. *Journal of Sports Sciences*, 26 (1), 83-95.

Coutu, D.L. (2002). How resilience works. *Harvard Business Review*, 80 (5), 46–56.

De Shazer, S. (1988). *Clues: Investigating solutions in brief therapy*. New York: W.W. Norton.

Dias, G.P., Palmer, S., O'Riordan, S., de Freitas, S.B., Habib, L.R., do Nascimento Bevilaqua, M.C., & Nardi, A.E. (2015). Perspectives and challenges for the study of brain responses to coaching: Enhancing the dialogue between the fields of neuroscience and coaching psychology. *The Coaching Psychologist*, 11 (1), 21-29.

Dodge, R., Daly, A.P., Huyton, J., & Sanders, L.D. (2012). The challenge of defining wellbeing. *International Journal of Wellbeing*, 2 (3), 222-235.

Edgerton, N., & Palmer, S. (2005). SPACE: A psychological model for use within cognitive behavioural coaching, therapy and stress management. *The Coaching Psychologist*, 1 (2), 25-31.

Flaxman, P.E., Bond, F.W., & Livheim, F. (2013). *The mindful and effective employee: An acceptance and commitment therapy training manual for improving well-being and performance*. Oakland, CA: New Harbinger Publications.

Garmeczy, N. (1970). Process and reactive schizophrenia: Some conceptions and issues. *Schizophrenia Bulletin*, 2, 30-74.

Govindji, R., & Linley, P.A. (2007). Strengths use, self-concordance and well-being: Implications for strengths coaching and coaching psychologists. *International Coaching Psychology Review*, 2 (2), 143-153.

Green, S., & Palmer, S. (2014). *Positive psychology coaching: Enhancing resilience, achievement & well-being*. Workshop presented on 15 November 2014 at the 4th International Congress of Coaching Psychology, Melbourne, Australia.

Halman, L. & de Moor, R. (1994). Comparative research on values. In P. Ester, L. Halman and R. de Moor (Eds.), *The Individualizing Society* (pp. 21-36). Tilburg: Tilburg University Press.

Hayes, S.C., Strosahl, K.D., & Wilson, K.G. (2012). *Acceptance and commitment therapy. An experiential approach to behavior change*. New York: Guilford Press.

Linley, P.A., Nielsen, K.M., Gillett, R., & Diswas-Diener, R. (2010). Using signature strengths in pursuit of goals: Effects on goal progress, need satisfaction, and well-being, and implications for coaching psychologists. *International CoachingPsychology Review*, 5 (1), 6-15.

Luthans, F. (2002). Positive organizational behavior: Developing and managing psychological strengths. *The Academy of Management Executive*, 16 (1), 57-72.

Luthans, F., Avey, J.B., Avolio, B.J., Norman, S.M., & Combs, G.M. (2006). Psychological capital development: Toward a micro-intervention. *Journal of Organizational Behavior*, 27 (3), 387-393.

Luthans, F., Avolio, BJ., Avey, J.B., & Norman, S.M. (2007). Positive psychological capital: Measurement and relationship with performance and satisfaction. *Personnel Psychology*, 60 (3), 541-572.

Luthans, F., Luthans, K.W., & Luthans, B.C. (2004). Positive psychological capital: Beyond human and social capital. *Business Horizons*, 47 (1),45-50.

Luthar, S.S., Cicchetti, D., & Becker, B. (2000). The construct ofresilience: A critical evaluation and guidelines for future work. *Child Development*, 71 (3), 543-562.

Luthar, S.S., & Cushing, G. (1999). Neighbourhood influences and child development: A prospective study of substance abusers' offspring. *Development and Psychopathology*, 11 (4), 763-784.

Maltby, J., Day, L., & Hall, S. (2015). Refining trait resilience: Identifying engineering, ecological, and adaptive facets from extant measures of resilience. *PLoS ONE*, 10 (7): e0131826.

Marchant, D.C., Polman, RC., Clough, P.J., Jackson, J.G., Levy, A.R., & Nicholls, A.R. (2009). Mental toughness: Managerial and age differences. *Journal of Managerial Psychology*, 24 (5), 428-437.

Masten, A.S. (1994). Resilience in individual development: Successful adaptation despite risk and adversity. In M.C. Wang & E.W. Gordon (Eds.), *Educational resilience in inner-city America: Challenges and prospects* (pp. 3-25). Hillsdale, NJ: Erlbaum.

Masten, A.S. (2001). Ordinary magic: Resilience processes in development. *American Psychologist*, 56 (3), 227.

Masten, A. S., Best, K. M., & Garmecy, N. (1990). Resilience and development: Contributions from the study of children who overcome adversity. *Development and Psychopathology*, 2 (4), 425-444.

Milner, P., & Palmer, S. (1998). *Integrative stress counselling: A humanistic problem-focused approach*. London: Cassell.

Nakamura, J., & Csikszentmihalyi, M. (2002). The concept of flow. In C.R. Snyder & SJ. Lopez (Eds.), *Handbook of positive psychology* (pp. 89-105). New York: Oxford University Press. xviii, 829 pp.

Neenan, M. (2009). *Developing Resilience: A Cognitive-Behavioural Approach*. Abingdon, UK: Routledge.

Neenan, M. (2018). Developing resilience: *A cognitive-behavioural approach* (2nd ed.). Hove, UK: Routledge.

Neenan, M., & Palmer, S. (2000). Problem focused counselling and psychotherapy. In S. Palmer (Ed.), *Introduction to counselling and psychotherapy: The essential guide*. London: Sage.

Neenan, M., & Palmer, S. (2001). Cognitive behavioural coaching. *Stress News*, 13 (3), 15-18.

O'Connell, B., & Palmer, S. (2007). *Solution-focused coaching. Handbook of coaching psychology: A guide for practitioners*. London: Sage.

O'Connell, B., Palmer, S., & Williams, H. (2012). *Solution focused coaching in practice*. Hove, UK: Routledge.

第9章 レジリエンスとウェルビーイングを高めるコーチング　*239*

Palmer, S. (2007). PRACTICE: A model suitable for coaching, counselling, psychotherapy and stress management. The Coaching Psychologist, 3 (2), 71-77.

Palmer, S. (2008). Coping imagery. *The Coaching Psychologist*, 4 (1), 39-40.

Palmer, S. (2009). Rational coaching: A cognitive behavioural approach. *The Coaching Psychologist*, 5 (1), 12-18.

Palmer, S. (2013). Resilience enhancing imagery: A cognitive behavioural technique which includes Resilience Undermining Thinking and Resilience EnhancingThinking. *The Coaching Psychologist*, 9, 48-50.

Palmer, S. (2015). Can ecopsychology research inform coaching and positivepsychology practice? *Coaching Psychology International*, 8 (1), 11-15.

Palmer, S., & Burton, T. (1996). *Dealing with people problems at work*. Maidenhead, UK: McGraw-Hill.

Palmer, S., & Cooper, C. (2013). *How to Deal With Stress*. London: Kogan Page Publishers.

Palmer, S., & Gyllensten, K. (2015). Introduction: The history and development of theories -Resilience and wellbeing. In S. Palmer & K. Gyllensten (Eds.), *Psychological resilience and wellbeing* (pp. xxv-xxxi). London: Sage.

Palmer, S., & Szymanska,K. (2007). Cognitive behavioural coaching: An integrative approach. In S. Palmer & A. Whybrow (Eds.), *Handbook of coaching psychology: A guide for practitioners* (pp. 86-117). London: Routledge.

Palmer, S., & Williams, H. (2013). Cognitive behavioral approaches. In J. Passmore, D. Peterson, & T. Freire (Eds.), *The Wiley-Blackwell handbook of the psychology of coaching and mentoring* (pp. 319-338). Holboken, NY: John Wiley & Sons.

Peterson, C., & Park, N. (2009). Classifying and measuring strengths of character. In SJ. Lopez & C.R. Snyder (Eds.), *Oxford handbook of positive psychology* (2nd ed., pp. 25-33). New York: Oxford University Press.

Peterson, C., & Seligman, M.E.P. (2004). *Character strengths and virtues: A handbook and classification*. New York: Oxford University Press and Washington, D.C.: American Psychological Association.

Rath, T. (2007). *StrengthsFinder 2.0*. New York: Gallup Press.

Reynolds, A. J. (1998). Resilience among Black urban youth: Prevalence, intervention effects, and mechanisms of influence. *American Journal of Orthopsychiatry*, 68 (1), 84-100.

Rokeach, M. (1973). *The Nature of Human Values*. New York: Free Press

Schaufeli, W.B., & Bakker, A.B. (2004). Job demands, job resources, and their relationship with burnout and engagement: A multi-sample study. *Journal of Organizational Behavior*, 25 (3), 293-315.

Schwartz, S. H. (1992). Universals in the content and structure of values: Theoretical advances and empirical tests in 20 countries. In M.P. Zanna (Ed), *Advances in Experimental Social Psychology* (pp. 1-65). San Diego, CA: Academic Press.

Seligman, M.E.P. (2002). Positive psychology, positive prevention, and positive therapy. *Handbook of Positive Psychology*, 2, 3-12.

Sheard, M. (2010). *Mental toughness: The mindset behind sporting achievement.* Hove, UK: Routledge.

Skews, R., & Palmer, S. (2016). Acceptance and commitment coaching: Making the case for an ACT-based approach to coaching. *Coaching Psychology International,* 9 (1), 24-28.

Tarter, R., & Vanyukov, M. (1999). Re-visiting the validity of the construct of resilience. In M. Glantz & J. Johnson (Eds.), *Resilience and Development: Positive Life Adaptations.* New York: Plenum Press.

Wagnild, G., & Young, H. (1993). Development and psychometric evaluation of the resilience scale. *Journal of Nursing Measurement,* 1 (2), 165-178.

Wasik, B. (1984). Teaching Parents *Effective Problem Solving: A Handbook for Professionals.* Unpublished manuscript. Chapel Hill, NC: Universi 収 aofaNorth Carolina.

Williams Jr, R.M. (1979). Change and stability in values and value systems: A sociological perspective. In M. Rokeach, (Ed). *Understandipg Human Values* (pp. 15-46). New York: Free Press.

Zigler, E., & Glick, M. (1986). *A developmental approach to adult psychopathology.* New York: Wiley.

第10章
ポジティブ・リーダーシップのための
ポジティブ心理学コーチング

イローナ・ボニウェル & ウェンディ・スミス

はじめに

今日のリーダーは，激動の時代に生きている。彼らは，グローバル市場，経済，メディア，株主，サプライヤー，従業員，同僚，上司，その他のステークホルダーから情報を吸い上げるという難題を担っている。またリーダーは，野心的な成果を出す必要性に直面しているが，複雑かつグローバル，そして大抵の場合はバーチャルでもある，新しい関係性のあり方に巻き込まれている。階層構造が崩れ，Y世代[訳注1] が職場に入ってきた今，数え切れないくらいの異なる要素を効果的に統制し，管理，活用するためには，厳しい要求に立ち向かう集合的なエネルギーと積極的な関与を生み出す必要がある。その上で，今までとは異なるマインドセットや新しいスキル，コンピテンスが求められる。

リーダーシップは，労働者のエンゲージメントにおいて中核をなす要素である。リーダーがチームの強み（strength）に注目し，承認と励ましを頻繁に与え，ポジティブな見通しを保持すると，チームの積極的な関与が高まり，より高度なプロジェクトの達成につながる（Arakawa & Greenberg, 2007）。リーダーシップと従業員エンゲージメントを関連づけた研究の文献レビュー

訳注1）1980 〜 90 年代に生まれた世代。ミレニアル世代とほぼ同義。

は，変革的，オーセンティックな（真実の），倫理的，カリスマ的なリーダーシップのスタイルは，いずれも個人レベルでの従業員エンゲージメントと正の関係にあると結論づけている（Carasco-Saul, Kim, & Kim, 2015）。

　本章では，変化する世界への適応戦略を持って複雑な政治経済の要求に応えるマインドセットと，その結果として表れる行動を，ポジティブ・リーダーシップとして広義に捉える。グローバル競争に直面する今日，組織開発に機械的なアプローチで取り組むことには限界がある。組織はこうした限界を克服するために，チームの創造性，自律性，そして主体性の新しい源を特定し，育まなければならない。そのためには，人間の能力を価値創造過程の主体として考え，感じることが必要であり，そうすることで企業に変容の余地が生まれ，従業員へのプレッシャーを軽減できる。

　ポジティブ・リーダーシップは，キャメロン（Cameron, 2008）によって広く研究が行われ，（何が挑戦をもたらすかだけでなく）何が個人と組織を高揚させるのか，（何がうまくいかないかだけでなく）組織でうまくいっていることは何か，（何が問題なのか，何が個人と組織を消耗させるのかだけでなく）何が個人と組織を活気づけるのか，（何が不快となるのかだけでなく）何が良い経験となるのか，（効果的であるだけでなく）何が並外れているのか，そして（何が困難で過酷なのかだけでなく）何が鼓舞してくれるのか，などを扱う研究として発展してきた。

　さらに，モス，シムス，ドッズとディヴィッド（Moss, Sims, Dodds, & David, 2016）が変革的リーダーシップとサーバント・リーダーシップの動的な融合として近年提唱したインクルーシブ（inclusive：包摂的な）・リーダーシップも，広義にはポジティブ・リーダーシップの傘下に入るかもしれない。インクルーシブなリーダー像は次のように表現される「自己のバイアスや選好を認識している。よりよい意思決定に役立つさまざまな見解や視点を積極的に追求し，それらを考慮する；多様な才能を競争上の強みの源泉と捉えている。多様な人材を鼓舞し，共通のビジョンに向かって組織と個人のパフォーマンスを推進している」これらは，ポジティブ・リーダーシップのプロセスを説明している。

　最後に，ボニウェルとダガット（Boniwell & Dagot, 2014）は，より簡潔

で行動指向的なポジティブ・リーダーシップの定義を以下のように提案している。「個人の強み，ポジティブ感情，動機づけ，そしてビジョンを推進力として活用することで，卓越した業績を挙げる人材のコミュニティを動員，促進，発展させる能力」。

重要なことは，ポジティブ・リーダーシップを必ずしも他と異なるひとつのリーダーシップスタイルとして捉えるのではなく，むしろ，類似の特徴を持つ複数のリーダーシップスタイルを網羅する，包括的な概念と見なすことである。

本章では，リーダーシップに応用したポジティブ心理学コーチングの進展を取り上げ，その根底にある理論と基礎的概念について議論する。さらに実践例を検討し，ケーススタディを示して締めくくる。

リーダーシップにおける
ポジティブ心理学コーチングの発展

ポジティブ心理学コーチング（Positive Psychology Coaching：PPC）は，ウェルビーイングの向上，強みの強化と適用，パフォーマンスの改善，価値ある目標の達成に向けて，クライアントを支援するための科学に基づいたアプローチである（Boniwell, Kaufman, & Silberman, 2014, p.157）。PPC の根幹には，クライアントの生活をポジティブに変革するための最善のアプローチを解明する科学の力に対する信念がある。PPC の方向性として，コーチはクライアントを全体的な人として捉え，協働すること，また，コーチは強み，ポジティブ感情，行動，目的に焦点を当てることが提案されている。これらの提案は，クライアントの発達とパフォーマンス改善のための基礎的要素，および有利に作用するポイントとして活用される。ポジティブ心理学のムーブメントは，PPC の理論と研究の基盤を作り，コーチングの実践においてかけがえのないモデルと介入の宝庫を提供してきた（Boniwell et al., 2014）。

リーダーシップコーチングは，自己に関するより深い気づきの獲得，およびパフォーマンスの改善に焦点を当てる自己開発であると定義できる（Bernard, 1938, in Stokes & Jolly, 2014）。その目的は，「より良い目標達成

に必要な個人間および個人内のリソースをより効果的に調整し，方向づける」（Grant, 2006, p.153）こと，また，チーム内や組織内の協力と競合の緊張関係，および利害関係にある多様かつ多数のステークホルダー間のバランスを取ることである（Stokes & Jolly, 2014）。リーダーシップ・コンピテンシーのためのコーチングの土台は，次の4段階のプロセスで構成されている。①自己を知る，②自己を所有する，③自分らしくある④他者が同じようにすることを支援する（Stokes & Jolly, 2014, p.251）。ストーバーとグラント（Stober & Grant, 2006）によると，コーチングにおける成功とは，コーチが自らに課す理論的枠組みよりも，協働関係を築き，維持することで，コーチはクライアントの最善の利益を心から願って支援している，とクライアントが信じることである。

リーダーシップコーチングの効果に関する研究は未だ少ない。しかし，これまでに示されたエビデンスから，リーダーはコーチングのプロセスに価値を置き，変化を経験することが示唆されている（Jones, Rafferty, & Griffin, 2006; Passmore, 2006, in Stokes & Jolly, 2014）。グラント（Grant, 2014）は，組織改革の最中にいるエグゼクティブを対象とした解決志向コーチング（solution-focused coaching）の効果を検証した。その結果，エグゼクティブの目標達成，解決志向的思考，変化への対応能力，リーダーシップ自己効力感，およびレジリエンスが向上し，抑うつが軽減され，職場満足度が高まることが明らかになった（p.1）。

さらに，個人向けコーチングの学習を補完し，発展させる点において，チームリーダーシップコーチングは，信頼を寄せ合い，凝集性が高く，成果を挙げるチームを形成するシステムのダイナミックスの中で，直接体験と自己調節を通して多くの学習とコンピテンシーを提供してくれる（Hawkins, 2014）。解決志向コーチングの枠組みの中でポジティブ心理学アプローチが果たす役割は，チームが自らの強みを特定し，強みの行動特性を用いて職務に従事するための土台と過程を提供することである（Clutterbuck, 2014）。

リーダーシップのためのポジティブ心理学コーチング（PPCL: Positive psychology coaching for leadership）は，上述した二つの領域が出会った結果である。PPCLは，個人レベルとチーム内のいずれにおいても，最良の

人間機能の存在と能動性を実現する可能性を持っている。なぜなら，PPCL
は，多様な領域から得たインプットを融合したものであり，それらの領域は
すべて，ポジティブで体系的なアセスメントと介入にかかわる課題を持って
いる。いくつかの領域を例に挙げると，ポジティブ心理学，ポジティブ組織
研究（Positive Organisational Scholarship），ポジティブ組織行動（Positive
Organisational Behaviour），ポジティブ・リーダーシップ，インクルーシブ・
リーダーシップ，さらには，変革を推進するポジティブなアプローチである
アプリシエイティブ・インクワイアリー（AI: Appreciative Inquiry）など
がある（Lewis, 2011）。

　ウェルビーイングおよび最適な人間の機能に関する科学とよく称される**ポ
ジティブ心理学**は，人生のポジティブな側面を再考するようにと，人間科学
分野に異議を唱えた領域である。「疾患モデル」に頼るのではなく，個人と
コミュニティが繁栄し，最高の自己を見出すことを可能にする要因について
の実証研究を奨励している。研究領域には，ウェルビーイングとその規定要
因，ポジティブ感情の神経心理学的基礎，レジリエンス，創造性，幸福の経
済学とポジティブな組織などが含まれる。ポジティブ心理学の基本前提では，
人間の繁栄は単に病気を治したり，行動的，感情的問題を除去するだけでは
達成できず，強みと能力を基礎とし，それらを十分に活用することが求めら
れる。ポジティブ心理学は，1998年に誕生して以来，研究数や，ビジネス，
教育，政府機関からの幅広い人気と認知度から判断して，飛躍的に成長して
いる分野だと言える（Seligman, 1999）。

　ポジティブ組織研究は，ポジティブな逸脱，あるいは組織とその成員がど
のようにとりわけ良い方向に繁栄し，成功するのかを追求している。ここで
いう「ポジティブ（Positive）」とは，組織の上昇過程やダイナミックスに焦
点を当てた肯定的バイアスを指す。「組織的（Organisational）」とは，ポジ
ティブな現象が起こる文脈を考慮に入れた上で，組織内または組織を通して
生じる過程と条件を指す。「学問（Scholarship）」とは，ポジティブな現象
に関する科学的で理論に基づいた，厳格な調査を指す（Cameron, Bright, &
Caza, 2004）。

　ポジティブ組織行動とは，今日の職場におけるパフォーマンスの改善を

目的とし，測定，開発および効果的な管理が可能な，ポジティブに方向づけられた人材の強みと心理的能力に関する研究と応用である（Luthans & Youssef, 2004）。

理論，基本概念と実践

　人はコーチとして，責任ある立場に立つクライアントが，役割に内在するストレスに打ち勝ってエンゲージメント，意味，目に見える成果を生み出す有能なチームを率いるために，どのような支援ができるだろうか？　リーダーは,確信を持って自分自身,およびチームの強みと潜在的なイノベーションを活用するために，どのようにしてポジティブ心理学介入を用いたコーチングを受けることができるだろうか？　加えて，リーダーは，目に見えるポジティブな結果を出すと同時に従業員のウェルビーイングを高めるために，どのような支援を受けることができるだろうか？

　卓越した業績を挙げる従業員のコミュニティの開発を促進するリーダーの能力は，歴史的に見て難題である。しかし，コーチングの枠組みの中でポジティブ心理学介入を用いることで，不足・欠点ではなく，一人ひとりのリーダーとそのチームではどのような能力が利用可能なのかといった，人的資本に注意を移すことができる。ポジティブリーダーシップは，こうした人的資本の豊富さと成長への注意集中で構成される。

　われわれは，次にあげる三つの広範な領域においてどのように PPCL を応用できるのかを検討していく。すなわち,職業的／個人的ウェルビーイング，感情の敏捷性（emotional agility），ビジョン・アライメント（ビジョンの整合性をはかる調整：vision alignment），である。それぞれの領域において，まずは関連する理論的基礎，次にビニエット（架空の場面設定：vignette），最後に実践的含意について検討する。

PPCL と職業的／個人的ウェルビーイング

　最近のフランスの報告によると，労働者の 67%はウェルビーイングを不可欠だと考える一方で，人事部長は 55%と有意に低く，ビジネスリーダー

においては，32%にまで低下する（Hirigoyen, 2008）。

　ポジティブ心理学研究は，主観的ウェルビーイングが直接および間接的にパフォーマンスに関連する，多くのポジティブなアウトカムを導くことについて，十分なエビデンスを提供している。ポジティブなアウトカムには，より上質でより多くの創造的なアイデアを生み出す，同僚や部下とより良い関わりを持つ，よく多くの手助けや支援を受ける，健康状態が良好で病欠が少ない，などがある（Lyubomirsky, King, & Diener, 2005）。150 カ国，15 万人を対象としたギャラップ・ヘルスウェイズ（Gallup-Healthways）の最近の調査では，ウェルビーイングが最も高い回答者は，意思決定の際に長期目標と合致する短期的な報酬があることで，正しい判断を下すことが容易になると感じている（Deaton, 2008）。

　しかし，ウェルビーイングがもたらす恩恵は明白であるにもかかわらず，リーダーは，従業員に職務を遂行してもらう必要があることと，従業員の職場／個人生活におけるウェルビーイングへの支援との間に生じる緊張を経験する可能性がある（Quinn, 2015）。

■ ビニエット

　マイク・ソーンは，アングリア・ラスキン大学の副総長をつい先日退職した。アングリア・ラスキン大学は英国で 3 番目に大きな大学で，学生数は 3 万 5,000 人以上，年間収入 1 億 7,000 万ポンドの規模を持つ。ソーンは，彼の役割をこうふり返る。「リーダーなら誰でも，緊張を抱えていると思います。あなたもそう思いませんか？　どんな業種であれ，十分に行きわたるリソースがない状況で，最大限働いてもらわないといけませんからね。時には無茶な頼み事をしなければならないし，妥当だとは思えないくらいの仕事を頼んだり。できる限り一生懸命働いてもらわないといけないし，時には少ないリソースでもっと働かせないといけないこともあります。人は職場でやりがいを感じれば感じるほど，職場に貢献してくれます。私にとっては，アイデアの質と，刺激的で活気に満ちてうまくいっている場所に，自分が関わっていると誇りに思える気持ちが大切です。ウェルビーイングはとても重要だと思いますよ」

■ 実践

この課題をさらに探求するためのコーチングの質問は，まずクライアント自身のウェルビーイングに関することから始める。その後，ウェルビーイングとパフォーマンスの間の潜在的な緊張関係を調べる。

コーチ：

- あなたはウェルビーイングをどのように定義しますか？
- あなたにとってウェルビーイングとはどんなことを意味していますか？
- それ（ウェルビーイングの意味）を見つけた時，どうやってそのことがわかりますか？　失った時は？
- 何があなたを幸せにしますか？　どうやってそのことがわかりますか？
- 誰があなたを幸せにしますか？
- 幸せに感じる時，あなたはどんなことをしていますか？
- もっと幸せになることは，あなたにとってどれくらい重要ですか？
- ウェルビーイングはあなたのパフォーマンスにとってどれくらい重要ですか？
- 朝，幸せな気持ちでオフィスに入ったら，難易度の高いレポートに取り組みますか？　よいプレゼンテーションを行う機会がありますか？
- 次の二つの質問を比較するように言われたら，どんなことが頭に浮かびますか？「どうすれば部下にもっと仕事をさせられるだろう？」，「部下が最高の状態で業務を遂行するために，どんな支援ができるだろう？」

最後の質問に関して，微妙ではあるが重大な違いに気づくことができる。最初の質問は，従業員から最後の一滴までエネルギーを吸い取るイメージを連想させるが，二つ目の質問は，従業員がベストを尽くしたいと思い，仕事を成し遂げるために一層の努力を払うようなエネルギーを生産する職場環境につながる。

もしクライアントがさらに質問を探求する意思があれば，コーチはクライアントの現在の幸福に関するコラージュ写真を作成する，総合的ウェルビー

イングダッシュボード（Integrated Well-being Dashboard）[訳注2] エクササイズを提案できる（Boniwell, 2016）。総合的ウェルビーイングダッシュボードは，クライアントに自分自身のウェルビーイングの概要を示すようデザインされている。科学的に確立された妥当性のある1項目または複数項目の指標を用いており，理解しやすく，視覚に訴える方法で提示される（質問例は以下を参照）。

コーチ：

- 人生が梯子だとしたら，あなたは梯子のどのステップ（階段）に自分を位置づけますか？
- あなたの健康，仕事，人間関係に対する現在の満足度はどの程度ですか？
- あなたの現在のポジティブ感情はどの程度だと思いますか？　ネガティブ感情は？
- あなたの現在のエネルギーレベルは？
- あなたは，あらゆることを考慮に入れた時，自分自身で生活上の活動を選んでいると思いますか？

重要なことは，ダッシュボードは会話に弾みをつけるためのものだということである。

コーチ：

- 今日のあなたにとって，どの指標が特に関連していると思いますか？
- あなたの幸福のスナップ写真を撮るとしたら，他にどんな質問をしますか？
- あなた自身でダッシュボードをデザインするとしたら，あなたの日常の状態を測定するために，どんな指標を加えますか？

訳注2）Boniwell が経営する Positren から発売されているツール。

PPCL と感情の敏捷性

　自己と他者の感情への気づきと経験は，共感的，繁栄的で本物の関係を築くため，また，組織とリーダーシップのビジョンに対するコミットメントとエンゲージメントを補助するために，リーダーシップにとって必要不可欠である。感情は推進力である。しかし，何もしないでいると，感情はチームを圧倒し，意思決定の自信をくじくこともある。そしてチームの感情的ダイナミックス全体にネガティブな影響を与える。

　グロスとトンプソン（Gross & Thompson, 2007）は，「必要な行動反応を準備し，意思決定を調整し，重要な出来事に関する記憶を強化し，対人交流を促進する」といった感情が果たす重要な役割を強調している（p.4）。ネガティブ感情もポジティブ感情も，職場の気分とダイナミックスに影響をもたらすとされている。このような現象を「感情伝染」（emotional contagion）という（Barsade, 2002）。

　具体的には，ポジティブ感情は認知的，情動的，身体的なレジリエンスを高め，思考 - 行動レパートリーを拡張することが示されている（Fredrickson, 2009）。ポジティブ感情は，賃金の増加，顧客満足度，創造性，大局的思考，身体的健康，心臓血管系の素早い回復，ワーク・エンゲージメントなどの目に見える結果と関連することが何百もの研究によって報告されている（Lyubomirsky et al., 2005; Fredrickson, 2009）。近年では，感情の同時活性化（co-activation）に関する研究が始まっている。たとえば，カシュダンとビスワス - ディーナー（Kashdan & Biswas-Deiner, 2014）は，あらゆる感情を持つ全体としての自己，感情の敏捷性，そしてすべての感情は，ネガティブであれポジティブであれ，適切に活用すれば有益な機能を持っていることについて論じている。気づきとサポートがあれば，怒り，悲しみ，恥，罪悪感といった多くのネガティブ感情を活用して，ポジティブな結果を生み出すことができる。たとえば，怒りは創造的な問題解決の燃料となりうる。

　感情は，ビジネスの結果を決定づけるという点で，多くの職業人が考えているよりもはるかに大きな役割を果たす。ジョンソン・エンド・ジョンソン（Johnson & Johnson）で働く358名の管理職を対象とした調査では，最も高い業績を挙げたマネジャーは有意に高い感情的コンピテンシーを持っていた（Cavallo & Brienza, 2006）。コーチングは，感情的コンピテンシー

の開発に有益な効果をもたらすと思われる。コックスとパトリック（Cox & Patrick, 2012）は，感情の特定，調節，実行について 12 カ月の個人および グループを対象としたコーチングを実施した。その結果，労働者の自己調節 と行使力，さらに感情的レジリエンスが向上した。

コーチングの主たる機能は，非効果的で破壊的な行動結果を軽減すること であるが，感情に気づき，識別し，理解することは，ポジティブな変化を推 進する上で重要である（Lee, 2003）。EQ として一般に知られている感情知 能は，自己および他者の感情に気づき，管理する能力である。サロベイ，カ ルーソとメイヤー（Salovey, Caruso, & Mayer, 2004）の感情知能モデルは， 感情知能の概念に四つの主たる領域あるいは側面を前提としている。それら は，感情の知覚，理解，活用，そして管理である。これらの領域は，コーチン グリーダーがツールや質問を検討する上で有用な枠組みを提供してくれる。

■ 実践

リーダーにとって，自己およびチームの感情状態とそのトリガーに関する 自覚と知識は，感情調節に欠かせない。そのことが，自己のリーダーシップ における思考のレパートリーと行動に影響をもたらす。ゆっくりと注意深く 意識を集中し，現在のチームの感情風土と自己の感情的反応への認識を高め ることは，感情調節能力の開発に有用となる。さらに，オンラインで簡単に 利用できるさまざまな気分アプリ（mood apps）は，活動に応じて気分に対 する気づきを深め，気分を追跡する上で役に立つツールである。

コーチングの質問には，以下のような内容が含まれる。

コーチ：

- あなたの感情的な反応はどのようなものでしたか？
- どんな気持ちになりましたか？
- あなたは，今まさにどんなことを経験していますか？
- あなたの同僚はどんな気持ちだったと思いますか？
- チームはこのことについてどんな風に感じていると思いますか？

思考を促す感情の使い方

感情は思考を促すことが研究によって明らかになっている。たとえば，次回あなたが笑顔で幸せそうに部屋に入り，部屋にいる人たちとアイコンタクトを取ると，どんな反応が起きるだろう？　その後，別の部屋に緊張して慌てて入り，アイコンタクトを取らないと，どんな反応があるだろうか？　あなたの気分にさらされた結果，あなたの同僚はどんなことを考え，そして感じているだろうか。あなたは，自分の行動とその結果生じる神経学的変化を通して，あなたがかかわった人たちに自分の気分を広めることになる。このような現象を感情伝染という（Barsade, 2002）。

コーチ：

- 従業員の気分は，彼らの思考にどのように影響していますか？
- この状況についてあなたが感じていることは，状況を管理し，先へ進むことに役立っていますか？
- どんな気持ちや考えであれば，もっと役に立つと思いますか？
- ここで取り上げた気分に関する議論を踏まえると，それらの気分はあなたのチームの態度にどのような影響を与えているでしょうか？

感情を理解する

ストレスと不安は，多くの人が人生のどこかの地点で直面する，ごくあたり前の問題である。しかし，そうした状態を否定することは未だに広く行き渡っており，その傾向は特に職場において顕著である。従業員の多くは，依然として仕事のストレスと不安は弱さの表れだとみなされると思っている。そのため，従業員の不調は見過ごされ，診断や治療を受けることもない。しかし，認めるか否かはさておいて，特に抑うつ，不安，そしてその他のメンタルヘルス問題が，アブセンティズム（欠勤）とプレゼンティズム（出勤）の根底にあることから，これらの問題は無視できない。OECDによると，メンタルヘルス問題がビジネスにもたらすコストは，年間ほぼ800億ユーロと推定されている。加えて，職務に関連する全疾患のうち，40％はストレス

が占めている（Olesen et al., 2012）。

　自分の感情的反応を理解し，根底にある原因にまで遡る能力，それだけでなく，やがて起こるであろう結果を予測する能力は，感情風土，感情的圧力，そして心理社会的困難を分析する上で重要である。リーダーはたとえば，従業員の配偶者，子ども，あるいは親について尋ねるなど，就業時だけでなく仕事以外の生活領域にも関心を持つことによって，従業員を全人として認めることができる。それはリーダーが個人に対して，より完全な理解を深めるための手助けとなる。感情文化の要素をチームのビジョン開発に含めることで，動機づけを高め，感情的にも知的にも受け入れられる，いゆわる「心に残る」ビジョンの創出につながる。

コーチ：

- 今，どんな感情を経験していますか？　その感情は，どんな出来事や考えに関連がありますか？
- 何がそうした気持ちの変化につながったのでしょうか？
- そのような感情状態から，どのような結果が生じるでしょうか？
- あなたの会社にとって最高の取引をまとめるために，ライバル会社が面目を保つ上で，あなたはどんな手助けができますか？（文脈的な質問例）

感情を管理する

　運動する，十分な睡眠をとる，時間を取って感情から離れる，リラックスできる音楽を聴く，あるいはマインドフルネスの実践などを通してポジティブな感情表現を管理することは，クライアント自身の心理的健康を維持するだけでなく，チームの能力を最大限に引き出す手助けになる（Salovey et al., 2004; Lewis, 2011; Boniwell, 2012）。

コーチ：

- Ｘという状況において，あなたはチームにどんな気分を持って欲しいで

すか？

- あなたはその結果を達成するために，何ができますか？
- ストレス低減のために，今すぐに試すことのできる活動は何ですか？
- 0点から10点のリカート尺度を用いて，介入前後の感情強度を評価してください。
- 初回の評価とどのような違いがありますか？ あなた自身について，何らかの変化に気づきましたか？
- チームが今回の期待外れに対処するために，あなたはどのような手助けができますか？

　行動のみに注意を向けて，手紙，電子メール，あるいは口頭で感謝（gratitude）を伝えることは，感情を管理するひとつの方法である。感謝はまた，「……2組の個人や集団が仲違いした時に役立つ。感謝はネガティブ感情が表出された後に，感情と思考を連続体の中でポジティブかつ健全な方向へ再調整するための手段となる」（Frederickson, 2009; van Nieuwerburgh, 2014, p.105; Moss et al., 2016）。

　あるいは，マインドフルネスはよく研究されているもうひとつの感情調整への経路であり，セルフ・コンパッション（自己への思いやり），ポジティビティ，創造性につながり，注意力のスキルや学習力，さらにその他の認知的リソースを強化する（Hammerness & Moore, 2012）。

■ ビニエット

　感情を知覚することは，EQ（Emotional Intelligence Quotient）の重要な部分である；しかし，それだけでは十分でなく，感情調節によって補う必要がある。ロレアルグループのラーニング部門の副部長であるディヴィッド・アーネラは，彼の会社が経験したひとつのジレンマについて話してくれた（2016年7月31日の個人的な会話から）。「リーダーシップが感情的に関与することは，ロレアルの企業文化の一部です。『美』というビジネスに携わる中，私たちのリーダーの大半は，自らの優れた情緒的，創造的感受性によって採用され，育成されてきました。問題は，時間的制約と成果創出のプレッ

シャーがかかると，そうした感受性に何が起こるかです。感受性は，いとも簡単に衝動性，怒り，苛立ちに姿を変えてしまいます……レジリエントで（しなやかで弾力性を有する）かつ共感的であれという課題は，しばしば，コーチングに取り組む際の中心的なテーマになります」

上述したサロベイとメイヤーの4領域 EQ モデルに取り組んだ後，コーチはクライアントの感情と強みの相互作用について，さらに掘り下げることができる。

コーチ：

- 過去に同じような状況でこの感情を経験した時，際立った強みは何でしたか（感情に名前をつける，例：怒り，罪悪感，悲しさ）？
- どのような結果になりましたか—ネガティブ，あるいはポジティブ？
- 最高の結果を生み出す上で，これが最も適切な強みだったでしょうか？
- 特定された強みを使った時に経験した感情を思い出して識別し，その強みを用いて，あるいは現在の状況に対して特定された適切な強みを使って，行動指針を作成してもらえますか？

ビジョン・アライメントのための PPCL

自己のビジョンを創造し，伝達し，完成に向けて推進することは，しばしばポジティブリーダーシップの能力とされる。しかし現実には，核となるイデオロギー（価値と核となる目的）を共有するとともに，リーダーが思い描く未来に向かって他のメンバーに足並みを揃えてもらう，この両方を達成することは容易ではない。本節では，自己のビジョンの明確化，組織に根づいたビジョンの現状確認，組織のビジョンと従業員の強みを連携させるための支援ツールを取り上げる。

組織とチームのビジョン・アライメントは，目標達成のための努力と成功の土台である。リーダーが自己，そしてチームを共通のビジョンと連携させるよう試みる場合，競合する／異なる価値，目標，パーソナリティ，強み，才能，そして動機づけなど，ビジョンの調和を妨げる問題をしばしば伴う。

価値は，職場を含む人生のあらゆる領域における意思決定と行動の原動力である。リーダーが抱える持続的な緊張は，リーダーとチームの価値を組織の価値そしてビジョンと調和させることである。価値に対して適切に注意を向け，開発し，実行することなしに，価値が職場の行動と慣行にポジティブな影響をもたらす可能性は低く，個人と組織全体に有害な結果を招くことすらあるかもしれない（Thomas, 2013）。しかしそうした差異は，受け入れ，活用することさえできれば，創造的思考を高める多くの可能性や，問題解決への新しい視点を提供してくれ，ひいてはエンゲージメント，満足度，成果を向上させる可能性を持っている。これらの差異をどのように活用するかが鍵となる。

　モスら（Moss, et al., 2016）は，彼女らが提唱したインクルーシブリーダーシップモデルの中で，傾聴，成長，自覚などをはじめ，さまざまなリーダーシップコンピテンシーを明らかにしている。これらのコンピテンシーは，コーチングにおける同盟関係を形成するために不可欠となる理解や連帯感を促進する。その重要性については本章の「はじめに」で言及している。ポジティブリーダーは，組織の包括的なビジョンに合致した集合体の変革ビジョンを形成するために，多様なシステムの中に存在する価値と徳性の強みを認識し，適用して，「全体としての」自己を知り，認めることを促す。

■ ビニエット

　現実には，連携の達成は理論が提案するよりもはるかに難しい。手頃なぜいたく品を扱うトップ企業として 170 億ユーロを超える売上高を誇り，文化的に多様な従業員約 98, 000 人を抱えるロレアルは，ポジティブ・リーダーシップ実践の模範である。同社の組織のビジョンと倫理綱領が世界中の全従業員を対象に 65 カ国語で用意されていることは，その最たる例である。

　ラーニング部門の副部長であるディヴィッド・アーネラは，次のように述べている（2016 年 7 月 31 日の個人的な会話から）。「より高いレベルの連携を通して敏捷性を取り戻したいのです。綿密な診断のおかげで，共有ビジョンの基盤となる明確な戦略的枠組みをリーダーに定めてもらうことは，組織のあらゆるレベルでチーム内，また部門を超えて連携するための鍵となるこ

とがわかりました。もちろん，それは幹部グループから始まります」。

　ロレアルは，長年にわたって強いコーチング文化を保持してきたが，一貫性のある結果は得られていない。ディヴィッドは，こう説明する。「過去5年間にコーチングによる取り組みを多数開発しましたが，結果として，より高いレベルの連携にはつながっていません。各個人が積極的に関わる能力は強化されましたが，より高いレベルの連携を伴う集合的なメリットは得られていません。現在はむしろ，固定チーム，そしてプロジェクトやエコシステムに基づいたチームの両方に対してチームコーチングのアプローチを開発しています。集合知という点では，スピード，創造性，相互調整，エンゲージメント，職場での喜びなど，驚くほどの成果があります」（D. アーネラ，2016年7月31日の個人的な会話から）。

　強みの介入は，組織とリーダーシップのビジョンを連携する上で役立つひとつの方法である。リーダーシップとチームの開発に向けた強みベースのアプローチに関する研究は山のようにある。高い成果をあげるリーダーは，強みに基づくアプローチを用いる（Clifton & Harter, 2003），より高いエンゲージメント（Rath, 2007; Madden, Green, & Grant, 2011），連携の向上，さらに組織の共有ビジョンに向けての包括性（White & Waters, 2015），そして四つ以上の強みを使っている時に「コーリング（天職）」の感覚を経験する（Harzer & Ruch, 2012）ことが明らかになっている。さらに，強み志向の職場文化では，チームメンバーの誰もが，自然にそして自律的に自分の強みに応じてプロジェクトのさまざまな段階でリーダーシップの役割を担うことが観察されている（Cameron, 2008）。強みをラベルづけし，特定し（一般的には「見分ける」と言う），開発することは，深い認識とより大きな意味をもたらすポジティブな文化を生み出し，その中でエンゲージメントが向上する（Biswas-Diener, 2010），また自己と他者へのさらなる理解意識を生む（Madden et al., 2011）。

■ 実践

　ビジョンのためのポジティブ心理学コーチングでは，成功／経験の鍵となった瞬間を想起し，より強くより顕著な価値を決定づけるためのパターン

を探る，また，クライアント／同僚が彼らの意思決定は彼ら自身と調和していると感じる過去の行動を分析することが必要である。

　チームメンバー一人ひとりの強みが呼び出されると，メンバーは，その過程において自然にリーダーシップの役割を担うだろう。個人とグループを対象としたコーチングに積極的かつ継続的に取り組んでいるリーダーとそのチームは，チーム開発において外的および内的な焦点のバランスを取っている。そして，個人としても集合体としても強く優れたコーチング文化を形成している（Hawkins, 2014）。ホーキンスとスミス（Hawkins & Smith, 2006, 2013, in Hawkins, 2014）は，組織全体のコーチング文化の一部としてリーダーシップチームコーチングの必要性を強調している。リーダーシップチームコーチングの環境において，価値－強み－ビジョンの連携には，パーソンセンタード，アプリシエイティブ・インクワイアリー，そして体系的アプローチを用いることができる。

価値の特定

　次の質問を投げかけることは，クライアントの意識を価値に向けさせる手助けとなり，ビジョンの連携を援助する。

　コーチ：

　価値への意識を生きたものにするために，あなたはいくらでも創造的になることができる。たとえば，最も顕著な価値を特定するために，ひとつの価値に１枚のポストイットを使って価値を分類することができる。あるいは，チームメンバーと共にストーリーテリングを行い，語り手に質問を投げかけることで価値へのさらなる意識を引き出すこともできる。

　質問の例：

- あなたはいつもどんなことに関心を持っていますか？　それはなぜですか？
- あなたにとって本当に大切なことは何ですか？　あなたは仕事でそれを

満たすことができますか？

- あなたが行っていることで，あなたとあなたの組織は何を得ることができますか？
- 誰と仕事をしていますか？　集団という意味で，あなたは，何か規模の大きな仕事をしていますか？
- その時に最も重要なことは何でしたか？

コーチングによって独自の強みの組み合わせに意識を向けることで，本物の自己とチーム，そして組織のビジョンの連携にみられるギャップを調整することが可能である。

強みの特定

1. **強みカード**は，強みとは何であるかを学習し，強みの特定を行うための相互作用的なツールである。カードには，強みの説明とそれぞれの強みの活用に関する質問が用意されている。グーグルで検索すると，さまざまな強みカードを入手することができる（たとえば，Boniwell, 2015 を参照）。
2. 強みを測定するオンライン上のアセスメントは多数あり（Values in Action [VIA]，ストレングスコープ [Strengthscope]，R2，ストレングス・ファインダー [StrengthFinder]），それぞれ詳細なレポートを提供してくれる。アセスメントを検証することは，どのアセスメントが最もクライアントのニーズを満たすのかを決定する上で役に立つ。
3. クライアントとそのチームが特に素晴らしい成果を出した時，熱意にあふれ（声の調子，行動，ポジティブな気分に現れる），エンゲージメントが高かったときの状況を想起することで，強みベースの会話を行うことができる。上手くいったことが何であるかを特定し，それにラベルをつける。バブルチャートに強みを記録し，さらなる質問によってそれらの強みを明らかにする（Biswas-Diener, 2010, p.254）。

- どのような状況がこの強みを引き出してくれますか？
- どのような状況がこの強みを活用することを妨げていますか？
- どのような時にこの強みを抑制したいと思いますか？
- この強みをさらに活用する機会を得るために，どんな変化を起こしますか？
- 二つ以上の強みを組み合わせて，どのように活用しますか？
- 二つの強みが合わさることで，単体の強みよりも優れた結果をもたらした例を挙げてください。
- この強みは，どのようにしてビジョンの達成に貢献してくれますか？

4. 強みを**可視化**しておく。クライアントがどのようにこの強みを表現できるかについてブレインストーミングを行う。たとえば，クライアントはテキストや絵を用いて強みにラベルをつけ，ストーリーボードを作成することができる。

5. 価値と強みに関する豊富な知識を身につけたことで，クライアントは今，彼ら自身のそして人生を変えるような「エベレスト」級のビジョン／目標を創出する上で有利な立場にいる（Cameron, 2013, p.104）。

- あなたが達成できる最高の望みは何ですか？
- あなたが信じることを実証してくれる，彩り豊かで感銘を与える言葉は何ですか？
- あなたが深く思いを寄せている追求すべきことは何ですか？
- あなたが実現したい目的を捉えているのはどんなシンボルですか？
- あなたのエベレスト級のビジョンを達成するために，どの強みを活用しますか？

6. チームのビジョンを決定し，それが組織全体のビジョンの中でどう調和するかを見極める際に，チーム相互コーチング（co-coaching）が活用できる。チームは，ふり返りの作業を通してビジョン・アライメントへの作業経路を定めるために，共同体として取り組まなければならない。そのような作業経路は，行動志向である。

- X という状況では，どのような行動を介してあなたの強みに取り組むことができますか？
- X の状況において，どのチームメンバーのどの強みが最も適合しますか？
- Y という任務を遂行するためにどの強みが必要ですか？ また，チームの誰が主導権を握りますか？

PPCL に最も適したクライアント

　われわれの考えでは，ポジティブリーダーになるために積極的あるいは暗黙のうちに取り組んでいるクライアントが，上述のアプローチと介入で最も恩恵を受ける。

　感情の気づきと調節のためのコーチング，とりわけ感謝の表明と受け取りは，あらゆる人に推奨される。ただし，感情の気づきが低い，感情表出に偏りがある（ネガティブまたはポジティブ過ぎる），また適切な時機に感情表出を調節できないクライアントには，コーチングにおいて特別な注意を払う必要がある。

　リーダーと適切に機能しているチームが成功するためには，自己および他者の自己発見のプロセスが必要不可欠である。いかなるリーダーシップチームも，特にチームが新たに形成されたり，メンバーに大きな変更があったりする時には，価値と強みの特定に取り組むことが望ましい。その上，強みの特定は，混乱（storming），統一（norming），機能（performing），転換（transforming）といったチーム相互作用の異なる各段階を通じて行われる継続的なプロセスとなる。強みの特定と活用を，チーム会議の通常要素とすることが推奨される。

ケーススタディ

　このケーススタディでは，多国籍健康保険組織（BRI Inc. と称される）の取締委員会メンバーのうち主席 20 名が組織のビジョン・アライメントに到達するという課題に注目する。20 カ国以上で活動するこの会社は，過去 10

年間に急速な拡大を遂げてきた。最近になって，取締役のチームに新たに4名が加わった。最近の業績評価から，全体として信頼と結束の欠如が示唆された。事業革新と成長が減速している。外部分析によって，新任取締役と既存取締役の双方にとって所属感，信頼，チームの結束を向上させるためにはメンバーチームを改編し，関係性を深めることを可能にする，チームコーチングが有用であることが示された。

クライアント

　CEO が創立当初に定めた組織の価値とビジョンは，今日まで BRP Inc. に貢献してきた。しかし，現在の首脳部の主席メンバー 20 名は，ビジョンのすべての要素において緊密に足並みを揃えているわけではない。メンバー間の溝は，能力に対して不信感を生み出し，BRP Inc. のイノベーションと成長を失速させていると見られる。

　イノベーションの価値は，協同的に創出された価値よりも，むしろトップダウン主導の価値であると判断された。加えて首脳部チームは，慎重で思慮深く，本質的に分別があるという事実に基づいてメンバーが選出されている。しかしながら，これらの強みはイノベーション，創造的思考，そして問題解決においては，ネガティブな影響をもたらしていた。

コーチング

　BRP Inc. は，主席取締役 20 名の強みを，チームとして組織の価値に連携させることを意図して，彼らを半日のコーチングセッションに参加させることにした。チームコーチングに加えて，各チームメンバーは現在，個人向けの発達コーチングを受けている。

　エクササイズのひとつひとつを通して進化していくクライアントの認識と新しい学習に適応するため，コーチングプロセスには高い敏捷性が求められた。

　まず初めに，徳性の強みの理論と概念がチームに紹介され，各メンバーは，それを土台にして自身の強みトップ 3 を特定し，強みの観点から自己紹介を行った。その後各チームメンバーは，他のメンバーから二つの強み候補を追加で受け取り，結果として各自の強みは計五つとなった。次に，個人の強み

第 10 章　ポジティブ・リーダーシップのためのポジティブ心理学コーチング　*263*

表 10-1　チームの強みマップ

BRP Inc. の価値	リーダーシップチームの強み
起業家精神（Entrepreneurship）	レジリエンスと思慮分別（Resilience and Prudence）
卓越　（Excellence）	詳細さと改善　（Detail and Improvement）
倫理　（Ethics）	真正性と労働倫理　（Authenticity and Work Ethics）
結束（Solidarity）	謙虚さとチームワーク（Humility and Team work）
イノベーション（Innovation）	ユーモアと楽観性（Humour and Optimism）

はグループレベルで再構成され，チームの主要な強みが特定された。チーム
の強みを以下に示す。①真正性，②詳細さ，③謙虚さ，④ユーモア，⑤改善，
⑥楽観性，⑦思慮分別，⑧レジリエンス，⑨チームワーク，⑩労働倫理

　続いて，取締役チームは，チームの強みと BRP Inc. の組織のビジョンと
のマッピングを行った。それらは，起業家精神，卓越，倫理，イノベーショ
ンと結束（表10-1）であった。

　チームの主要な強みによるサポートが最も少ない価値は，イノベーション
であると判断された。そこでチームを鼓舞し，動機づけ，チームがイノベー
ションを受け入れやすくするために，ユーモアと楽観性を中心とした特別な
コーチングが必要となった。その他のアプローチとしては，連携を強化する
ために，創造性を顕著な強みとしているチームメンバーを増やす可能性が検
討された。

結　　論

　本章では，リーダーシップの立場にある人，特に潜在的にあるいは現時点
で広くポジティブ・リーダーシップの傘下に入るアプローチを取りうるリー
ダーが経験する，共通の緊張関係をいくつか取り上げた。われわれは，ポジ
ティブ・リーダーシップの態度と行動の潜在的な原動力として，ウェルビー
イング，感情の敏捷性，そしてビジョン・アライメントの課題に取り組むこ
とを検討した。

　従業員のウェルビーイングとパフォーマンスは，リーダーシップの視点か

らみると，相反するかのように見えることもある。しかしながら，われわれは，従業員が能力を最大限に発揮するための支援策を見出そうとする前に，リーダーのウェルビーイング表出と彼ら自身のウェルビーイング課題を調べるための手法として，コーチングを提案した。次に，リーダーシップのための感情の敏捷性と感情知能の価値について論じ，それらに関連するさまざまなコーチングの質問を提示した。強みの査定と適用は，ウェルビーイングの向上にとどまらず，多くの目的に活用できる。強みの知識は，感情知能を開発する，開発に伴う課題を乗り越える，相補的な強みのプロファイルに基づいてチームを構成する，さらに，同僚および上司とよりよい関係を築く目的で活用できる。このような適用は，リーダーシップコーチングにおいてしばしば中心的な役割を果たす。本章の最後に，組織のビジョンとの連携を推進するために，リーダーシップストレングスコーチングをどのように生かすことができるかを考察した。

ディスカッションのポイント

1. リーダーシップのスタイルやアプローチは，先行研究を通して広く議論され，多様な種類が明らかにされてきました。実際に本章では，ポジティブ・リーダーシップと称されるもうひとつのアプローチを紹介しました。ポジティブ・リーダーシップが適さないリーダーシップコーチングがあるとすれば，それはどのような状況においてでしょうか？　それはなぜでしょうか？　あなたは，ポジティブ心理学コーチングを用いて，どのようにその問題を克服しますか？

2. ポジティブ心理学コーチングは，欠点や業績不振に着目するよりもむしろ，強みと最適な機能を推進することに関心があります。しかし，どちらのアプローチも，「全体」としての自己を理解することにおいて役割があります。ポジティブ心理学コーチングがコーチングのプロセスと関連しないかもしれないとしたら，それはどのような時でしょうか？　それはなぜでしょうか？

3. リーダーシップチームコーチング，特にチームの強みコーチングは，

比較的未開拓の研究領域です。しかし，最新のエビデンスは，個人向けリーダーシップコーチングに加えて，チームコーチングの必要性を強く示唆しています。チームのストレングスコーチングがリーダーシップチームの開発に適切となりうるのは，どの時点でしょうか。リーダーシップチームコーチングの落とし穴として，どのようなものがあり得るでしょうか？ 自己とチーム，そして組織のビジョンと目標の連携を推進する目的で，他にどのようなポジティブ心理学介入が使用できるでしょうか？

4. リーダーシップに応用されるポジティブ心理学コーチングについて，他にどのような応用範囲が考えられますか？ どのような課題に着目できるでしょうか？ それらの課題をどのようにして克服，管理，あるいは進展させることができるでしょうか？

推奨文献

Cameron, K.S. (2013). *Practicing positive leadership: Tools and techniques that create extraordinary results.* San Francisco, CA: Berret-Koehler.

David, S., Boniwell, I., & Ayers, A. (2013). *Oxford handbook of happiness.* Oxford: Oxford University Press.

Hawkins, P. (2014). *Leadership team coaching; Developing collective transforma-tional leadership* (2nd ed.). London; Kogan Page. 田近秀敏（監修）・佐藤志緒（翻訳）(2012) チームコーチング―集団の知恵と力を引き出す技術　英知出版（ただし，初版の訳で第二版ではない）

Lewis, S. (2011). *Positive psychology at work: How positive leadership and appreciative inquiry create inspiring organizations.* New York: John Wiley & Sons.

文　献

Arakawa, D., & Greenberg, M. (2007). Optimistic managers and their influence on productivity and employee engagement in a technology organisation: Implications for coaching psychologists. *International Coaching Psychology Review,* 2(1), 78-89.

Amera, David. (31 July, 2016). [Personal Communication].

Barsade, S.G. (2002). The ripple effect: Emotional contagion and its influence on group behavior. *Administrative Science Quarterly,* 47(4), 644-675.

Bernard, C.L. (1938). The functions of the Executive. Cambridge, MA: Harvard University Press.

Biswas-Diener, R. (2010). *Practicing positive psychology coaching: Assessment, activities and strategies for success.* Chichester, UK: John Wiley & Sons.

Boniwell, I. (2012). *Positive psychology in a nutshell.* Maidenhead, UK: OpenUniversity Press.

Boniwell, I. (2015). *The strengths cards.* Paris: Positran.

Boniwell, I. (2016). *Integrated well-being dashboard.* Paris, France: Positran.

Boniwell, I., & Dagot, D. (2014). *Introducing positive leadership.* Invited Paper delivered at the positive leadership breakfast briefing, Ecole Centrale, Paris.

Boniwell, I., Kaufman, C., & Silberman, J. (2014). The positive psychology approach to coaching. In T. Bachkirova, E. Duncan, & D. Clutterbuck (Eds.), *The complete handbook of coaching* (2nd ed.). London: Sage.

Cameron, K. (2008). A process for changing organization culture. *Handbook of Organization Development,* 14 (5), 2-18.

Cameron, K.S. (2008). Positively deviant organizational performance and the role of leadership values. *The Journal of Values-Based Leadership,* 1 (1), article 8.

Cameron, K.S., Bright, D., & Caza, A. (2004). Exploring the relationships between organizational virtuousness and performance. American Behavioral Scientist, 47 (6), 766-790.

Cameron, K.S. (2013). *Practicing positive leadership: Tools and techniques that create extraordinary results.* Oakland, CA: Berrett-Koehler.

Carasco-Saul, M., Kim, W., & Kim, T. (2015). Leadership and employee engagement proposing research agendas through a review of literature. *Human Resource Development Review,* 14 (1), 38-63.

Cavallo, K., & Brienza, D. (2006). Emotional competence and leadership excellence at Johnson & Johnson. *Europe's Journal of Psychology,* 2 (1). Retrieved from https://ejop. psychopen.eu/article/view/313.

Clifton, D.O., & Harter, J.K. (2003). Investing in strengths. In K.S. Cameron, J.E. Dutton, & RE. Quinn (Eds.), *Positive organizational scholarship: Foundations of a new discipline.* (pp. 111-121). San Francisco, CA: Berrett-Koehler.

Clutterbuck, D.A. (2014). Team coaching. In E. Cox, T. Bachkirova, & D.A. Clutterbuck (Eds.), *The complete handbook of coaching* (2nd ed.) (pp. 271-284). London: Sage.

Cox, E., & Patrick, C. (2012). Managing emotions at work: How coaching affects retail support workers' performance and motivation. *International Journal of Evidence Based Coaching & Mentoring,* 10 (2). Retrieved from http://ijebcm. brookes.ac.uk/documents/vol10issue2-paper-03.pdf

Deaton, A. (2008). Income, health, and well-Being around the world: Evidence from the Gallup World Poll. *Journal of Economic Perspectives,* 22 (2), 53-72.

Frederickson, B.L. (2009). Positivity: *Top-notch research that reveals the 3-1 ratio that will change your life.* New York: Random House

Grant, A.M. (2006). An integrated goal-focused approach to executive coaching. In D. Stober & A. Grant (Eds.), *Evidence based coaching handbook: Putting best practices to work for your clients* (pp. 153-192). Hoboken, NJ: Wiley.

Grant, A.M. (2014). The efficacy of executive coaching in times of organisational change. *Journal of Change Management*, 14 (2), 258-280.

Gross, J., & Thompson, R. (2007). Emotion regulation: Conceptual foundations. In J. Gross (Ed.), *Handbook of emotion regulation* (pp. 3-26). New York: Guilford Press.

Hammerness, P., & Moore, M. (2012). *Organize your mind, organize your life: Train your brain to get more done in less time*. Toronto: Harlequin.

Harzer, C., & Ruch, W. (2012). When the job is a calling: The role of applying one's signature strengths at work. *The Journal of Positive Psychology*, 7 (5), 362-371.

Hawkins, P. (2014). *Leadership team coaching: Developing collective transforma-tional leadership* (2nd ed.). London: Kogan Page.

Hirigoyen, M.F. (2008). *La souffrance au travail et les pathologies emergentes. L'information psychiatrique*, 84 (9), 821-826.

Jones, R.A., Rafferty, A.E. & Griffin, M.A. (2006). The executive coaching trend: Towards more flexible executives. *Leadership & Organization Development Journal*, 27 (7), 584-596.

Kashdan, T., & Biswas-Diener, R. (2014). *The upside of your dark side: Why being your whole self—not just your "good" self-drives success and fulfillment*. New York: Penguin.

Lee, G. (2003). *Leadership coaching: From personal insight to organizational performance*. London: CIPD.

Lewis, S (2011). *Positive psychology at work: How positive leadershp and appreciative inquiry create inspirlng organizations*. Chichester, UK: John Wiley&Sons.

Luthans, F., & Youssef, C.M. (2004). Human,s ocial, and now positive psychological capital management: Investing in People for competitive advantage. *Organisational Dynamics*, 33 (2),143-160.

Lyubomirsky, S., King, L., & Diener, E. (2005). The benefits of frequent positive affect: Does happiness lead to success? *Psychological Bulletin*, 131 (6), 803.

Madden, W., Green, S., & Grant, A.M. (2011). A pilot study strengths-based coaching for primary school students: Enhancing engagement and hope. *International Coaching Psychology Review*, 6 (1), 71-83.

Moss, G. Sims, C. Dodds, I., & David, A. (2016). Inclusive leadership: Boosting engagement, productivity and organisational diversity. *Equal Opportunities Review* (June 2016 issue EOR 268).

Olesen, J., et al. (2012). The economic cost of brain disorders in Europe. *European Journal of Neurology*, 19 (1), 155-162.

Quinn, R.E. (2015). *The positive organization: Breaking free from conventional cultures, constraints, and beliefs*. Oakland, CA: Berrett-Koehler.

Rath, T. (2007). *Strengthsfinder 2.0*. New York: Gallup Press.

Salovey, P., Caruso, D., & Mayer, J.D. (2004). Emotional intelligence in practice. In P.A. Linley & S. Joseph (Eds.), *Positive psychology in practice* (pp. 447-463). Hoboken, NJ: John Wiley & Sons.

Seligman, M.E.P. (1999). The President's Address (Annual Report). *American Psychologist*, 54, 559-562.

Stober, D., & Grant, A. (2006). Toward a contextual approach to coaching models. In D. Stober & A. Grant (Eds.), *Evidence based coaching handbook: Putting best practices to work for your clients* (pp. 355-365). Hoboken, NJ: Wiley.

Stokes, J., & Jolly, R. (2014). Executive and leadership coaching. In T. Bachkirova, D. Clutterbuck, & E. Cox, (Eds.), *The complete handbook of coaching* (2nd ed., pp. 244-255). London: Sage.

Thomas, T.P. (2013). *The effect of personal values, organizational values, and person-organization fit on ethical behaviors and organizational commitment outcomes among substance abuse counselors: A preliminary investigation*. PhD thesis, University of Iowa.

van Nieuwerburgh, C., (2014). *An introduction to coaching skills: A practical guide*. London: Sage.

White, M.A., & Waters, L.E. (2015). A case study of The Good School': Examples of the use of Peterson's strengths-based approach with students. *Journal of Positive Psychology*, 10 (1), 69-76.

第 11 章

人生の発達的転換期におけるコーチング

シーラ・パンシャル，ステファン・パーマー ＆ シュバーン・オリオーダン

はじめに

　本章では，人生の発達的転換期におけるコーチングと，この分野でポジティブ心理学が果たし得る役割を探っていく。議論の中心となるのは，転換期に見られる典型的な過程と感情を浮き彫りにする，変化と転換期のモデルである（たとえば Bridges, 1995）。ポジティブ心理学は，効果的なコーピングを促し，クライアントが変化を内在化し，転換期に伴うポジティブ感情に注目する手助けをすることで，クライアントが転換期を順調に乗り越える支援ができる。

発達的転換期におけるコーチングの発展

　「発達的転換期におけるコーチング」の考えは，次のように要約される。「発達的コーチングは，ポジティブな成長と発達を支援し，生涯において鍵となる転換期を首尾よく乗り越えるように促す。発達的コーチングは，クライアントの転換期経験に影響を与える，たとえば文化的要因や世代の影響などのクライアントに関連ある広範な文脈から洞察を引き出す」（Palmer & Panchal, 2011, p.5）。

　「発達的転換期（developmental transitions）」という用語は，クライアン

トが支援を望む幅広い人生の出来事に応用できる。パーマーとパンシャル（Palmer & Panchal, 2011, p.4）は，人生の転換点を「私たちの多くが生涯に経験しそうな鍵となる転換期であり，さまざまな程度の機会と挑戦を伴う」と定義している。転換期には，キャリア転換，健康問題，関係性の強化，転職や転居などの具体的な出来事と，親になること，離婚，継続的／慢性的な健康状態の管理，あるいは定年退職といった人生におけるより包括的な転換期が含まれる。このコーチングアプローチを，仕事やウェルビーイングにかかわるコーチング活動，および広範な人生の転換期における個人向けのコーチングに取り入れることに対して，関心と気づきが高まっている。

　発達的転換期を通じてコーチングを行うとき，ポジティブ心理学は独自の貢献をもたらす。ポジティブ心理学は，転用・応用が可能なスキルと強み（strength）を用いて，個人が変化よりもむしろ連続性と成長に重点を置いて取り組むように手助けする。これらはすべて，人生の節目を乗り越える際に役立つリソースとなる。

理論と基本概念

　多くの鍵となる理論が発達的転換期におけるコーチングの分野に影響を与えてきた。特に，生涯発達理論の影響力は大きい。エリクソン（Erikson, 1950），レヴィンソン，ダロウ，クライン，レヴィンソンとマキー（Levinson, Darrow, Klein, Levinson, & McKee, 1978）などは，生涯にわたる「転換期」の考えを論じた。レヴィンソンらは，「……あらゆる転換期の主たる課題は，既存の構造に疑問を投げかけ，再評価すること，自己と世界に起こりうるさまざまな変化の可能性を模索すること，そして，後に続く安定期の新しい生活構造の基盤を形成する重要な選択への関与に向かうことである」と主張した（p.49）。さらに注目すべきなのは，ライフコースの観点（Kim & Moen, 2002）と継続性理論（たとえばAtchley, 1989）が支持する個別の発達段階とは対照的な，生涯を通じた連続性の概念である。

　ポジティブ心理学のパラダイムと発達心理学の影響を受けて，パーマーとパンシャル（2011）は，鍵となる六つの転換期あるいは段階に注目した。

1. 児童期への転換期（Fox-Eades, 2011）——学校体験と併せて児童期へのさまざまな転換はここに含まれる。

2. 10 代（Puri, 2011）——児童期／青年期と成人期の間の転換期に重点が置かれる。ここでは，思春期，アイデンティティ，親元を離れて就労するなどのテーマが含まれる。

3. 20 代と 30 代（Panchal, 2011）——二つの鍵となる転換点がこの段階に入る。大学から職場への「20 代前半の転換期」，そして，価値と目的に関してクォーターライフ（人生 4 分の 1）への疑問が生じる「30 歳への転換期」

4. 親であること（Liston-Smith, 2011）——他の転換期とは異なり，親であることは選択である。初めて親になる時から空の巣まで，多くの転換期が関与するだろう。

5. 中年期（Donaldson-Fielder & Panchal, 2011）——おそらく最も広く知られている転換期である。中年期は，多くの人にとって再評価と変化の時期となる。

6. 定年退職（O'Riordan, 2011）——このライフステージは，私たちの寿命の延伸に強く影響を受けている。そして人は，寿命が近づくにつれて，新たな挑戦と意思決定に直面する。この時期には，健康（自己と他者），離婚後の転換期，さらに介護責任などに対する適応が含まれるかもしれない。

　加えて，自己に関する理論は，コーチとコーチングサイコロジストが人生の転換期を迎える人を支援する際に，洞察に富んだ視点を提供してくれる。マーカスとヌリウス（Markus & Nurius, 1986）は，すべての人は一連の「可能自己（possible selves）」——なりたい自己，なれるかもしれない自己，なることを恐れている自己——を持っていると主張した。

　　可能自己とは，私たちがぜひともなりたい理想の自己である。それはまた，私たちがなれるかもしれない，そしてなることを恐れる自己である。望まれる可能自己には，成功する自己，創造的な自己，恵まれている自己，痩せて

いる自己，愛され尊敬される自己が含まれるかもしれない。一方，恐ろしい可能自己は，孤独な自己，落ち込んだ自己，無能な自己，職がない自己，ホームレスの自己などかもしれない。

（Markus & Nurius, 1986, p.954）

　コーチはクライアントと共に，たとえば「この理論が主張する異なる『自己』をクライアントはどのように言い表すか？」という観点からこの概念を探ることができる。よく使用される楽観性に着目したポジティブ心理学介入，たとえば「最高の自己（Best Possible Self）」などは特に有用である（Sheldon & Lyubomirsky, 2006; Meevissen, Peters, & Alberts, 2011 を参照）。

　転換期の心理学（transition psychology）は，「発達的コーチング」のもうひとつの鍵となる理論的土台である（たとえば Kubler-Ross, 1969; Bridges, 1995）。この分野は，転換期に伴うさまざまな感情，および挑戦と機会の両方の概念を探求する。転換期の心理学は，人生におけるある特定の変化，たとえば解雇などによく適用されるが，中年期などの広範な人生の転換期にも有用な視点を与えてくれる。そして，感情を自己変革の「正常な」側面と捉える方法としても役立つかもしれない。これまでに，「発達的コーチング」の発展に寄与してきた分野は多数あるが，とりわけ，ストレスとコーピングの理論およびポジティブ心理学が挙げられる。

　ストレスとコーピングの理論は，さらなる洞察を与えてくれる（たとえば Palmer & Gyllensten, 2010; Palmer & Cooper, 2013; Panchal, Palmer, O'Riordan, & Kelly, 2017）。転換期はストレスの多い時期となることを承認すること。すなわち，コーチまたはコーチングサイコロジストの役割のひとつは，個人の中にコーピング方略とリソースを構築することである。この場合の方略とは，役に立たない思考のスタイルに挑戦することから身体的エクササイズまで，多岐にわたる。これらの方略はひとつの転換期から別の転換期へ応用が可能である。たとえば，10 代の若者が転換期にソーシャルサポートを最大化し，「助けを求める」方法を学べば，「30 歳を迎える」といった後年の転換期を乗り越える時に，この技法を活用することができる。シュロスバーグ，ウォーターズ，グッドマン（Schlossberg, Waters, and Goodman,

1995）は，個人の転換期対処能力に影響を与える四つの要因——状況，自己，サポート，方略——を特定する転換期理論を提唱した。

　最悪の場合，転換期は重度の不安と抑うつのきっかけとなりうる。ホームズとラーエ（Holmes & Rahe, 1967）が開発した社会的再適応評価尺度（The Social Readjustment Rating Scale）によって，配偶者の死，離婚，大けがや病気といった，大きなストレスとなる人生の出来事を特定することができる。この尺度は個人差の影響を十分に説明していないが，一般的な人生の出来事を転換期として理解することに役立つ。スタンレー，マロン，ベルとマンソープ（Stanley, Mallon, Bell, & Manthorpe, 2009）は，転換期は自殺のリスク要因を考える際に有用な概念であると提言した。スタンレーらは，20 のケーススタディに基づいて，高等教育における学生の自殺を調べている。

　発達的コーチングの鍵となるメタ理論的な基盤は，ポジティブ心理学である（たとえば Seligman, 2003）。ポジティブ心理学とストレングスコーチングは，いずれもこの文脈にふさわしい。あらゆる種類のコーチングと同様に，転換期にも幅広いコーチング理論およびアプローチを応用することが可能である。ポジティブ心理学は，「発達的コーチング」の中の二つの要素を手助けできることから，特に関連が深い。ひとつは，コーピングのリソースとして作用することである——日常生活の中でポジティブ感情を増やす方法として，感謝，楽観性，喜びを味わうなどの技法を身につけることで，結果として，転換期の課題が容易になる。たとえば，セリグマン，スティーン，パークとピーターソン（Seligman, Steen, Park, & Peterson, 2005）は，「三つの良い出来事」を毎日書き出し，また，「シグネチャーストレングスを新たな方法で活用すること」で，6 カ月にわたって抑うつ状態の人の幸福度を高め，抑うつ症状を軽減したと報告している。二つ目は，転換期に伴う自己認識と意思決定を実際に支援することである。たとえば，強みと価値を特定する（ACTベースのアプローチを使用している場合は 6 章を参照）ことは，「私は誰？」という問いに答える手助けとなる。意味と目的への問いは，「世界の中での私の居場所は？」に焦点を当てる。これは，人生の転換期を乗り越えることに伴う重要な側面であり，ポジティブな発達を促す。

　さらに，ポジティブエイジングに関する研究は，ウェルビーイングと老い

の関係をより良く理解する手助けとなり，われわれの研究に情報を提供してくれる。幸福はライフコースを通じて一般的にU字型を示すことが，研究によって示唆されている（たとえばBlanchflower & Oswald, 2008）。ランガーとロディン（Langer & Rodin, 1976; Rodin & Langer, 1977で再検討）による重要な研究では，選択と自己責任の強化が介護施設入居者（年齢65〜90歳）にもたらす効果を強調しており，そこには幸福感の向上，積極的な参加，精神的敏捷性を含むポジティブな恩恵が見られた。既存の研究は晩年と老化に伴って生じるネガティブな側面や喪失，ネガティブな結果に重点を置く傾向があるので，コーチングサイコロジストにとってこの種の知見を熟考することは有益である。

　その上，転換期を乗り越える中で関係性の役割について学びを深めると，発達的コーチングの分野におけるわれわれの研究にとって有用な情報が得られる。特に，ピーターソン（Peterson, 2008）が発したポジティブ心理学を要約する説得力のある声明「他の人とのかかわりが重要だ（other people matter）」では，良い人間関係は私たちが幸福を経験する前提条件にすらなることを示している。このことは，転換期と変化を経験しているクライアントにとって，ソーシャルサポート，社交性，社会とのかかわりなどの要因が重要であることについて，重要な問いを投げかける。ある研究は，ウェルビーイングにおけるポジティブな社会的関係の重要性（たとえばRyff, 1995）を論じている。興味深いことに，「……人間は他者を支援することも必要である」ことが明らかになっている（Diener et al., 2010, p. 144）。天職（calling）を知覚することとウェルビーイングの関連性を探索した研究は，定年退職後に「他者を支援すること」の大切さを強調する，ワーク／ライフ文脈の他の研究知見の基盤の上に築かれている（Duffy, Torrey, England, & Tebbe, 2016）。

　パーマーとパンシャル（2011, p.21）の「発達的コーチング」モデルは，われわれの「発達的コーチング」に関する見解を支持するモデルを提供している（p.20）。図11-1が示す転換期の連続性（Transition Continuum）改訂版は，世代の要因と人生の転換期を結合している。それによって，コーチまたはコーチングサイコロジストは，特定のクライアントがどこに位置

発達的コーチング：転換期の連続性

文脈上の転換期（地域レベル、国レベル、国際レベルの転換期）（改訂版）　©Palmer & Panchal, 2011

現在の社会的文脈（例えば、消費者主義、技術、流動性、選択）

文脈	Alpha世代	Z世代	Y世代	X世代	ベビー・ブーマー	伝統主義者
影響要因	ソーシャルネットワーキング 地球の気候	気候の変化 不況 デジタル世代	テロリズム 技術ブーム 過干渉な育児	商業主義 コンピューター 共働きの親	市民権 テレビ 医学の進歩	大恐慌 第二次世界大戦 核家族
特徴	自己充足？ 起業家？ （注：特徴はいまも出現している）	環境に配慮 せっかち 内向的 独創的	ポジティブ 起業家精神 社会意識が高い 柔軟性を熱望	自立的 懐疑心 変化に適応	学歴のある 独立心 権威に対する疑問 質を重視	働き者 制度・機関に忠実 秘密主義 依存的

発達的転換期

生涯

児童期	10代	20～30代	中年期	定年退職
e.g.保育園/学校に行き始める。親からの自律	e.g.思春期。大学に行く。学業上の選択をする	e.g.キャリアの選択。対人関係。コミットメント	e.g.空の巣。キャリア転換。高齢者の介護	e.g.身体的健康。役割の再定義

クライアント　クライアント　クライアント　クライアント

親であること
(e.g.自己と関係性への継続的な適応)

継続的な発達と転換期

私は誰？私は何を欲しているのか？ 何が私にとって大切なのか？ 私の目的は何か？

図 11-1　発達的コーチング：転換期の連続性　©Palmer & Panchal, 2011

づけられるかを特定し，その結果，理解を深める上でどのような種類の発達的，社会的文脈が有用であるかを明らかにすることができる（O'Riordan, Palmer, & Panchal, 2017, p.3）。表 11-1（Palmer & Panchal, 2011, p.21）に示す INSIGHT モデルは，ポジティブな転換を推進することを目的に，「発達的コーチング」に応用できる異なるコーチングのアプローチと手法に着目している。

　「発達的コーチング」の中心となる課題に関しては，別の見解も存在する（Liston-Smith, O'Riordan, & Panchal, 2009, 2010）。VIP モデルは，価値（Values），アイデンティティ（Identity），目的／意味（Purpose/Meaning）に注目している。これらは，すべての転換期に共通して出現するため，発達的コーチングに役立つリソースとして認識されている主要なテーマである。VIP モデルの文脈の中でコーチングを行う際に話し合うコーチングの質問とテーマには，私にとって何が大切なのか？（価値），私は誰なのか／私はどんな人になりたいのか？（アイデンティティ），私の人生／仕事の目的は何か？（目的／意味）などがある。加えて，ポジティブ心理学コーチングの観点からは，この文脈，特にアイデンティティに関連するテーマに取り組む際に，Values in Action（VIA）キャラクターストレングス（Character Strengths）のリソースを紹介する論理的根拠がある。

実　　践

　発達的転換期に取り組むコーチは，クライアントのポジティブな成長を促進する方法に重点を置く。そこには，転換期をポジティブに捉える，自己洞察を得ることなどが含まれる。転換期を首尾よく特定し，方向づけ，管理することは，どのようなコーチングの取り組みにおいても主要な要素になり得るが，より大きな人生の転換期の場合はいっそう注目される。それは，コーチにとって，クライアントが活動している社会的，文化的文脈への洞察を得る手助けとなる（パーマーとパンシャルの「転換期の連続性」に描かれるように）。しかし，各個人の経験は固有であることを認識し，ステレオタイプと一般化を避けることが重要である。

第 11 章　人生の発達的転換期におけるコーチング　*277*

表 11-1　発達的コーチング：INSIGHT の枠組み

発達的コーチング：INSIGHT の枠組み

目標：転換期のポジティブな経験を促進し，未来の転換期の自己管理を可能にする。

要素	目的	手法例
I: 自己知識を高める (Increase self-knowledge)	自己洞察をさらに得て，その価値を人生の転換期の土台として強調する（外からの期待に対して）	価値，強み，動機づけ要因，原動力などを表面化するためのエクササイズ／心理尺度。過去の転換期からの学習を促すライフラインツール
N: 転換期を常態化する (Normalise thansitions)	人生の転換期は発達に不可欠な要件だという気づきを生み出すことで孤立感に対抗する。転換期に関連するさまざまな感情を認める。	発達的モデルに関するディスカッション（たとえば Erikson, 1950），または転換期モデル（たとえば Bridges, 1995）。
S: ポジティブなコーピングを支援する (Support positive coping)	転換期の困難に取り組むための効果的なコーピング方略を立てる。	方略には，健康（栄養／運動），ソーシャルサポート，リラクセーション，認知的再評価などが含まれる。
I: 過去，現在，未来を統合する (Integrate past, present, future)	過去，現在，未来のポジティブな評価を促す。	感謝のエクササイズ（過去），見直し／楽観性（現在），ビジョン／目的（未来）。可能自己，時間的指向性，転換期を通じた人生の物語／つながりに関するディスカッション
G: 時間とスペースを与える (Give time and space)	転換期の過程を乗り越えるために十分な時間とスペースを確保する。	マインドフルネスとアクセプタンス＆コミットメント手法。ふり返りの機会を設ける。
H: より広い文脈を強調する (Highlight broader context)	転換期の経験に影響を与える広範な影響力と期待に注意を向ける。	関連のある文化的，世代的要因を評価する。鍵となる個人／社会からの期待を特定し，クライアント自身の期待を表面化する。
T: 解決策をニーズに合わせる (Tailor solutions)	目標，方略，解決策によって持続可能な変化をもたらす。	目標設定，解決志向の質問，活動計画，変化と成功を祝う過程を理解する。

* これらすべての要素がすべての転換期と個人に関連するわけではない。コーチは，クライアントを最も効果的に支援する要素を選定することができる。

©2011, Palmer & Panchal

順調な転換期を目指してコーチングに取り組む際は，クライアントの視点に立って転換期を理解し，その認識を中心にアプローチを適合させることが肝要である。同じ転換期であってもクライアントの幅広い感情を伴い，変容への準備性も異なることから，さまざまに捉えられる。異なる感情が関与していることを認め，受け入れること，また，良いも悪いもなく，転換期を乗り越えるにあたっては，単に多様な道筋と結果があるのだという理解を持つことは，クライアントの助けになるだろう。どの転換期にも，転用・応用が可能なスキル，知識，リソース，経験を考慮するようクライアントを励ますことは，自信を培い，圧倒される感覚を軽減するという点において，きわめて有効な方法になり得る。

　発達的コーチングの過程に寄与し，影響を与える可能性のある要因と構成要素は多数存在する（O'Riordan, 2008, 2015）。準備を整え，コーチングを最大限に生かすために，こうした要因や要素がどのように関わるのか理解することは，コーチ，クライアント，そして組織のシステムの観点からみても重要である。たとえば，変容の過程に対するクライアントの態度に影響を与えるかもしれないクライアントの要因には以下のようなものがある。

- 周囲の人々，たとえば配偶者や人生のパートナー，職場の同僚，フィットネス仲間，友人など
- 人生の出来事，たとえば喪失や成功の体験など
- 職歴／仕事関連の話題，たとえば，職業，役割要求など
- 健康
- 利用可能なリソース，たとえばソーシャルサポート（人，ネットワーク，グループ，仲間から）
- スキル（仕事，プライベート，新しいスキルを身につけることへの柔軟性）
- 知識（仕事，プライベート，新しい知識を獲得することへの柔軟性）
- 社会化
- 個人差，たとえば自我，社会経済的，世代的，文化
- 転換期（およびコーチング）の性質とタイミング
- コーチングの同盟関係

● 知覚される組織における役割

　本章の範囲外ではあるが，いうまでもなく，認知行動コーチング，行動コーチング，人間性コーチング，解決志向コーチング，ナラティブコーチング，アプリシエイティブインクワイアリー（AI），マインドフルネス，アクセプタンス＆コミットメントコーチング，心理測定法など，発達的コーチングにポジティブ心理学を取り入れる際に参考となる，広範な理論的洞察と学習が存在する。

　より具体的には，発達的転換期と節目に取り組むコーチングサイコロジストに関連のあるさまざまなポジティブ心理学介入がある。

　パーマーとパンシャルによる INSIGHT の枠組みは，発達的転換期を通じてコーチングを行う時に検討すべき多くの手法を説明している。この枠組みのひとつの構成要素は，「自己知識を高める（Increase self-knowledge）」であり，強みを特定し，適用する場合に適している。ここでも，VIA サーベイはキャラクターストレングスを中心とした話し合いの土台として非常に有用なツールである。同様に，R2 ストレングスプロファイラー（CAPP, n.d）やストレングス・ファインダー（Gallup, n.d.）などのツールは，「パフォーマンス・ストレングス（performance strengths）」や才能を検討することに活用できる。これらの方法は，クライアントにポジティブな自己観を植えつけ，強みを未来の意思決定の基盤として明確にする上で有効に働く。

　他の構成要素は，過去，現在，未来を統合する方法である。発達的転換期，特にクオーター（人生の4分の1）や中年期などの広範な転換期を通して，これらの要素を話し合いの話題として取り上げることができる。たとえば，感謝のエクササイズや「ポジティブな思い出話」（Bryant, Smart, & King, 2005）は過去についてのポジティブな見方を促進し，「三つの良いこと」は，クライアントが現在の生活の中で何がポジティブであるかに注目する手助けとなる。未来志向の手法には，生涯を通じてそして複数の転換期をつなぐ視覚化，未来のイメージ化，ストーリーテリングが含まれる。ライフラインマップも，自己効力感を養い，発達的コーチングの文脈の中で学習と臨機応変さを奨励することに有用な手法となり得る。ライフラインマップは，クライア

ント自身の経験に基づくライフコースのアプローチである。クライアントの生涯にわたって発生した出来事と節目（たとえば最初の仕事，子どもができた，家の賃貸または購入，定年退職）は，線上に書き留められる。ライフステージとラベルはクライアントの視点で割り当てられる。このアプローチは，コーチングの会話につながり，またそれは未来の目標と期待を描く。

　転換期トライアングル（Transition Triangle: O'Riordan & Panchal, 2012; O'Riordan, 2013）は，クライアントが以前の転換期から学習した臨機応変さとコーピングをふり返ること，また，それを発達そして目標達成に役立たせることを奨励するために利用できる手法である。転換期トライアングルの使用方法を簡単に説明すると，実践家は，クライアントに過去と現在の転換期をコーピングの程度に関連づけて小規模（minor）から大規模（major）までの尺度上に記録するよう促す。ここで留意すべき点は，これはクライアントにとっての成功（あるいは失敗）の指標ではなく，「コーピングの程度」に関連していることである。コーピング方略には，「ユーモア」や「気晴らし」（ジムに行く）などのポジティブなコーピングも含まれる。重要なポイントは，クライアントにとってトライアングル上で最も意味をなす場所に書かれる。このステップは，人々が転換期の小規模／大規模，あるいはコーピングの高い／低い程度をどう捉えるかによって個人差が変動するため，重要である。要約すると，トライアングルに描かれたひとつひとつのポイントは，小規模から大規模の転換期スケールと発生したコーピングの程度で示される，クライアント自身から見た各自の経験を表わしているはずである。

　一般に予期されるパターンは，大きな人生の出来事にはより多くのコーピング資源が必要となる（たとえば Holmes & Rahe, 1967）トライアングルの形に似ているかもしれない——とはいえ，それはクライアントの経験によって異なる。この手法は，学習されたコーピング，臨機応変さ，自己効力感の向上にかかわるコーチング会話の有用な出発点となる。図11-2は，転換期トライアングルの例を図式化したものである。

　興味深いことに，これら二つのアプローチはいずれも，人生の他の領域における転換期が現在のコーチングの状況にどう役立つかについての洞察をクライアントが共有できるような，全体論的な「統合されたアプローチ」を提

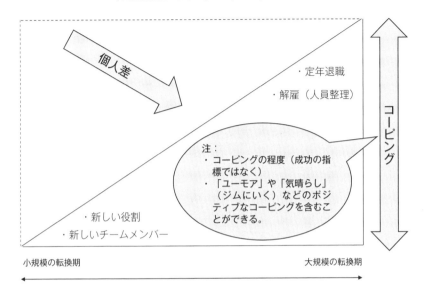

図 11-2　転換期トライアングル

供している――たとえば喪失へのコーピングなど。

　転換期につきものの本質的な不確実性はストレスになり得るが，「三つの良いこと」などのポジティブ心理学のエクササイズは，気分を全般的に向上させることができ，変化を起こすことがより管理しやすいと思わせる効果がある。「ランダムな親切（Random Acts of Kindness）」や「計画された親切（Planned Acts of Kindness）」などの手法も，クライアントがポジティブに注目し，クライアント自身のウェルビーイングの全般的な水準を上昇させることを可能にする。

　さらにコーチは，自己知識の向上，そして（上述の）ブリッジズの転換期モデルなどの方法を用いて変容の過程を教えることで，クライアントに洞察を促すように取り組むこともある。

　コーチは，発達的転換期を中心にコーチングを行う際，電子メール，オンラインメッセージ，スカイプ，電話，対面などさまざまな媒体を活用するこ

とができる。最も重要な点は，クライアントがリラックスし，自由に話せることである。セッションに決まった型はなく，アジェンダはクライアント主導であるため，各個人に特有のニーズにもとづいて決定される。一般に発達的コーチングは，グループやチームコーチングよりも，一対一の方式で実施される。

発達的転換期における
コーチングに最も適したクライアント

発達的転換期のコーチングは，特定の人生の転換期において困難を経験している人に最も有益である。たとえば，父親になったばかりの男性は，父であることの責任と仕事の責任を両立させようと悪戦苦闘しているかもしれない。別の例では，若い成人がクォーターライフ（人生の4分の1）において人生選択を考える中で，自らの価値について質問を投げかけているかもしれない。

発達的転換期のコーチングは，ある程度，実用的かつ行動的な性質を持つ。たとえば定年退職にあたって，経済的そして健康上の計画は重要である。とはいえ，より一般的に探求されているのは，自己知識の向上と人生の方向を中心とした領域である。広範な発達的転換期（たとえば中年期）においては，人はしばしば自らの価値，目的意識，そして未来への見通しに疑問を抱く。人が自分にとって何が重要であるかを明確にし，次の人生の段階を方向づけるにあたって，コーチングは非常に役に立つ。

前述のように，このアプローチは，子どもたちや青年にも有効に適用できる。子ども向けには，教育環境において教師と協働して適用できる。教師が転換期の性質を理解し，たとえば強みに注目し成果を称賛するなど，今までと異なる手法を用いて教室内で子どもたちを支援することをコーチは手助けできる。青年期には，人は身体的，感情的な変化を経験し，また，自分の教育や未来について意思決定をし始めることから，多くの転換期が関与する。学校や大学を通じて，この段階で人を支援することは有用である。これは，ポジティブ教育（Positive Education）領域の中の取り組みと結びつく。ポ

ジティブ教育では，人は自分の強みを理解するためのコーチングを受け，初めて親元を離れ，大学に入って一人暮らしする，あるいは仕事の世界に入るといった大きな人生の転換期を乗り越えるための支援を受ける。

発達的コーチングアプローチの限界として，クライアントが個人的な洞察や話を共有する可能性のあるコーチング会話の性質上，チームやグループコーチングの環境ではうまく機能しない可能性がある。加えて，目標が非常に短期的，職務中心，あるいは明白にスキルの上達に重点を置いている時は，このアプローチは最適ではないだろう。

「発達的コーチング」には，他の援助の方法と共通する役割がある。しかし，コーチとコーチングサイコロジストは，特にカウンセリングおよびセラピーとの境界に留意し，必要に応じてクライアントを専門家に紹介する必要がある。また，スーパービジョンは，実践家がこれらの課題を表面化させ，対処する手助けをしてくれる。コーチ－クライアントの関係に関する十分な理解と，発達的コーチングの実践に理論と知識を適用する能力は，コーチが転換期にあるクライアントを支援することに役立つ。他のコーチングの形態と同様に，発達的コーチングにも注意すべき点がある。すなわちコーチングの会話は，クライアントの課題と目標に焦点を当てるべきであり，コーチの実践が理論と研究から得た知識に基づくことは重要であるものの，目標はコーチの主導であってはならない。

ケーススタディ

キャサリンは，大企業の上級管理職である。彼女は大学卒業後に入社して以来，加速的にキャリアアップを経験してきた。現在30代前半である。次の段階に進んで成功への道を歩み続けることを切望しているため，キャサリンは海外赴任を引き受けた。友人や家族から離れることは，予想以上に困難なことであった。そこで彼女は，サポート源として，またふり返りの機会としてコーチングを受けることとした。

INSIGHT の枠組みに基づいたポジティブ心理学のアプローチは，コーチングサイコロジストにとってキャサリンと協働する上で有効であった。

自己知識を高める

　コーチングサイコロジストは，キャサリンが自己認識の水準を高める手助けをするために，多くの心理尺度を使用した。新しい役割と新しい土地での暮らしという課題が，キャサリンの自信に影響を与えていることが明らかになった。そこでコーチングサイコロジストは，VIA サーベイの実施を勧めた。キャサリンの強みのトップ 5 は，向学心，好奇心，親切心，リーダーシップと公平さであった。これらの強みをふり返ることで，キャサリンは気持ちが前よりも落ち着いて，自信を感じるようになった。そして，どうすれば彼女の役割の中で強みをさらに発揮できるかについて話し合った。特筆すべきは，彼女の完全主義的傾向と自己批判に対抗するために，親切心の強みを自分自身に適用できるという洞察であった。また，コーチングを行う中で，転換期に取り組む時に勇気と希望の強みが役立つことがあるため，キャサリンがこれらのキャラクターストレングスを積極的に伸ばすことについても検討された。

転換期を常態化する

　ブリッジズの転換期モデルを共有することは，キャサリンにとって重要な介入であった。彼女は適応するための時間を確保せずに，自分自身に「初日からすぐに全力で取り組む」期待をかけていた。さまざまな感情が関与する継時的な過程として変化を捉えることは，有益な洞察であった。彼女は，その洞察によって，彼女の感情を変化の「正常」な側面であると見なすこと，また，海外赴任は「失敗」だという思い込みに取り組むことができた。これに関連して，彼女は VIA による彼女のリーダーシップの強みをふり返った。そして，彼女のチームが転換期にあり，彼女のリーダーとしての役割のひとつは，変化の過程でチームを支援することだと気づいた。

ポジティブなコーピングを支援する

　コーチングサイコロジストは，キャサリンに一連のコーチングリソースを評価するよう求めた。その結果，キャサリンは，定期的な運動を始めることが役立つことに注目した。また彼女は，次第に生活が仕事中心になっている

こと，仕事以外でソーシャルサポートのネットワークを築くことで有益なバランスが得られることに気づいた。「三つの良いこと」エクササイズを通して，キャサリンはポジティブなことに目を向け始めた。当初彼女は困難を感じたが，粘り強く努力することで，ポジティブな気分を維持するために役立つツールとなった。

過去，現在，未来を統合する

コーチングサイコロジストは，キャサリンに長期的な目標を検討するよう求めた。キャサリンは未来についてポジティブに考えることで，一歩離れて彼女の人生目標という，より大きな文脈の観点で現在を捉えることができるようになった。コーチは，彼女に未来のさまざまな選択肢を考えてもらうための手助けとして，「最高の自己」エクササイズを紹介した。コーチングは希望を向上させることが研究によって示されている（Green, Oades, & Grant, 2006），そこで，コーチングサイコロジストは，キャサリンに複数の道筋を考えることを勧めるために，希望理論（Hope Theory: Snyder, Rand, & Sigmon, 2002）を活用した。これは，彼女の動機づけをさらに高め，現在のキャリアで加速的な成長を継続しようとするプレッシャーを低減するのに役立った。彼女は，自分が取れる道筋は多数あり，それらはそれぞれにやりがいがあることに気づいた。「私はトントン拍子で昇進したので，そのままのペースを続けなければならない」というプレッシャーの大きな考えに疑問が呈され，「私が取れる道筋は多様にある」という別の考えが検討された。過去の転換期をふり返ることで，どのように彼女が対処したか，また，いかにして絶え間ないサポートの源である親友や家族との結びつきを深めたかについての洞察ができた。

時間とスペースを与える

コーチング介入は，キャサリンが自分の感情と経験を整理するために欠かせない時間とスペースを提供した。また，セッションは，拡張−形成理論（たとえば Fredrickson, 2001, 2004）と連携して「ポジティブ感情」のブースター（増幅器）として作用した。その結果，キャサリンはさらに独創的になり，

未来の道筋を数多く見つけることができた。加えて，ポジティブ感情を経験することは，キャサリンが自分のコーピングリソースを増やし，現在の転換期に伴うストレスを軽減するためのアプローチを，よりうまく管理する手助けとなった。キャサリンは，コーチングは自己表現ができる安全なスペースだと感じていることをコーチに伝えた。

より広い文脈を強調する

　キャサリンの転換期の経験にとって重要なことは，彼女が働いている文化的な文脈の変化であった。コーチングサイコロジストは，キャサリンに違いについて考え，どのようにそれらの違いにアプローチするかを検討するよう求めた。キャサリンは，好奇心の強みを用いて彼女が今，仕事をしている文化について可能な限り調べること，また親切心の強みを用いて彼女が新しい環境の舵取りをする手助けとなる会社の人々と関係性を築くことにした。

　コーチングを通して，キャサリンは，ポジティブ感情を呼び起こすことができた。このことは，海外での仕事という新しい文脈において，彼女が文化的な違いよりも類似点に気づくのに役立った。このふり返りは，ワゥとフレデリクソン（Waugh & Fredrickson, 2006）の研究に沿っている。彼らは，ポジティブ感情が誘発されると，新しい関係を築く時に人は自己－他者の自己概念の重複割合が大きいと認識することに関する，予備的なエビデンスを見出した。

解決策をニーズに合わせる

　定期的なホームワークは，コーチングの取り組みの重要な側面となる。研究によると，私たちは自己との調和が高い目標の達成に向けてより熱心に取り組み，結果として，目標達成への努力を払うことに成功し，ひいてはより肯定的なウェルビーイングの向上につながる（たとえば Sheldon, & Elliot, 1999）。このことは，目標達成に向けて前進することに明確な重点を置くコーチングは，それ自体がポジティブ心理学介入を提供することを示している。キャサリンは，ジムに加入する，三つの良いことを書き出す，仕事外で友人と会う約束をする，などの具体的で達成可能な活動を通して，ポジティブな

変化を起こすことができた。コーチングサイコロジストは，最初は2週間に1回を基本にキャサリンと会い，彼女の状況と気分が改善されるにつれて会う回数を減らした。

まとめ

　ポジティブ心理学の手法は，キャサリンが自分の転換期を受け入れ，切り抜けることを可能にするコーチングの取り組みの主要な側面であった。彼女の強み（VIAによる）と彼女が感謝している人生の側面に気づかせることは，特に彼女の自信とウェルビーイングを上昇させる効果があった。INSIGHTの枠組みは，コーチングサイコロジストが転換期の文脈に関連のあるアプローチを選択する手助けとなった。結果として，キャサリンは現在の転換期をよりポジティブに捉えることができ，また，未来の転換期に活用できるリソースと知識を備えることができた。

ディスカッションのポイント

1. 生涯にわたって，人はどのような転換期や転機を経験するでしょうか？
2. 発達的転換期を通じてクライアント支援に取り組む時，ポジティブ心理学は特にどのように役立つでしょうか？
3. 人生のある転換点の個人的な経験は，他者をコーチすることに役立つでしょうか？　あなたを手助けするために，私はあなたと同じ経験をしている必要があるでしょうか？（Palmer & Panchal, 2011, pp.22-23に引用されているO'Riordan & Panchal, 2008を参照）
4. 人生の転換期は文化間でどのように異なるでしょうか？　また，それはコーチとコーチングサイコロジストにとって，どのような意味を持つのでしょうか？（Palmer & Panchal, 2011, pp.22-23に引用されているO'Riordan & Panchal, 2008を参照）

推奨文献

Blanchflower, D.G., & Oswald, A.J. (2008). Is well-being u-shaped over the life cycle? *Social Science and Medicine*, 66, 1733-1749. This paper offers insights about well-being across the lifespan.

Bridges, W. (1995). *Managing transitions: Making the most of change*. London: Nicholas Brealey Publishing. This book presents a model of transition, which can be helpful when working in the developmental coaching context. 倉光　修・小林哲郎（翻訳）（2014）トランジション ──人生の転機を活かすために（フェニックスシリーズ）　パンローリング

Palmer, S., & Panchal, S. (2011). *Developmental coaching: Life transitions and generational perspectives*. Hove, UK: Routledge. This book takes a generational perspective to developmental coaching and covers topics across the lifespan, from childhood transitions to retirement.

Seligman, M.E.P. (2003). *Authentic happiness*. London: Nicholas Brealey Publishing. Seminal work in the field of positive psychology.

文　献

Atchley, R.C. (1989). A continuity theory of normal aging. *The Gerontologist*, 29 (2), pp. 183-190.

Blanchflower, D.G., & Oswald, A.J. (2008). Is well-being u-shaped over the life cycle? *Social Science and Medicine*, 66, 1733-1749.

Bridges, W. (1995). *Managing transitions: Making the most of change*. London: Nicholas Brealey Publishing.

Bryant, F.B., Smart, C.M., & King, S.P.J. (2005). Using the past to enhance the present: Boosting happiness through positive reminiscence. *Journal of Happiness Studies*, 6 (3), pp. 227-260.

CAPP. (n.d.). *R2 Strengths Profiler: The Strengths Identification and Development Tool*. Retrieved 4 October 2016, from www.cappeu.com/R2StrengthsProfiler.

Diener, E., Wirtz, D., Tov, W., Kim-Prieto, C., Choi, D.-W., Oishi, S., & Biswas-Diener, R. (2010). New well-being measures: Short scales to assess flourishing and positive and negative feelings. *Social Indicators Research*, 97, 143-156.

Donaldson-Fielder, E., & Panchal, S. (2011). Modem mid-life. In S. Palmer & S. Panchal (Eds.), *Developmental coaching: Life transitions and generational perspectives* (pp. 115-135). Hove, UK: Routledge.

Duffy, R., Torrey, C.L., England, J., & Tebbe, E.A. (2016). Calling in retirement: A mixed method study. *The Journal of Positive Psychology*. DOI:http://dx.doi.org/10.1080/17439 760.2016.1187201.

Erikson, E. (1950). *Childhood and society*. New York: Norton.

Fox-Eades, J. (2011). Childhood transitions and celebrating strengths. In S. Palmer & S. Panchal (Eds.), *Developmental coaching: Life transitions and generational perspectives* (pp. 31-50). Hove, UK: Routledge.

Fredrickson, B.L. (2001). The role of positive emotions in positive psychology: The broaden-and-build theory of positive emotions. *American Psychologist*, 56, 218-226.

Fredrickson, B.L. (2004). The broaden-and-build theory of positive emotions. *Philosophical Transactions of the Royal Society of London Series B, Biological Sciences*, 359 (1449), 1367-1378.

Gallup Inc. (n.d.). *Gallup Strengths Center*. Retrieved 4 October 2016, from www. gallupstrengthscenter. com.

Green, L.S., Oades, L.M., & Grant, A.M. (2006). Cognitive-behavioral, solution-focused life coaching: Enhancing goal striving, well-being, and hope. *The Journal of Positive Psychology*, 1 (3), 142-149.

Güsewell, A., & Ruch, W. (2012). Are only emotional strengths emotional? Character strengths and disposition to positive emotions. *Applied Psycholoe: Health and Well-being*, 4 (2), 218-239.

Holmes, T.H., & Rahe, R.H. (1967). The social readjustment rating scale. *Journal of Psychosomatic Research*, 11, 213.

Kim, J., & Moen, P. (2002). Retirement transitions, gender, and psychological well-being: A life-course approach. *Journal of Gerontology: Psychological Sciences*, 57B, 212-222.

Kubler-Ross, E. (1969). *On death and dying*. London: Macmillan.

Langer, E.J., & Rodin, J. (1976). The effects of choice and enhanced personal responsibility for the aged: A field experiment in an institutional setting. *Journal of Personality and Social Psychology*, 34 (2), 191-198.

Levinson, DJ., Darrow, C.N., Klein, E.B., Levinson, M.H., & McKee, B. (1978). *The seasons in a mane's life*. New York: Knopf.

Liston-Smith, J. (2011). Becoming a parent. In S. Palmer & S. Panchal (Eds.), Developmental coaching: *Life transitions and generational perspectives* (pp. 91-114). Hove, UK: Routledge.

Liston-Smith, J., O'Riordan, S., & Panchal, S. (2009). *Life transitions and turning points: Using a developmental coaching psychology approach*. Master class at the 2nd European Coaching Psychology Conference, British Psychological Society's Special Group in Coaching Psychology, Egham, 16th December.

Liston-Smith, J., O'Riordan, S., & Panchal, S. (2010). *Transitions and the meaning of life: The vital role of coaching psychology*. Workshop at the Going Global 2010 International Conference, London, Association for Coaching.

Markus, H., & Nurius, P. (1986). Possible selves. *American Psychologist*, 41, 954-969.

Meevissen, Y.M.C., Peters, M.L., & Alberts, H.J.E.M. (2011). Become more optimistic by imagining a best possible self: Effects of a two week intervention. *Journal of Behavior Therapy and Experimental Psychiatry*, 42, 371-378.

O'Riordan, S. (2008). *Has the third age come of age? Placing later life within a coaching psychology context*. Keynote at the 1st European Coaching Psychology Conference, London, British Psychological Society's Special Group in Coaching Psychology, 17th December.

O'Riordan, S. (2011). Looking forward to retirement. In S. Palmer & S. Panchal (Eds.),

Developmental coaching: Life transitions and generational perspectives (pp. 137-158). Hove, UK: Routledge.

O'Riordan, S. (2013). *Developmental coaching: Supporting later life and retirement transitions.* 3rd International Congress of Coaching Psychology, Division of Work and Organisational Psychology Coaching Psychology Group, Psychological Society of Ireland, Dublin, 15th June.

O'Riordan, S. (2015). *Negotiating challenge and change: Coaching towards successful transitions.* Session at the Coaching at Work Annual Conference 2015: Onwards & Upwards, London, 1st July.

O'Riordan, S., Palmer, S., & Panchal, S. (2017). The bigger picture: Building upon thea 'Developmental Coaching: Transitions Continuum.' *European Journal of Applied Positive Psychology,* 1 (6), 1-4. Retrieved from: www.nationalwellbeing-service.org/ volumes/volume-1-2017 /volume-1-article-6

O'Riordan, S., & Panchal, S. (2008). *The big picture: Placing life transitions in todaya's generational context for coaching psychologists.* Skills-based session at the 1st European Coaching Psychology Conference, London, British Psychological Society's Special Group in Coaching Psychology, 17th December.

O'Riordan, S., & Panchal, S. (2012). *Developmental coaching through transitions and change.* Session at the Coaching at Work Conference, London, 11th July.

Palmer, S., & Cooper, C. (2013). *How to deal with stress* (3rd ed.). London: Kogan Page.

Palmer, S., & Gyllensten, K. (2010). Counselling psychology in the workplace. In R. Woolfe, S. Strawbridge, B. Douglas, & W. Dryden (Eds.), *Handbook of counselling psychology* (pp. 416-433). London: Sage.

Palmer, S., & McDowall, A. (2010). *The coaching relationship: Putting people first.* Hove, UK: Routledge.

Palmer, S., & Panchal, S. (2011). *Developmental coaching: Life transitions and generational perspectives.* Hove, UK: Routledge.

Panchal, S. (2011). From twenties to thirties. In S. Palmer & S. Panchal (Eds.), *Developmental coaching: Life transitions and generational perspectives* (pp. 71-90). Hove, UK: Routledge.

Panchal, S., Palmer, S., O'Riordan, S., & Kelly, A. (2017). Stress and wellbeing: A lifestage model. *International Journal of Stress Prevention and Wellbeing,* 1 (5), 1-3. Retrieved from www.stressprevention.net/volume/volume-1-2017/volume-1-article-5/.

Peterson, C.P. (2008). Other people matter: Two examples. *Psychology Today.* Retrieved from www.psychologytoday.com/blog/the-good-life/200806/other-people-matter-two-examples.

Puri, A. (2011). Coaching through the teenage years. In S. Palmer & S. Panchal (Eds.), Developmental coaching: *Life transitions and generational perspectives* (pp. 51-70). Hove, UK: Routledge.

Rodin, J., & Langer, E.J. (1977)-Long-term effects of a control-relevant intervention with the institutionalized aged. *Journal of Personality and Social Psychology,* 35 (12), 897-902.

Ryff, C.D. (1995). Psychological well-being in adult life. *Current Directions in Psychological Science*, 4 (4), 99-104.

Schlossberg, N.K., Waters, E.B., & Goodman, J. (1995). *Counseling adults in transition* (2nd ed.). New York: Springer.

Seligman, M.E.P. (2003). *Authentic happiness*. London: Nicholas Brealey Publishing.

Seligman, M.E.P., Steen, T.A., Park, N., & Peterson, C. (2005). Positive psychology progress: Empirical validation of interventions. *American Psychologist*, 60 (5), 410-421.

Sheldon, K.M., & Elliot, A.I. (1999). Goal striving, need satisfaction, and longitudinal well-being: The Self-Concordance Model. *Journal of Personality and Social Psychology*, 76 (3), 482-497.

Sheldon, K.M., & Lyubomirsky, S. (2006). How to increase and sustain positive emotion: The effects of expressing gratitude and visualizing best possible selves. *The Journal of Positive Psychology*, 1 (2), 73-82.

Snyder, C.R., Rand, K.L., & Sigmon, D.R. (2002). Hope Theory: A member of the positive psychology family. In C.R. Snyder & SJ. Lopez (Eds.), *Handbook of positive psychology* (pp. 257-276). New York: Oxford University Press.

Stanley, N., Mallon, S., Bell, J., & Manthorpe, J. (2009). Trapped in transition: Findings from a UK study of student suicide. *British Journal of Guidance & Counselling*, 37 (4), 419–433.

Waugh, C.E., & Fredrickson, B.L. (2006). Nice to know you: Positive emotions, self-other overlap, and complex understanding in the formation of a new relationship. *The Journal of Positive Psychology*, 1 (2), 93-106.

第 12 章

ポジティブ心理学コーチングの将来

スージー・グリーン & ステファン・パーマー

　この最終章は，ポジティブ心理学コーチングの将来の可能性について，われわれの洞察の概略を述べることを目的としている。将来の研究と実践に対するわれわれの推奨も提案したい。このハンドブックで参照された研究から，ポジティブ心理学の科学を学び，コーチング実践に応用しようとしているエビデンスベースドコーチングの実践家に対して，いくつかのコツを伝授したいとも思っている。

　本書の執筆の過程でわれわれは，エビデンスベースドコーチが参考にできるポジティブ心理学のトピックがいかに多様であるかを認識した。資格を持つサイコロジストとして，われわれは研究の蓄積がいかにめざましく発展し，現在も発展し続けているかということに気づいている。ポジティブ心理学に対する初期の頃の批判については言及した。さらに，より多くの実践家たちがガイダンスを求めて科学に注目し，より多くの研究者達が自分たちの科学を実践に移すことの影響を考えるようになるにつれて，研究と実践の架け橋は，一層強固になりつつあるとわれわれは考えている。

　いまだに残る批判の中心は，ポジティブ心理学が個人主義的あるいは自己注目的すぎる，というあたりにある。本書はポジティブ心理学科学の応用として一対一のコーチング形式に焦点を当てているが，オコナーとカバナフ（O'Connor & Cavanagh, 2003）が「コーチングの波及効果」として研究の中で示しているように，一対一のコーチングは実際に投資に値する効果が得

られる。一対一のコーチングは，コーチング文化を創造したいと願う個人，チーム，組織に大切な贈り物を残してくれると信じている。よって，本書でカバーされた多くのトピックは，チームやグループでのコーチング形式にも応用し得ると示唆できる。

将来のポジティブ心理学の展望

われわれは，職場におけるコーチングがエグゼクティブレベルを超えて，すべてのスタッフの手に届くくらいまで——もちろんコストや時間をかけない形式で，伝統的な1時間に及ぶセッションというより，たとえば30分のバーチャルコーチングなどであるが——普及すべきニーズがあると主張したい。このような形式のコーチングは，ウェルビーイングにより広い焦点を当て，組織の福利厚生サービスのメニューの一部にもできる。このようにして，組織はコーチング文化を創造するストラテジーを発展させ，それはポジティブ文化の形成をも支援する。したがって，コーチングはかつてエグゼクティブやリーダーシップコーチングにおいて目的とされてきたような，純粋なパフォーマンスのためというよりは，より広いメンタルヘルスやウェルビーイングの方略にとって鍵となる取り組みとして形成することができる。

ポジティブ心理学に対する関心を継続すると共に，われわれはますます多くのエビデンスベースドコーチたちが最適な人間の機能の科学についての知識とスキルを研ぎ澄ますことを期待したい。それは実際のところ，プロフェッショナルにとっては実施しなければ罪に問われるような注意義務であると，示唆しておきたい。さらにわれわれは，達成とピークパフォーマンスのためであると共に，ウェルビーイング増進のためのコーチングの利用（リーダーシップコーチングであれもっと広いスタッフコーチングであれ）がさらに受け入れられることを期待したい。これは，ウェルビーイングが没頭と創造性の増進をもたらすビジネスのケーススタディとして，認識されるようになるだろう。

研究の方向性

　ポジティブ心理学科学における研究はますます洗練され，繊細さを増している。エビデンスベースドコーチングに対する科学の応用も同様に，包括的ではなく，より微細であってほしいとわれわれは願っている。グリーンとオコナー（2017）が示唆しているように，コーチングがポジティブ心理学介入の効果を増幅する可能性に関して，今後の研究が切望されている。普通のコーチングとポジティブ心理学コーチングの比較研究も必要である。多くのコーチングがオンラインやその他のテクノロジーを用いて実施されているので，これらの媒体を通して行われるポジティブ心理学コーチングの効果に関する研究も重要である。

　すでに述べたように，ポジティブ心理学もコーチング心理学も個人，集団，組織，コミュニティ，あるいはさらに広い社会レベルでの実施が可能である。一対一のコーチングの文脈で行う個人レベルのポジティブ心理学コーチングは，すでにポジティブ心理学介入（PPI）として認識されている（Sin & Lyubomirsky, 2009）。今後は，コーチング心理学やエビデンスベースドコーチングの利用が，すでに挙げたいかなる PPI においても「増幅器」として一層認識されると，われわれは主張したい。たとえば，感謝のワークを習慣的に実践したいという意図のある人に対して，エビデンスベースドコーチングはその目標達成の可能性を拡大することができるだろう。(Green, 2014; Dias, Palmer, & Nardi, 2017)

　さらに，この二つの領域において集団，チーム，組織，コミュニティに対する適用を探索する必要性の認識も高まっている。グラント（Grant, 2016）は，職場でのコーチングの方法論は時代と共に進化していると指摘し，「第三世代のコーチング」という概念を提唱している。グラントによると，「第一世代の」コーチング（1990 年代）は，パフォーマンスの管理に焦点を当てており，「第二世代の」コーチング（2000 年代）は，より構造化された段階的な独自のアプローチを取り，それは「コーチとしてのリーダー」など，パフォーマンスに焦点を当てたコーチトレーニングプログラムを含んでいた。グラントは，このような「機械的な」アプローチは，不確実性と急速

な変化があたり前となっている（p1），昨今の組織上の問題には適していないと論じている。グラントは，「第三世代の」職場コーチングは，個人と組織のパフォーマンスとウェルビーイングの両方を，持続可能かつ個人的に意味のある形で高めることに，明確な焦点を当てていると述べている。

パフォーマンスとウェルビーイングの両方に関連していると明言することは，ポジティブ心理学コーチングの品質証明であり，本書のようなテキストが，エビデンスベースドな実践家に対して豊かな知識を提供することができる所以である。

1章において，われわれは個人の状況や経験におけるポジティブとネガティブの（あるいは暗い）両面を包含しようとする，発展中のPP2.0（Wong, 2011），あるいはポジティブ心理学の第二の波（Lomas & Ivtzan, 2016: Sims, 2017)について言及した。われわれはコーチと感情について話し合うときに，より繊細なアプローチを取ることを主張したい。困難な感情を含んでいるにもかかわらず，いやむしろ困難な感情が含まれているからこそ，第二世代のポジティブ心理学にコーチングが含まれるべきだというシムス（Sims, 2017)の主張にわれわれは賛同する。しかしながら，この領域の発展については，適切な資格を持ったポジティブ心理学コーチを使った研究が今後必要かもしれない。

ディアス，G.P.（Dias et al., 2015）は，コーチング心理学介入が脳機能の変化を引き起こすことを示す，神経科学的な研究が必要であると強調している。ディアスらは，これはコーチングおよびコーチング心理学の実践を科学的に検証する方法であると強く主張している。ディアス，パーマーとナーディ（Dias, Palmer, & Nardi, 2017）らは，以下のような問いを投げかけている「神経科学はコーチング心理学が脳の領域および／あるいは大脳皮質のパターニングを分化的に活性化させるかどうかについて，情報を提供できるだろうか?」われわれは，この種の研究は，ポジティブ心理学とポジティブ心理学コーチングにも適用できると信じている。

コーチングモデル──PERMA を超えて

　コーチングモデルは実践に情報を提供し，導いてくれる。本書では，INSIGHT，PRACTICE，ABCDEF，PERMA など多くのコーチングモデルや枠組みを紹介した。本節では，実践家に役立つと思われるモデルを，さらに二つ紹介する。

　ディアス（Dias et al., 2017）らは，ポジティブ心理学実践，認知行動的コーチング，解決志向コーチングの中心的なテクニック，方略，原則を盛り込んだ，統合的認知行動コーチング（ICBC）モデルを開発（図 12-1 参照）した。このモデルは，本書ですでに詳述した技法の多くを強調しており，ディアスらは ICBC が実際にポジティブ心理学コーチングのひとつの流派として，どのように織り込まれているかを論じている。このモデルは，コーチトレーニングの際に覚え書きとして使うことができるだろう。

　ポジティブ心理学の第二の波の立場からは，シムス（Sims, 2017）がクライアントの困難な感情に対応するモデルを開発し，TEARS HOPE（涙と希望）という語呂合わせを使っている。その頭文字は，九つの PP2 の手法を反映したものである（P.71）。

T：　teach and learn（教えることと，学ぶこと）

E：　express and enable sensory and embodied experiences and fragments
　　　（表現し，感じ取り，経験と断片を具体化する）

A：　accept and befriend（受容し，友達になる）

R：　re-appraise and re-frame（再評価し，枠組みを変える）

S：　social support（ソーシャルサポート）

H：　hedonic well-being/happiness（ヘドニックなウェルビーイング／幸福）

O：　observe and attend to（観察し，注意を払う）

P：　physiology and behavioural changes（生理的・行動的変化）

E：　eudaimonia（ユーダイモニア）

298

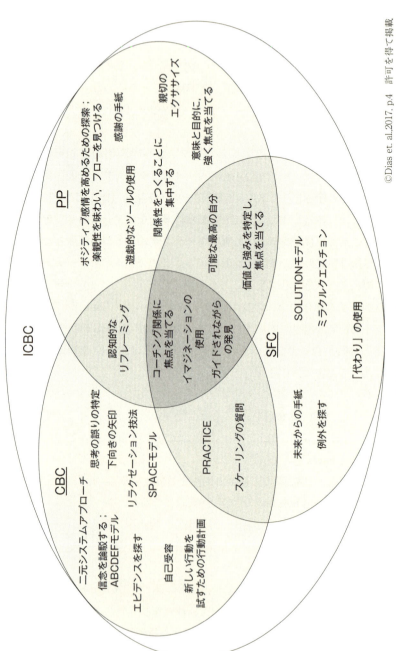

図 12-1　ICBC モデル

TEARS HOPEは，ポジティブ心理学コーチに対して，クライアントがコーチング過程の中で生じた困難な感情と向き合うことを支援する際に役立つ枠組みを提供する。シムス(Sims, 2017)は，マインドフルネス，認知行動的手法，セルフ・コンパッションなどのテクニックと方略のリストを挙げている。

実践への助言

エビデンスベースドコーチには，以下に挙げるような鍵となる学術雑誌を読んで，最先端の科学の知識を維持し続けることをお勧めする。それらは *Journal of Positive Psychology, The European Journal of Applied Positive Psychology, The International Journal of Wellbeing, The International Journal of Applied Positive Psychology*, である。また，International Positive Psychology Congress（国際ポジティブ心理学会議），The European Positive Psychology Conference（ヨーロッパポジティブ心理学会）などの国際学会をはじめ，オーストラリアポジティブ心理学会，カナダポジティブ心理学会など各国のポジティブ心理学の国内学会に出席することを勧める。また，国際コーチング心理学協会は，文字通り二つの領域を合体させるために，ポジティブ心理学とコーチング心理学をテーマに，年次大会を開催している。さらに，エビデンスベースドコーチには定期的に個人またはグループでのピアスーパービジョンや，今後の実践をベースとしたエビデンスが探索あるいは議論される文献抄読会に参加して，実践の場で科学をいかに適切に応用するかについて議論することを勧めたい。

結　　論

われわれはポジティブ心理学コーチングの将来に対して，注意深い楽観性を持って，本章と本書を終えることにする。ポジティブ心理学とコーチング心理学の理論と実践の統合は，国際的なコーチング心理学実践調査（Palmer & Whybrow, 2017）においても際立っている。調査参加者たちは「あなたがコーチング / コーチング心理学実践の中で使用しているアプローチやそれ

をもとにしたモデルは,以下のうちどれですか(該当するものすべてにチェックを入れなさい)」,と質問された。ポジティブ心理学は回答者の63.27%から選択され,最上位であった。以下に続くのは認知行動的アプローチが57.08%,第三位はマインドフルネスの47.79%,解決志向が42.92%であった。本書の結論として,われわれはポジティブ心理学コーチングの将来は明るいと信じている。

ディスカッションのポイント

1. ポジティブ心理学コーチングの将来は明るいと思いますか?
2. 以下について議論しなさい。ポジティブ心理学実践の第二の波はコーチングというより心理療法に近い。
3. ポジティブ心理学コーチングの領域で,さらなる研究が急務とされているのは,どの領域だと思いますか。
4. この本を読んであなたのコーチング実践に応用できる,鍵となる学習のポイントは何でしたか?

推奨文献

Dias, G.P., Palmer, S., & Nardi, A.E. (2017). Integrating positive psychology and the solution-focused approach with cognitive-behavioural coaching; the integrative cognitive-behavioural coaching model. *European Journal of Applied Positive Psychology*, 1, 3, 1-8. Retrieved from www.nationalwellbeingservice.org/volumes/ volume-1-2017/ volume-1-article-3

Grant, A.M. (2016). The third 'generation' of workplace coaching: Creating a culture of quality conversation. *Coaching: An International Journal for Theory, Research and Practice*, 10(1), 37-53.

Sims, C. (2017). Second wave positive psychology coaching with difficult emotions: Introducing the mnemonic of 'TEARS HOPE'. *The Coaching Psychologist*, 13(12), 66-78.

Wong, P.T. (2011). Positive psychology 2.0: Towards a balanced interactive model of the good life. *Canadian Psychology/Psychologie Canadienne*, 52(2), 69-81

文　献

Dias, G.P., Palmer, S., & Nardi, A.E. (2017). Integrating positive psychology and the solution-focused approach with cognitive-behavioural coaching: The integrative cognitive-behavioural coaching model. *European Journal of Applied Positive Psychology*, 1, 3, 1-8. Retrieved from www.nationalwellbeingservice.org/volumes/volume-1-2017 / volume-1-article-3

Dias, G.P., Palmer, S., O'Riordan, S., de Freitas, S.B., Habib, L.R., Bevilaqua, M.C.N., & Nardi, A.E. (2015). Perspectives and challenges for the study of brain responses to coaching: Enhancing the dialogue between the fields of neuroscience and coaching psychology. *The Coaching Psychologist*, 11 (1), 21-29.

Grant, A.M. (2016). The thirde'generation'eof workplace coaching: Creating a culture of quality conversation. *Coaching: An International Journal for Theory, Research and Practice*, 10 (1), 37-53.

Green, L.S. (2014). Positive education: An Australian perspective. In P.A. Alexander, M.J. Furlong, R. Gilman, & E.S. Huebner (Eds.), *Handbook of positive psychology in schools* (2nd ed.), (pp. 401-415). Abingdon, UK: Routledge.

Green, L.S., & O'Connor, S. (2017). Partnering evidence-based coaching and positive psychology. In M.A. White, G.R. Slemp, & A.S. Murray (Eds.), *Future directions in well-being* (pp. 63-69). New York: Springer.

Lomas, T., & Ivtzan, I. (2016). Second wave positive psychology: Exploring the positive-negative dialectics of wellbeing. *Journal of Happiness Studies*, 17 (4), 1753-1768.

O'Connor, S., & Cavanagh, M. (2013). The coaching ripple effect: The effects of developmental coaching on wellbeing across organisational networks. *Psychology of Well-Being: Theory, Research and Practice*, 3 (2), 1-23.

Palmer, S., & Whybrow, A. (2017). *What do coaching psychologists and coaches really do?* Results from two international surveys. Invited paper at the 7th International Congress of Coaching Psychology 2017. Theme: Positive and Coaching Psychology: Enhancing Performance, Resilience, and Well-being. Presented on 18 October 2017, in London.

Sims, C. (2017). Second wave positive psychology coaching with difficult emotions: Introducing the mnemonic of 'TEARS HOPE.' *The Coaching Psychologist*, 13 (12), 66-78.

Sin, N.L., & Lyubomirsky, S. (2009). Enhancing well-being and alleviating depressive symptoms with positive psychology interventions: A practice-friendly meta-analysis. *Journal of Clinical Psychology: In Session*, 65, 467-487.

Wong, P.T. (2011). Positive psychology 2.0: Towards a balanced interactive model of the good life. *Canadian Psychology/Psychologie Canadienne*, 52 (2), 69-81.

付録 1

関連する組織

Association for Coaching（AC）[*1]
定評あるコーチ専門家集団の組織

Association for Professional Executive Coaching and Supervision
エグゼクティブコーチングに特化した専門家集団の組織

Australian Centre on Quality of Life
ACQol はクオリティオブライフに関するエビデンスベースドな測定の研究をするために設立された。ウェブサイトには数々の役に立つ研究のリソースが掲載されている

Canadian Positive Psychology Association
会員には研究者および実践家が含まれている

Centre for Applied Positive Psychology
ポジティブ心理学のリソースとトレーニングを提供を行っている

Centre for Coaching[*2]
コーチングの提供と，（AC などに）認定されたコーチングとコーチング

心理学のコースを開講している

Centre for Positive Transitions
コーチングの提供と，認定された発達的ポジティブ・トランジション・コーチングのコースを開講している

Coaching Psychology Unit, City, University of London, UK[3]
ロンドンシティ大学の本ユニットでは，ポジティブ心理学とコーチング心理学の研究を行っている

Coaching Psychology Unit, University of Sydney, Australia[4]
シドニー大学の本ユニットでは，コーチング心理学の研究を行い，修士課程を開講している

European Network for Positive Psychology
ポジティブ心理学の科学および実践に対する関心を共有している，ヨーロッパの研究者と実践家の集団

International Positive Psychology Association[5]
ポジティブ心理学の科学と実践を推進する団体

International Coach Federation (ICF) [6]
プロコーチの国際的な団体

International Congress of Coaching Psychology[7]
世界中のコーチング心理学集団をまとめ，会議を開催している。それぞれの国・地域では，心理学の専門家の団体との共催で会議を開催している

International Society for Coaching Psychology[8]
コーチング心理学の学術領域および専門性を推進するために設立された，

国際的な専門家集団による団体。学術誌の出版，認定コースの開講，サイ
コロジスト，スーパーバイザーの認定およびセンターの認定を行っている。
ポジティブ心理学およびコーチング心理学の年次学術会議を開催している

ISCP International Centre for Coaching Psychology Research
International Society for Coaching Psychology の研究部門

Japan Positive Psychology Association
IPPA の日本支部

Latin American Positive Psychology Association
ポジティブ心理学を広める目標を持っているラテンアメリカの組織

National Positive Psychology Association
ポジティブ心理学の領域を世界的（西洋，東洋，特にインド）に構築する
ことに焦点を当てている

Positran
ポジティブ心理学を通して，個人の変容を目指すコンサルティング会社

The Positivity Institute
人生，学校，職場のためのウェルビーイング科学の研究と実践に専心する，
ポジティブに逸脱した組織

New Zealand Association of Positive Psychology
ポジティブ心理学の科学と実践を推進している

■ 訳注

日本ポジティブサイコロジー医学会
（Japanese Positive Health Psychology Society）

医療面を中心に，ポジティブ心理学の研究と実践を牽引することを目指す。会員には，医療関係者以外に実践家，社会科学系研究者などが含まれる。年次学術集会を開催している。http：//jphp.jp/shusi.html

　*1 から *8 の団体等については，西垣・堀・原口編著『コーチング心理学概論』（2015，ナカニシヤ出版）の中で，具体的なカリキュラム，会議の様子，コース内容，資格の条件や取得方法などを，それぞれ解説しているので参照されたい。

*1：コラム 8「コーチの団体」
*2：コラム 7「英国のコーチング心理学トレーニング：Centre for Coaching UK の例」
*3：コラム 4「英国の大学におけるコーチング教育」
*4：コラム 3「オーストラリアの心理学的コーチングの現状」
　　4 章 2 節「シドニー大学のコーチング心理学カリキュラム」
*5：コラム 5「国際ポジティブ心理学会（IPPA）世界大会の背景」
*6：コラム 8「コーチの団体」
　　コラム 9「世界のコーチ現状：ICF グローバルスタディの紹介」
*7：コラム 1「国際コーチング心理学会」
*8：コラム 8「コーチの団体」

付録 2

質問紙と調査票

　ポジティブ心理学コーチングで使用できる多くの質問紙や尺度がある。下記のリストは広い範囲を網羅してはいないが，代表的なものを挙げている。

Authentic Happiness Inventory（全体的な幸福度に関する調査票）
　この尺度は全体的な幸福度を測定する

EPOCH　Measure of Adolescent Well-being
　この尺度は青年期のモデルに合わせた繁栄を促進すると考えられる，エンゲージメント，忍耐力，楽観性，つながり，幸福，の五つのポジティブな性格を捉える

Fordyce Emotions Questionnaire
　この質問票は現在の幸福感を測定する

General Happiness Scale
　この尺度は長期的な幸福感を測定する

Grit Survey
　この尺度は忍耐力のキャラクターストレングスを測定する

Meaning of Life Questionnaire

この質問票は（人生の）意味を測定する

Satisfaction with Life Scale

この尺度は人生の満足度を測定する

Optimism Test

この検査は将来に対する楽観性を測定する

PANAS　質問票

この質問票はポジティブ感情とネガティブ感情を測定する

（訳注：PANAS には複数の日本語版が存在する）

PERMA-Profiler

このプロファイラーは，成人のために開発された繁栄の五つの領域：ポジティブ感情，エンゲージメント，関係性，意味，達成，を測定する一般的な尺度である

Video of Dr Peggy Kern—Introducing the PERMA-Profiler：

（訳注：ペギー・カーン博士による PERMA プロファイラーの解説）

Strengths Profile

このプロファイルは，六つの鍵となる強みに基づく四つの領域についての洞察を提供する。

四つのタイプのストレングス・プロファイル—個人向け入門用，個人向けエキスパート用，組織向けチーム用，組織向け管理職用—がある

VIA Survey of Character Strength

このサーベイは，簡単な自記式質問票である。無料のレポートと，有料の詳しいレポートがある。（訳注：ウェブ上で，日本語版を受けることができる。有料のレポートは英語である）

Workplace PERMA-Profiler

このプロファイラーは PERMA-Profiler の変形版で，質問を職場に合わせて変えてある

引用文献に含まれる日本語訳のある書籍一覧

Bernard, C.L.（1938）. *The functions of the Executive*. Cambridge, MA: Harvard University Press.
山本安次郎（翻訳）（1968）経営者の役割（経営名著シリーズ2）ダイヤモンド社

Biswas-Diener, R.（2010）. *Practicing positive psychology coaching: Assessment, activities and strategies for success*. Hoboken, NJ: John Wiley & Sons.
宇野カオリ（監訳）・高橋由紀子（翻訳）（2016）ポジティブ・コーチングの教科書：成長を約束するツールとストラテジー　草思社

Boniwell, I.（2012）. *Positive psychology in a nutshell*. Maidenhead, UK: Open University Press.
成瀬まゆみ（監訳）・永島沙友里・松田由美・佐布利江・神前珠生（翻訳）（2015）ポジティブ心理学が1冊でわかる本　国書刊行会

Bridges, W.（1995）. *Managing transitions: Making the most of change*. London: Nicholas Brealey Publishing.
倉光　修・小林哲郎（翻訳）（2014）トランジション―人生の転機を活か

すために（フェニックスシリーズ）パンローリング

Buckingham, M., & Clifton, D.（2001）. *Now discover your strengths*. New York: Simon & Schuster Adult Publishing Group.
田口俊樹（翻訳）（2001）さあ，才能（じぶん）に目覚めよう—あなたの5つの強みを見出し，活かす　日本経済新聞出版社

Cooperrider, D.L., & Whitney, D.（2005）. *Appreciative inquiry: A positive revolution in change*. San Francisco, CA: Berrett-Koehler.
本間正人（監訳）・市瀬博基（翻訳）（2006）AI「最高の瞬間」を引きだす組織開発—未来志向の"問いかけ"が会社を救う　PHP 研究所

Duweck, C.（2007）. Mindset: *The new psychology of success*. New York: Ballantine Books.
今西康子（翻訳）（2016）マインドセット「やればできる！」の研究　草思社

Erickson, E.（1950）. *Childhood and society*. New York: Norton.
仁科弥生（翻訳）（1977）幼児期と社会 1　みすず書房
仁科弥生（翻訳）（1980）幼児期と社会 2　みすず書房

Gergen, K.J.（1994）. *Realities and relationships: Soundings in social construction*. Cambridge, MA: Harvard University Press.
永田素彦・深尾　誠（翻訳）（2004）社会構成主義の理論と実践—関係性が現実をつくる　ナカニシヤ出版

Harris, R.（2009）. *ACT made simple: An easy-to-read primer on acceptance and commitment therapy*. Oakland, CA: New Harbinger Publications.
武藤　崇（監訳）岩淵デボラ・本多　篤・寺田久美子・川島寛子（翻訳）（2012）よくわかる ACT（アクセプタンス＆コミットメント・セラピー）明日か

らつかえる ACT 入門　星和書店

Hayes, S.C., & Smith, S.X.（2005）. *Get out of your mind & into your life: The new acceptance & commitment therapy.* New Harbinger Publications.
武藤　崇・原井宏明・吉岡昌子・岡嶋美代（翻訳）（2010）ACT（アクセプタンス＆コミットメント・セラピー）をはじめる セルフヘルプのためのワークブック　星和書店

Hayes, S.C., Strosahl, K.D., & Wilson, K.G.（2012）. *Acceptance and Commitment Therapy: The process and practice of mindful change* (2nd ed.). New York: Guilford.Press.
武藤　崇・三田村仰・大月　友（監訳）（2014）アクセプタンス＆コミットメント・セラピー〈ACT〉第2版：マインドフルな変化のためのプロセスと実践　星和書店

Heath, C., & Heath, D.（2010）. *Switch: How to change things when change is hard.* New York: Broadway Books.
千葉敏生（翻訳）（2016）スイッチ！―「変われない」を変える方法（ハヤカワ・ノンフィクション文庫）早川書房

Kabat-Zinn, J.（2013）. *Full catastrophe living: Using the wisdom of your body and mind to face stress, pain, and illness.* New York: Bantam Books.
春木　豊（翻訳）（2007）マインドフルネスストレス低減法　北大路書房

Kandel, E.R., Schwartz, J.H., Siegelbaum, S.A., & Hudspeth, A.J.（2013）. *Principles of neural science* (5th ed.). New York: McGraw Hill Medical.
金澤一郎・宮下保司（監修）（2014）カンデル神経科学　メディカルサイエンスインターナショナル

Kashdan, T., & Biswas-Diener, R. (2014). *The upside of your dark side: Why being your whole self - not just your "good" self-drivers success and fulfillment.* New York: Penguin.

高橋由紀子（翻訳）（2015）ネガティブな感情が成功を呼ぶ　草思社

Kubler-Ross, E. (1969). *On death and dying.* London: Macmillan.

鈴木　晶（翻訳）（2001）死ぬ瞬間—死とその過程について（中公文庫）中央公論新社

Levinson, D.J., Darrow, C.N., Klein, E.B., Levinson, M.H., & McKee, B. (1978). *The seasons in a man's life.* New York: Knopf.

南　博（翻訳）（1992）ライフサイクルの心理学（上）（講談社学術文庫）講談社

南　博（翻訳）（1992）ライフサイクルの心理学（下）（講談社学術文庫）講談社

Lilienfeld, S.O., Lynn, S.J., Ruscio, J., & Beyerstein, B.L. (2011). *50 great myths of popular psychology: Sharttering widespread misconceptions about human behavior.* West Sussex UK: John Wiley & Sons.

八田武志・戸田山和久・唐沢　穣（監訳）（2014）本当は間違っている心理学の話：50の俗説の正体を暴く　化学同人

Palmer, S., & Whybrow, A. (2008). *Handbook of coaching psychology: A guide for practitioners.* Hove, UK: Routledge.

堀　正（監訳）・自己心理学研究会（翻訳）（2011）コーチング心理学ハンドブック　金子書房

Rath, T. (2007). *Strengthfinder 2.0.* New York: Gallup Press.

古屋博子（翻訳）（2017）さあ，才能（じぶん）に目覚めよう　新版　ストレングス・ファインダー2.0　日本経済新聞出版社

Seligman, M.E.P.（2002）. *Authentic happiness: Using the new positive psychology to realize your potential for lasting fulfillment*. New York: Random House.

小林裕子（翻訳）（2004）世界でひとつだけの幸せ―ポジティブ心理学が教えてくれる満ち足りた人生　アスペクト

Seligman, M.E.P.（2012）. *Flourish*. New York: Simon & Schuster.

宇野カオリ（監訳）（2014）ポジティブ心理学の挑戦　"幸福"から"持続的幸福"へ　ディスカバートゥエンティワン

Stewart, I., & McHugh, L.（2013）. Perspective taking. In Kashdan & Ciarrochi（Eds.）, *Mindfulness, acceptance, and positive psychology: The seven foundations of well-being*（pp.1-29）. Oakland, CA: Context Press.

小原圭司（監訳）・川口彰子・伊井俊貴・中神由香子・岩谷　潤・木山信明・須賀楓介（翻訳）（2019）ポジティブ心理学，ACT，マインドフルネス―しあわせな人生のための7つの基本　星和書店

Törneke, N.（2010）. *Learning RFT: An introduction to relational frame theory and its clinical application*. Oakland, CA: Context Press/New Harbinger Publications.

山本淳一（監修）・武藤　崇・熊野宏昭（監訳）（2013）関係フレーム理論（RFT）をまなぶ 言語行動理論・ACT 入門　星和書店

Williams, J.M.G., Teasdale, J.D., Segal, Z.V., & Kabat-Zinn, J.（2007）. *The mindful way through depression: Freeing yourself from chronic unhappiness*. New York: Guilford Press.

越川房子・黒沢麻美（翻訳）（2012）うつのためのマインドフルネス実践 慢性的な不幸感からの解放　星和書店

監訳者あとがき

スージー・グリーンとステファン・パーマー（Suzy Green & Stephen Palmer）編著 *Positive Psychology Coaching in Practice* の日本語版を読者の皆様にお届けできることを，心より嬉しく思います。本書の翻訳は，原著にも匹敵する素晴らしいバックグラウンドを持つ翻訳チームの先生方の協力なしには実現できませんでした。

原著の執筆陣は，プロフィールに示されている通り，ポジティブ心理学およびコーチングの多様な分野の学術的なエキスパートであると同時に，コーチングやポジティブ心理学のプラクティショナーでもあります。本書の翻訳チームも原著者たちと同様，それぞれが担当する章の内容に関する高い専門性を持ち，コーチングやポジティブ心理学の実践者です。また，各章は互いに関連している部分があるため，メーリングリストを作成し，情報を共有しながら翻訳作業に当たりました。これ以上望むことのできないチームで本書の翻訳を進めることができたことは，監訳者として望外の喜びでした。

少し長くなりますが，監訳者が本書の翻訳を手掛けるに至るまでの経緯をお話ししたいと思います。国際コーチング心理学会初代会長のステファン・パーマー先生を，当時教授を務めておられたロンドンシティ大学に訪ねたのは，2013 年の夏のことでした。写真で見ると厳しく神経質な印象に見えたステファン・パーマー先生は，実際は小柄で柔和な英国紳士でしたが，コー

チング心理学の話になると，時に厳しい口調で理論と研究の大切さを，力を込めて熱く語られました。翌日，先生が主催される Centre for Coaching London の研修会場を訪問し，指導中のシュバーン・オリオーダン先生（本書11章の著者）に温かく迎えていただきました。研修はとてもアットホームな雰囲気で，「ぜひ，ここに学びに来ます」と言ってセンターを後にしました。

翌2014年の6月と12月にはロンドンを再訪し，コーチング研修を受講しました。パーマー先生，オリオーダン先生，エガートン先生の指導は，それぞれ個性的でしたが，いずれも活発なディスカッションとコーチング演習を中心に進められ，気を抜く暇もない充実したものでした。Centre for Coaching のコーチングは主に認知行動療法の理論を背景にしています。理論のベースがあるということは，コーチングセッションの中で，次にどの方向に進むべきかという明確な道しるべがあるということです。それまで私が学んできたコーチングとは一線を画すものでした。

その後もコーチング研修受講のためにロンドンに通い，さらに国際コーチング心理学会（International Conference of Coaching Psychology）にも出席し，認知行動コーチング以外の，さまざまな立場の英国をはじめヨーロッパ各国のコーチと交流することができました。2015年12月の国際コーチング心理学会では，本書の編著者スージー・グリーン先生によるポジティブ心理学のワークショップを受講しました。グリーン先生は，パーマー先生と共にコーチング心理学界を牽引するアンソニー・グラント先生のおられるオーストラリアのシドニー大学で臨床心理学の博士号を取り，同大でポジティブ心理学を教えておられたこともある方です。

私は，ポジティブ心理学とコーチングの関係にはそれ以前から関心があり，2011年にフィラデルフィアで開催されたに第2回ポジティブ心理学世界大会（World Congress on Positive Psychology）に出席したとき，ハーバード大学のキャロル・カウフマン博士のポジティブコーチングのワークショップを受講しました。カウフマン博士にはポジティブ心理学とコーチングに関する複数の論文や著作がありますが，文献からは具体的にそれがどういうものか見えてこなかったからです。しかし，残念ながらワークショップを受講しても，期待する答えを見出すことができませんでした。このあたりの歴史的

な経緯は本書の1章に書かれています。一方，グリーン先生のワークショップは，コーチングとポジティブ心理学の概念を整理・明確化した上で，実践的な演習を行うものでした。半日のワークショップでは全然足りない，と感じたことを覚えています。

　2015年の第79回日本心理学会で，私は「ウェルビーイングとパフォーマンスを高める心理学：ポジティブ心理学とコーチング心理学」と題するシンポジウムを企画しました。幸福学で有名な慶應義塾大学の前野隆司先生，ポジティブ心理学研究者の関西学院大学の大竹恵子先生，コーチの斎藤真一郎さんを迎え，私を含め4人で発題をしました。会場の名古屋国際会議場の会議室には100人を超える聴衆が詰めかけ，部屋に入れない人も出るくらい盛況でした。ウェルビーイングとパフォーマンスを高めるために心理学は何を貢献できるのか，ということは私にとって重要なテーマであるだけでなく，多くの人が関心を寄せていることなのだと確信することができた瞬間でした。コーチング心理学の研究と実践が高等教育機関で行われている欧米豪の各国とは異なり，日本でのエビデンスに基づくコーチング心理学の普及はゆっくりしたものでしたが，英国で学んだコーチング心理学とそれまでの研究実践を元に，編著書『コーチング心理学概論』(2015年，ナカニシヤ出版)を出版することができました。ポジティブ心理学(大竹恵子先生)やアドラー心理学(向後千春先生)の章を盛り込むことができたこと，石川利江先生，森谷満先生，木内敬太先生などコーチング心理学に関心を持つ研究者の協力を得ることができたこと，コーチの立場からも執筆者を得ることができたのは，幸いなことでした。石川先生，森谷先生，木内先生は，今回の翻訳プロジェクトのメンバーでもあります。また，石川先生には河野梨香先生をご紹介頂き，本書の企画にご参加頂きました。『コーチング心理学概論』には，本書の付録1に収録されているさまざまな団体についての詳しい解説も含まれていますので，関心のある方はぜひご覧いただけたらと思います。2015年の第28回日本健康心理学会では，石川先生と松田チャップマン与理子先生のお二人が，シドニー大学のマイケル・カバナフ先生が指導されるコーチング心理学ワークショップの司会・通訳を務められました。ちょうど，出版されたばかりの『コーチング心理学概論』をカバナフ先生にもご覧頂くことがで

きました。なおカバナフ先生は，本書2章の著者ゴードン・スペンス先生の大学院時代の指導教授でもあります。

2016年にアンジェで行われた第8回ヨーロッパポジティブ心理学会議（ECPP）では，グリーン先生，パーマー先生，そしてイローナ・ボニウェル先生（本書10章の著者）の3名によるポジティブ心理学コーチングのシンポジウムが開催されました。ポジティブ心理学会では，どことなくアウェイ感のあるパーマー先生でしたが，シンポジウムは大盛況でした。本書の1章によると，この頃編著者のお二人は既にコーチング心理学とポジティブ心理学の統合を目指して議論を重ねておられたようです。一方，ボニウェル先生は，ヨーロッパにおけるポジティブ心理学の普及における立役者の一人で，イーストロンドン大学のコーチング＆ポジティブ心理学専攻大学院課程の設立にも尽力されています。また，日本ではレジリエンストレーニングの紹介者としても知られています。

この頃私は，自らの関心をレジリエンスやマインドフルネスに広げ，国内でSIYやMBSRなどのマインドフルネスの研修を受けはじめていました。勤務する医科大学の学生にコーチングを紹介する中で，目標達成と共に，ストレスマネジメントや，困難を乗り越えて成長する力——すなわちレジリエンス力を高める手法を模索していたのです。国際ポジティブ心理学会でもマインドフルネスをテーマにした発表やワークショップが徐々に増えていました。今回の翻訳チームのメンバーである脳科学研究者でコーチの影山徹哉先生やポジティブ心理学教育のプラクティショナー吾郷智子先生とは，これらの研修や学会を通して出会うことができました。

2018年7月に *Positive Psychology Coaching in Practice* が出版されたことを知った私はすぐに原著を取り寄せました。そこには，脳科学，マインドフルネス，ACT，レジリエンス，リーダーシップ，強みなどをどのようにコーチングに活かすか，という私がまさに求めていたことがすべて含まれていました。すぐに企画書を書き，翻訳に参加させていただいた『ポジティブ精神医学』（三村將・大野裕監修2018, 金剛出版）でお世話になった金剛出版に送りました。企画をお引き受けいただいた金剛出版には，心より感謝申し上げます。

監訳者あとがき　*321*

　最後に，本書の翻訳作業においては，関西医科大学医学部心理学教室の研究員・非常勤講師の平野智子先生，非常勤職員の藤村あきほさん，小薄亜子さんにさまざまな手助けをしていただきました。彼女たちのサポートなしには，本書は完成しなかったと思います。心よりお礼を申し上げます。ありがとうございました。

　本書が，エビデンスに基づくコーチングの実践を目指し，ポジティブ心理学をコーチングに取り入れたい，あるいは既に取り入れているコーチングの実践者，研究者，学習者のみなさんのお手元に届くことを，原著者と同様強く願っています。なお，本書は心理学的なバックグラウンドのない読者には，少し難解と感じられる部分があるかもしれません。ウェブ上で勉強会の機会などを設けて，できるだけのフォローをしたいと考えています。また，本書に対するご意見やご感想もお聞かせください。原著者にお伝えしたいと思います。私たちポジティブ心理学コーチングの仲間に入ってくださる方を，お待ちしています。

関西医科大学医学部心理学教室教授
ウェルブ・コーチング心理学研究所代表
西垣　悦代
連絡先：drpositivepsychology@gmail.com

索　　引

人　名

■アルファベット
Bryant, F.B.　214, 288
Clough, P.J.　44, 189, 238
Kraemer, S.　112
Pitschel-Walz, G.　112
Rentrop, M.　112
Riper, H.　44, 213
Smit, F.　44, 213

■あ
アイゼン, I.　199
アスピンウォール, L.G.　194
ウェストルフ, G.J.　26
ウォータース, L.E.　17, 23
エガートン, N.　318
オーエルバッハ, J.　32
オコナー, S.　28, 293, 295
オリオーダン, S.　11, 20, 205, 269, 318
オリヴェロ, G.B.　31
オルセン, J.M.　201

■か
ガードナー, F.L.　81, 117
カーン, M.J.　53, 308
カウフマン, C.　33, 35, 318
カシュダン, T.　250
カッゼル, I.　57
カバナフ, M.　77, 83, 293, 319, 320
カルーソ, D.　251
キース, C.L.M.　164
キャメロン, K. S.　242
クーツ, D.L.　219
グッドマン, J.　272
クライン, E.B.　270
グラント, A.M.　24, 27, 33, 41, 42, 106, 182, 244, 295, 296, 318

グリーン, S.　3, 6, 7, 20, 23, 28, 32, 33, 37, 38, 163, 182, 193, 217, 230, 232, 235, 293, 295, 317, 318, 319, 320
クリフトン, D.O.　118
グロス, J.　250
ゲーブル, S.L.　174
ケリー, D.R.　176, 195
コーン, M.A.　206
コックス, E.　251

■さ
サスロー, L.R.　206
サロベイ, P.　251, 255
シェアード, M.　224
シムス　43, 242, 296, 297, 299
シャピロ, S.L.　84
シュロスバーグ, N.K.　272
シルバーマン, M.　33
ジレンステン, K.　43
シン, N.L.　26
スクーラー, A.　35
スタンレー, N.　273
スティーン, T. A.　273
ストーバー, D.　27, 244
スペンス, G.B.　12, 19, 32, 41, 42, 75, 77, 78, 83, 86, 320
スミット, F.　26
セリグマン, M.E.P.　5, 20, 25, 33, 35, 38, 50-56, 61, 62, 116, 118, 164, 165, 166, 170, 194, 225, 273

■た
ダガット, D.　242
ダックワース, A.L.　176
ダロウ, C.N.　270
チクセントミハイ, M.　5, 116, 222
チチェッティ, D.　220
テイ, L.　60
ディアス, G.P.　296, 297

ディーナー, E. 32, 33, 35, 36, 60, 62, 68, 164, 250, 324
ディーン, B. 32, 33
ディヴィッド, A. 254, 256, 257
テイラー, S. 195
デイン, E. 92
デシ, E.L. 50, 55, 56, 61, 78
ドゥエック, C. 176
ドッズ, I. 242
ドライバー, M. 32
トンプソン, R. 250

■な
ナカムラ, J. 222
ニーナン, M. 219
ニュリオス, P. 271, 272

■は
パーク, N. 273
バース, T. 68
パーマー, S. 3, 6, 7, 12, 20, 23, 37, 38, 43, 193, 194,
　204, 205, 217, 228, 230, 234, 269, 270, 274, 276,
　279, 293, 296, 317, 318, 320
バトラー, J. 53
パトリック, C. 251
パンシャル, S. 11, 20, 269, 270, 274, 276, 279
ピーターソン, C. 118, 170, 173, 176, 273, 274
ビエトルカ, M.E. 206
ビスワス・ディーナー, R. 32, 33, 35, 36, 250
フォスター, S.L. 33
フレデリクソン, B.L. 168, 286
プロチャスカ, J.O. 198
ヘイズ 140, 141
ヘヴェルマン, M. 26
ベッカー, B. 220
ベル, J. 273
ボイムル, J. 102
ホウキンス, P. 258
ホームズ, T. H. 273
ボニウェル, I. 8, 20, 33, 241, 242, 320
ボリエル, L. 200
ボルメイヤー, E. 26

■ま
マーカス, H. 271, 272
マシューズ, M.D. 176
マスタン, A.S. 219
マズロー, A. 54, 55, 60, 61, 62

マトリー, N. 196
マドン, W. 128
マロン, S. 273
ミラー, W.R. 202
ムーア, Z.E. 81
メイヤー, J. D. 255
メンジーズ, D. 195
モス, G. 242, 256
モスコヴィッツ, J.T. 206
モラン, D.J. 82

■ら
ラーエ, R. H. 273
ラーサム, P. 176
ライアン, R.D. 50, 55-57, 61
ラスク, R.D. 17, 23
ランガー, E.J. 83, 274
レヴィンソン, M.H. 270, 324
リフ, C.D. 50, 53-56, 61, 164
リベア, H. 26
リュボミルスキー, S. 26, 39, 43, 48, 168, 174, 175,
　176, 191, 200, 216, 247, 250, 267, 272, 291, 295, 301
リンダー, H. 195
リンレイ, A. 33, 118
ルーサー, S.S. 220
レヴィンソン, M.H. 270
ロジャーズ, C. 167
ロック, E.A. 176
ロディン, J. 274
ロルニック, S. 202

項　目

■数字
一対一のコーチング 40, 43, 293, 294, 295
二元システムアプローチ 227
三つの心理的欲求 79
六つのスキル 140
六つのプロセス 149, 157

■アルファベット
ABCDEFモデル 228
ACTの介入 145, 149
ACTのコーチ 155
BEST（最高のパフォーマンス） 66
CBC（認知行動コーチング） 24, 90, 92, 219, 226, 227,
　279, 297, 298, 318
CBCマインドフルネスのコーチング 92

索　引　*325*

CBT（認知行動療法）98, 100, 141, 232, 318
CP（コーチング心理学）3, 4, 7, 8, 10-12, 17, 18, 23-28, 30, 33-35, 37-40, 43, 107, 194, 195, 295, 296, 299, 303, 304-306, 317-321, 332
EBC（エビデンスベースドコーチング）24, 27, 28, 30, 31, 34, 35, 37-39, 41, 43, 44
EQ（感情知能）251, 254, 255
GROWモデル　124, 178
ICBC（統合的認知行動コーチング）モデル　297, 298
INSIGHTの枠組み　277, 279, 283, 287
MAC　81, 84
MBSR　87, 94, 320
MTQ48　36, 179, 236
PERMA（PERMAモデル）14, 19, 20, 28, 38, 50-53, 55, 62, 71, 163-167, 170, 172, 178-186, 188, 189, 194, 214, 297, 308, 309
PERMAHプロファイラー（PERMAH-Profiler）179
PP（ポジティブ心理学）3-5, 7-12, 14, 15, 17-20, 23-27, 29-40, 42, 43, 49, 70, 101, 115, 116, 118, 119, 121-124, 139, 163, 164, 167, 170-179, 182, 183, 188, 193, 194, 196, 200, 205, 217, 218, 222, 231, 232, 241, 243-247, 257, 264, 265, 269, 270, 272-274, 276, 279, 281, 283, 286, 287, 293-297, 299, 300, 303-307, 317-321, 332
PP2.0（PP2）（ポジティブ心理学の第二の波）20, 42, 43, 296, 297
PPC（ポジティブ心理学コーチング）3, 4, 6, 14, 15, 17-20, 23, 25, 27, 31-36, 41, 43, 49, 115, 121, 139, 163, 164, 167, 170, 171, 176, 177, 179-181, 193, 194, 196, 205, 241, 243, 244-246, 250, 255, 257, 261, 264, 265, 276, 293, 295, 296, 297, 299, 300, 307, 320, 321
PPCL（リーダーシップのためのポジティブ心理学コーチング）244-246, 250, 255, 261, 331
PPI（PPIs）（ポジティブ心理学介入）26-28, 30, 31, 33, 35, 41, 43, 119, 122-124, 164, 167, 179, 182, 200, 246, 265, 272, 279, 286, 295, 325, 330
PRACTICEモデル　131, 337
PWBT（心理的ウェルビーイング理論）50, 53, 56, 68
R2ストレングスプロファイラー　279
RAWモデル（繁栄の RAWモデル）（RAW）37, 40, 41, 230, 231, 232, 330
REBT（理性感情行動療法）228, 332, 333
SDT（自己決定理論）19, 39, 50, 55-58, 61, 67, 68, 78-80
SFC（解決志向コーチング）24, 219, 226, 244, 279, 297

SFCBC（解決志向認知行動コーチング）24
SMART　182, 200
TEARS HOPE　297, 299
TST（成長繁栄と生存理論）50, 58-69
VIA　11, 118, 119, 121, 122, 125, 128, 129, 132, 135, 136, 170, 171, 186, 222, 229, 259, 276, 279, 284, 287, 309, 325
VIA（the Values in Action）サーベイ　118, 119, 122, 125, 129, 132, 170, 171, 186, 284
VIPモデル　276
WARモデル　40

■あ
愛着　59, 83
アウトカム　59, 69, 77, 82, 193, 199, 203, 247
アクセプタンス　14, 20, 81, 82, 84, 91, 139, 140, 141, 149, 150, 151, 154, 158, 219, 223, 229, 277, 279
アクセプタンス＆コミットメント・コーチング（ACC）219, 229
アクセプタンス＆コミットメント・セラピー（ACT）141, 149-156, 313
アクセプタンス＆コミットメント・トレーニング（ACT）139-142, 145, 146, 148, 156
アプリ　87, 88, 124, 177, 245, 251, 258, 279
アプリシエイティブ・インクワイアリー（AI）124, 177, 245
安全性　60
今この瞬間との接触　139, 146, 150-152
意味　19, 28, 30, 35, 42, 49-52, 54-56, 59, 61, 62, 80, 99, 108, 109, 121, 122, 125, 142, 144, 147, 149, 150, 152, 156, 159, 164-168, 171, 172, 175-178, 182, 185-188, 194, 196, 217, 220, 223, 229-231, 246, 248, 257, 259, 273, 276, 280, 287, 296, 308
意味のある生活　52
因果志向性理論　79
インクルーシブ・リーダーシップ　245
ウェルネスコーチング　28, 30, 199
ウェルビーイング　193
ウェルビーイング　3-5, 7, 8, 10, 12-15, 19, 24, 26-38, 41, 42, 49, 50, 51, 52, 53, 54, 55, 56, 57, 58, 59, 62-64, 66-70, 120, 122, 128, 155, 156, 166-168, 171-173, 175, 177-185, 188, 193-196, 199, 200, 205, 217-222, 224, 225, 227, 230-233, 235, 243, 245-249, 263, 264, 270, 273, 274, 281, 286, 287, 294, 296, 297, 305, 319 →幸福，主観的ウェルビーイング参照
ウェルビーイングコーチング　30, 41
ウェルビーイングの PERMA理論　50, 51 → PERMA参照

栄養　12, 40, 56, 193, 195, 201, 203, 207, 208, 209, 212, 277

エグゼクティブコーチング　9, 13, 28, 29, 33, 35, 49, 64, 88, 130, 303

エビデンスベースドコーチ　27, 29, 36, 39, 40

エビデンスベースドコーチング（EBC）→EBC参照　24, 27, 28, 30, 31, 34, 35, 37-39, 41, 43, 44

エビデンスベースなコーチング　3, 4, 18, 20, 36, 169, 179

エンゲージメント　13, 28, 29, 51, 52, 54, 88, 121, 122, 164-166, 170-172, 178, 180, 181, 185, 186, 241, 242, 246, 250, 256, 257, 259, 307, 308

応用ポジティブ心理学　7, 8, 10, 25-28, 118, 172, 231, 332

応用ポジティブ心理学センター　118, 172

オーセンティック・ハピネス理論→本当の幸せ論参照　51, 52, 165

■か

解決志向コーチング→SFC参照　24, 219, 226, 244, 279, 297

解決志向認知行動コーチング→SFCBT参照　24

外的　51, 58, 59, 77, 80, 85, 98, 118, 144, 217, 225, 226, 258

概念化された自己　145

会話　18, 75, 77, 80, 84, 85, 88, 89, 101, 110, 157159, 226, 249, 254, 256, 257, 259, 280, 283

可塑性　19, 98-101, 104, 111

過体重　196, 199, 212

固い信念　81, 89

価値　5, 6, 35, 41, 52, 54, 56-59, 61, 63, 69, 70, 75, 77-80, 82, 84, 86-88, 106-109, 123, 139, 140-143, 146, 149, 150, 152-155, 157, 159, 160, 165, 167, 171, 175, 176, 187, 217, 220-224, 228-230, 233, 235, 236, 242, 243, 244, 255-258, 260-264, 271, 273, 276, 277, 282

環境制御力　53-55, 61, 164

関係性　28, 30, 50, 52, 54-57, 59, 60, 64, 65, 70, 75, 79, 80, 82, 86, 93, 144, 150, 164-166, 172-174, 182, 185, 186, 194, 196, 241, 262, 270, 274, 286, 308

関係フレーム理論　140, 144

観察者としての自己　145, 151

感情（情動）　36, 42, 43, 49, -55, 58, 60, 62, 64, 67, 68, 75-77, 82, 87, 90, 91, 100, 101, 103, 110, 125, 143, 144, 148, 149, 150, 151, 153, 155, 156, 164-170, 172, 174, 175, 178, 181, 184-186, 193, 194, 196, 200, 203, 204, 206, 211, 218, 219, 224, 226-228, 233, 234, 243, 245, 246, 249, 250-255, 261, 263, 264, 269, 272, 273, 277, 278, 282, 284-286, 296, 297, 299, 308, 325, 332, 333

感情伝染　250, 252

感情の敏捷性　246, 250, 263, 264

願望　50, 57, 58, 61, 65, 67, 68, 70, 154, 157, 225

気づき　76-78, 82, 84, 86-91, 93, 125, 130, 145, 146, 151, 155, 157, 158, 160, 184, 187, 226, 243, 250, 251, 254, 261, 270, 277

機能的文脈主義　140, 142-144, 156

希望の地図（ホープ・マップ）　126

基本的心理欲求理論　79

キャラクターストレングス　11, 14, 115-118, 120-129, 132, 170, 171, 175, 177, 185, 222, 229, 276, 279, 284, 307

キャラクターストレングス介入法　116, 132

ギャラップリサーチ（Gallup Research Organization）　118

教育現場でのコーチング　182

共通空間　77

共通要素　76

苦悩　76, 156

クライアント　18-20, 26, 27, 29, 35, 36, 38-43, 49, 50, 54, 57, 58, 61, 63-68, 70, 75, 77, 80-88, 92, 93, 100-108, 111, 116, 118, 119, 122, 124-129, 132, 139, 140, 142, 143, 145, 146, 148, 149, 151-157, 159, 160, 163, 164, 169-178, 180-184, 188, 195, 198-201, 203-213, 218, 219, 221, 223-233, 235, 236, 243, 244, 246, 248, 249, 253, 255, 258-262, 269, 272, 274, 276-283, 287, 297, 299

軽減　76, 87, 120, 123, 148, 171, 209, 229, 242, 244, 251, 273, 278, 286

ケーススタディ　コーチング　68-69，マインドフルネス　88-92，神経コーチング　108-110，強みベースのコーチング　129-132，ACT コーチング　156-159，PERMA　183-187，ヘルスコーチング　207-212，レジリエンスコーチング　232-235，ビジョン・アライメント　261-263，発達的コーチング　283-287

健康　5, 10, 11, 14, 19, 29, 30, 50, 53, 56, 57, 60, 62, 65, 68, 69, 76, 78, 81, 102, 120, 129-131, 139, 153, 156, 166, 179, 193-195, 197, 199, 200-207, 212, 221, 231, 247, 249, 250, 253, 261, 270, 271, 277, 278, 282, 319, 332, 333

健康教育　193, 194

健康増進　11, 29, 193, 194

肯定的　67, 83, 102, 186, 206, 217, 245, 286

行動　5, 8, 12, 13, 20, 24, 26, 27, 31, 34, 38, 42, 51, 54, 56, 58-60, 67-70, 75, 77, 78-82, 84-92, 98, 100-108, 110, 111, 118, 120, 126, 127, 131, 139-149, 151-157,

159, 160, 166-168, 170, 172, 175, 180, 184, 185, 187,
193, 195-207, 212, 218, 219, 223, 226-228, 230, 232-
235, 242, 243, 244, 245, 250-252, 254-256, 258-261,
263, 279, 282, 297, 299, 300, 318
行動計画理論 199
行動変容 13, 20, 101, 141, 149, 153, 159, 195, 197,
198, 212
行動変容理論 197
行動療法 98, 100, 140, 141, 228, 232, 318
幸福 9, 11, 14, 17, 23, 36, 49-53, 62, 70, 123, 163-166,
173, 174, 245, 248, 249, 273, 274, 297, 307, 319 →
ウェルビーイング，主観的ウェルビーイング参
照
コーチ 3-15, 17-21, 23-42, 49, 50, 52-58, 60-65, 67-70,
75-93, 97, 98, 100-102, 104-108, 110, 111, 115-119,
121-132, 139-143, 145, 148-151, 153-160, 163, 164,
167, 169-171, 173-185, 187, 188, 193-212, 217-233,
235, 241, 243, 244, 246, 248-253, 255-265, 269-287,
293-297, 299, 300, 303-307, 317-321, 332, 333
コーチング 3, 4, 7-15, 17-20, 23-40, 49, 50, 52-57, 60-
65, 67-70, 75-79, 81-86, 88-93, 97, 98, 100-102, 104-
108, 110, 111, 115-119, 121-132, 139, 140, 142, 143,
145, 148, 149, 153, 155, 163, 173-184, 187, 188, 193-
196, 198-201, 202, 204-208, 210, 217-223, 225-233,
235, 241, 243, 244, 246, 248, 250, 251, 255-265, 269-
287, 293-297, 299, 300, 303-307, 317-321, 332
コーチング介入 26, 31, 36, 220, 285
コーチングサイコロジスト 7, 9, 10, 11, 25, 225, 271,
272, 274, 279, 283-287
コーチング心理学→ CP参照 3, 4, 7, 8, 10-12, 17, 18,
23-28, 30, 33-35, 37-40, 43, 107, 194, 195, 295, 296,
299, 303, 304-306, 317-321, 332
コーチングにおける関係性 173
コーチングプロセス 14, 75, 176, 198, 262
コーピング方略 272, 277, 280
呼吸 84, 87, 91, 92, 105, 151, 235
個人的成長 53, 55, 165
個人内 77, 83, 84, 92, 244
個人内の調和 83, 92
コミット 14, 20, 39, 81, 82, 84, 139, 140, 141, 149,
150, 153, 159, 179, 206, 219, 223, 229, 250, 277, 279
コミットされた行為 139, 150, 153, 159
コミットメント 14, 20, 39, 81, 82, 84, 139-141, 149,
179, 206, 219, 223, 229, 250, 277, 279
困難 13, 43, 50, 60, 70, 81, 83-85, 92, 124, 148, 155,
163, 168, 176, 179, 180, 195, 207, 210, 217, 220,
221, 223-225, 228-231, 242, 253, 277, 282, 283, 285,
296, 297, 299, 320

コンピテンス 38, 55-58, 61, 86, 241

■さ

最高の自己 245, 272, 285
最高の未来の自分 125, 126, 130, 175
最高の未来の自分エクササイズ 125
最適な機能 3, 25, 28-30, 32, 40, 157, 163, 170, 218,
245, 264, 294
才能 66, 67, 88, 109, 117, 118, 242, 255, 279
雑音 78
自我 59, 128, 219, 278
視覚的手がかり 87-91
シグネチャーストレングス 119, 122, 123, 129, 132,
171, 222, 273
シグネチャーストレングス介入法 123
思考 41, 54, 76-78, 81, 82, 84, 87, 90-92, 100, 103-105,
109, 110, 122, 131, 139, 141-151, 153-155, 157, 159,
168, 170, 194, 205, 218, 226, 227, 228, 229, 230,
231, 233, 234, 244, 250, 251, 252, 254, 256, 262, 272
自己 9, 19, 29, 39, 40, 50-64, 66, 67, 69, 75, 77-85, 88,
102, 105, 117, 120, 123, 125, 144-147, 150-152, 155,
164, 166-168, 175, 177, 178, 195, 199, 204, 211, 222,
224, 225, 228, 229, 233, 234, 242-245, 250, 251, 254-
257, 259, 261, 262, 264, 265, 270-274, 276, 277, 279-
282, 284-286, 293
自己会話 84, 88
自己決定理論→ SDT参照 19, 39, 50, 55-58, 61, 67,
68, 78-80
自己効力感 51, 54, 61, 63, 120, 168, 199, 225, 244,
279, 280
自己実現への志向性 167
自己受容 40, 53, 54, 55, 61, 63, 120, 164
自己制御 61, 63, 64, 75, 77, 81, 82, 84, 85, 120, 204
自己統合 80
自己評価 55, 61, 62, 63
自己理解 83
仕事の要求度―資源モデル 221
実行意図 200-202, 209
視点 12, 42, 69, 78, 82, 86, 89, 90, 139, 141, 143, 145,
151, 158, 169, 173, 180, 184, 230, 242, 256, 263,
271, 272, 278, 280
視点取得 151
自動的 87, 103, 104, 150, 206, 230
自律的な動機 39, 78, 79, 82, 93
シナプス可塑性 99, 104
社会的絆 62
社会的再適応評価尺度 273
社会文化的状況 79

社会的認知理論 199
習慣 12, 20, 83, 84, 98, 100-105, 107-111, 120, 126, 131, 132, 193, 195-197, 199, 200, 202, 203, 206, 209, 295
執着 76, 81
集中 23, 36, 56, 57, 63, 64, 75, 76, 82, 85, 86, 87, 92, 100, 104, 105, 108, 110, 121, 151, 202, 203, 223, 226, 231, 233, 234, 246, 251
柔軟性 59, 81, 84, 85, 87, 91, 120, 139-141, 144-146, 149, 151, 153, 155, 157, 159, 168, 230, 231, 278
自由に選択された目標 78
主観的ウェルビーイング 50, 164, 165, 200, 247 →幸福，ウェルビーイング参照
受容 40, 53, 54, 55, 61, 63, 67, 99, 120, 150, 164, 220, 297
生涯発達理論 270
焦点化 62
職場コーチング 13, 296
自律性 5, 53-57, 79, 80, 86, 93, 164, 242
進化心理学 58, 59
神経科学 4, 5, 10, 11, 14, 19, 97, 98, 101-107, 110, 111, 219, 296
神経可塑性 19, 98, 99-101, 111
神経コーチング 106
人生における目的 53-55
人生の転換期 29, 270-274, 276, 277, 282, 283, 287
身体活動 60, 156, 193, 195-197, 203, 206-209, 212
信念 41, 62, 63, 65-67, 77, 78, 81, 84, 89, 90, 147, 219, 220, 223, 224, 227, 228, 229, 243
信頼関係 82, 125, 201
心理教育 19, 98, 101-103, 107, 153, 235
心理対比 201, 202, 209
心理的ウェルビーイング 5, 39, 50, 53-55, 164, 165, 200, 222 →ウェルビーイング参照
心理的苦痛 146, 147
心理的リソース（心理的資源） 217, 221, 225 → リソース（資源）参照
心理的資本 38, 218, 221, 225
心理的柔軟性 84, 85, 139, 140, 149, 153, 155, 159, 230
心理的障壁 204, 225, 227
心理的マネジメント 228, 233
心理的レジリエンス 219, 220 →レジリエンスも参照
スキル 38, 40, 51, 56, 61-67, 69, 70, 82, 84-86, 91, 109, 110, 117, 127, 139, 140, 146, 151-154, 165, 166, 169, 170, 172-174, 176, 180, 182, 205, 225, 226, 241, 254, 270, 278, 283, 294
ストレス 5, 6, 8, 24, 41, 42, 43, 78, 81, 87, 102, 105,

120, 139, 140, 155, 163, 169, 171, 175, 179, 183, 184, 187, 208, 217, 218, 220-222, 227-229, 231-234, 246, 252, 254, 272, 273, 281, 286, 320
ストレングスファインダー 222, 259, 279
ストレングスプロファイル 172
スノードーム 78
スマートテキスト 206
生活向上スキル 65
生成的な対話 75
生存 50, 55, 59, 60, 63, 64, 68, 69, 168, 196
成長繁栄 49, 50, 51, 59, 60, 64, 68, 69
セイバリング 203, 206
積極的で建設的な反応（Active Constructive Responding：ACR） 174
セルフ・コンパッション 63, 66, 156, 211, 212, 299, 254
総合的ウェルビーイングダッシュボード 248, 249
相互間 77
双頭アプローチ 227
ソクラテス式質問 153, 204, 205
外側 75

■た

体験の回避 144, 145, 147, 148, 158, 159
他者理解 83
達成 14, 19, 23, 24, 28, 29, 35-40, 42, 43, 49-52, 54, 55, 58, 59, 62, 64-66, 69, 70, 79, 86, 107, 108, 117, 122, 123, 126, 127, 130, 131, 139, 142, 143, 153, 155, 156, 164-166, 168, 170, 171, 175-179, 181, 182, 184-186, 188, 194, 199-202, 207, 211, 221, 224-227, 229-231, 233, 235, 241, 243-245, 254-256, 260, 280, 286, 294, 295, 308, 320
脱フュージョン 139, 144-146, 150, 151, 159
楽しい人生 51, 52, 165
チームリーダーシップ・コーチング 244
注意 29, 34, 52, 56-58, 60, 68, 69, 75, 76, 78, 82, 85, 87, 88, 92, 100, 105, 121, 122, 127, 128, 140, 141, 147, 148, 151, 155, 174, 180, 235, 246, 251, 254, 256, 261, 277, 283, 294, 297, 299
注意集中 82, 87, 246
挑戦 6, 57, 59, 61, 106, 110, 148, 154, 155, 158, 164, 170, 179, 222, 224, 231, 242, 270-272
調和 6, 52, 83, 84, 92, 124, 153, 170, 176, 255, 256, 258, 260, 286
つながり 55, 57, 62, 64, 65, 67, 69, 83, 84, 118, 165, 174, 175, 178, 254, 277, 280, 307
強み 8, 9, 10, 11, 19, 30, 31, 35, 36, 41, 51, 69, 78, 86, 115-132, 166, 169-172, 175, 177, 178, 181, 184-187,

217, 219, 221, 222, 223, 224, 226, 229, 232, 235, 236, 241-246, 255-264, 270, 273, 277, 279, 282-284, 286, 287, 308, 320

強みに焦点を当てた質問　116

強みベースのコーチング　115, 128, 219, 223, 229

手がかり　87, 88, 90, 91

適応性のある自己制御　81

転換期　4, 15, 20, 29, 88, 182, 269, 270-287

転換期トライアングル　280, 281

転換期の心理学　272

転換期の連続性　274, 275, 276

動機づけ面接　153, 199-201

道具　82, 87

総合的認知行動コーチング（ICBC）モデル　297, 298

洞察　82, 83, 90, 91, 97, 101, 105, 107, 176, 219, 233, 269, 271, 272, 276, 277, 279, 280, 281, 283-285, 293, 308

動的側面　77, 85

トランスセオレティカルモデル（変容のステージモデル）　198, 199, 207, 208

トレーニング　4, 10, 12, 14, 30, 31, 32, 33, 38, 39, 40, 84, 85, 87, 90, 108, 110, 131, 139, 140, 153, 203, 207, 220, 230, 295, 297, 303, 306, 320, 332

■な

内的　59, 62, 63, 70, 80, 83, 85, 91, 98, 141-150, 152, 159, 170, 172, 217, 226, 258

内的動機づけ　83

内面　75, 77, 78, 92, 105, 225

認知行動コーチング（CBC）→CBC参照　24, 90, 92, 219, 226, 227, 279, 297, 298, 318

認知行動療法（CBT）→CBT参照　98, 100, 141, 232, 318

認知再構成　90

認知的フュージョン　144, 145, 147

ネガティブ感情　50, 51, 53, 60, 68, 164, 167, 168, 181, 206, 249, 250, 254, 308

ネガティブ行動　51

脳ベースのコーチング　97

脳領域　99, 100, 104

■は

発達的コーチング　41, 269, 272-279, 282, 283

発達的転換期　15, 269, 270, 276, 279, 281, 282, 287

パフォーマンス　3, 5, 8, 9, 10, 13, 24, 26, 27, 29, 35, 41-43, 49, 58, 66, 67, 68, 92, 109, 110, 118, 120, 130, 156, 171, 172, 179, 186, 218, 222, 223, 242, 243, 245, 247, 248, 263, 279, 294-296, 319

パフォーマンス・ストレングス　171, 222, 223, 279

繁栄（flourishing）　5, 6, 9, 14, 19, 28, 29, 37, 40, 41, 49, 50, 51, 55, 59, 60, 63, 64, 68, 69, 116, 163, 164, 167, 168, 173, 178-180, 182, 196, 205, 230, 245, 250, 307, 308

反射的　87, 90

ビジョン・アライメント　255, 260, 261, 263

肥満　196, 197, 199, 212

不安　38, 41, 42, 43, 57, 69, 80, 87, 108, 109, 147, 148, 149, 155, 156, 163, 168, 180, 181, 208, 209, 211, 225, 228, 234, 252, 273

フロー　51, 170, 172, 178, 185, 218, 221, 222, 225

文脈としての自己　145, 150, 151

ヘドニア（ヘドニック）　165, 167, 297

ヘルスコーチング　20, 30, 41, 194, 195, 198, 201

ポジティブ　3-12, 14, 15, 17-20, 23-39, 49-56, 61-63, 68-70, 75, 76, 79, 82, 98, 101-108, 116, 118, 119, 121-126, 128, 139, 163-169, 170-188, 193-196, 199, 200, 201, 202, 203, 205, 206, 211, 217-220, 222, 224, 226, 231, 232, 241-257, 259, 261, 263-265, 269, 270, 272-274, 276, 277, 279-287, 293-300, 303-308, 317-321, 332

ポジティブエイジング　273

ポジティブ感情　36, 50, 51, 52, 53, 54, 62, 68, 125, 164-169, 172, 174, 178, 181, 184-186, 193, 194, 206, 243, 245, 249, 250, 269, 273, 285, 286, 308

ポジティブ感情の拡張－形成理論　168, 285, 330

ポジティブ行動　51

ポジティブコーチング　12, 32, 33, 35, 98, 199, 200, 318

ポジティブ心理学→PP参照　3-5, 7-12, 14, 15, 17-20, 23-27, 29-40, 42, 43, 49, 70, 101, 115, 116, 118, 119, 121-124, 139, 163, 164, 167, 170-179, 182, 183, 188, 193, 194, 196, 200, 205, 217, 218, 222, 231, 232, 241, 243-247, 257, 264, 265, 269, 270, 272-274, 276, 279, 281, 283, 286, 287, 293-297, 299, 300, 303-307, 317-321, 332

ポジティブ心理学介入・PPI（PPIs）参照　26-28, 30, 31, 33, 35, 41, 43, 119, 122-124, 164, 167, 179, 182, 200, 246, 265, 272, 279, 286, 295, 325, 330

ポジティブ心理学介入法　119, 122, 123, 124, 164

ポジティブ心理学コーチ　19, 20, 26, 27, 36, 38, 43

ポジティブ心理学コーチング→PPC参照　3, 4, 6, 14, 15, 17-20, 23, 25, 27, 31-36, 41, 43, 49, 115, 121, 139, 163, 164, 167, 170, 171, 176, 177, 179-181, 193, 194, 196, 205, 241, 243, 244-246, 250, 255, 257, 261, 264, 265, 276, 293, 295, 296, 297, 299, 300, 307, 320, 321

ポジティブ心理教育 98, 101, 102, 103, 107
ポジティブ組織研究 30, 32, 245
ポジティブ組織行動 245
ポジティブな対人関係 53, 54
ポジティブヘルス 194
ポジティブリーダーシップ 3, 4, 20, 30, 32, 246, 255, 256, 263, 264
没頭した人生 51, 52
本当の幸せ論→オーセンティック・ハピネス理論参照 51, 52, 165

■ま

マインドフルネス 3, 4, 11, 12, 14, 18, 19, 24, 26, 38, 63, 69, 75-90, 92, 105, 141, 150, 151, 152, 154, 200, 203, 204, 230, 253, 254, 277, 279, 299, 300, 320
マインドフルネス・アクセプタンス・コミットメント 81
マインドレスネス 83
マクロ理論 79
マネジメントスタイル 87, 89
ミニ理論 79
瞑想 76, 83, 84, 87, 90, 91, 151, 203, 204, 211, 212
メンタルタフネス 10, 20, 30, 36, 38, 81, 166, 169, 179, 180, 218, 221, 224, 233, 235
メンタルヘルス(精神的健康) 5, 24, 41-43, 98, 120, 128, 173, 179, 180, 252, 294
目標 24, 28, 29, 31, 34-36, 38-43, 49, 50, 53, 58, 59, 61-69, 77-89, 91, 101, 102, 104, 105, 107, 108, 116, 122-127, 130, 131, 139, 143, 146, 148, 150, 151, 153-156, 165, 166, 169-172, 175-180, 182, 184, 186, 188, 194, 195, 199-205, 209, 210, 217, 218, 221-236, 243, 244, 247, 255, 260, 265, 277, 280, 283, 285, 286, 295, 305, 320
目標指向型 82, 85
目標設定 31, 153, 169, 172, 175-177, 182, 200, 201, 277
目標達成 24, 28, 36, 39, 41, 42, 79, 107, 108, 123, 126, 131, 171, 176, 177, 178, 179, 194, 201, 225, 226, 229, 243, 244, 255, 280, 286, 295, 320
目標達成努力とメンタルヘルス(目標達成努力とメンタルヘルスのモデル) 41, 42
目標の明確化 77, 126

■や

ユーダイモニア(ユーダイモニック) 52, 165, 167, 175, 297
有能感 56, 57, 79, 80, 86, 93, 167
欲求 19, 50-70, 79, 80, 83, 85, 86, 93, 110, 167, 222, 233, 234
欲求階層 55

■ら

ライフコーチング 28, 29, 34, 53
ライフスタイル行動 193, 201, 204, 206, 212
ライフラインマップ 279
リーダー 3-6, 8-12, 15, 20, 28, 30, 32, 68, 87, 108, 109, 129, 139, 154-159, 172, 180, 185, 203, 241-247, 250-258, 261, 263-265, 284, 294, 295, 320, 332
リーダーシップ 3, 4, 6, 8, 9, 10, 11, 12, 15, 20, 28, 30, 32, 87, 108, 129, 139, 154, 156, 172, 180, 185, 241-246, 250, 251, 254-258, 261, 263-265, 284, 294, 320, 332
リーダーシップコーチング 28, 30, 243, 244, 264, 265, 294
リーダーシップストレングスコーチング 264
リーダーシップチームコーチング 258, 264, 265
リーダーシップのためのポジティブ心理学コーチング(PPCL)→PPCL参照 244-246, 250, 255, 261, 331
リソース(資源) 51, 59, 60, 62, 63, 70, 83, 118, 122, 168, 172, 217, 218, 220, 221, 225, 226, 244, 247, 254, 270, 272, 273, 276, 278, 280, 284, 286, 287, 303, 328
ルール支配行動 144, 146, 147, 148, 151, 152
レジリエンス 4, 8, 9, 12, 13, 15, 19, 20, 24, 36, 37, 38, 40, 42, 51, 87, 103, 109, 156, 169, 179, 180, 181, 182, 193, 217-225, 230-236, 244, 245, 250, 251, 263, 320, 332
レジリエンスコーチング 4, 38, 218, 225, 232
レベル 31, 36, 39, 41, 43, 57, 80, 83, 84, 86, 90, 99, 104, 106, 110, 120, 130, 131, 140, 163, 164, 169, 179, 180, 187, 193, 196, 197, 207, 212, 221, 222, 231, 242, 244, 249, 256, 257, 263, 294, 295

■わ

ワーク・エンゲージメント 250

【監訳者】

西垣悦代（にしがき　えつよ）

関西医科大学医学部　教授
博士（学術）
財団法人生涯学習開発財団認定コーチ
日本コーチ協会認定メディカルコーチ
Certificate in Coaching　（Centre for Coaching, UK 認定）
エグゼクティブ・レジリエンス・トレーニング・インストラクター（School of Positive Psychology 認定）
認定心理士
日本人生哲学感情心理学会認定 REBT 心理士
主著：『発達・社会からみる人間関係』（編著，北大路書房，2009）
　　　『コーチング心理学概論』（編著，ナカニシヤ出版，2015）
翻訳：『リーダーシップの統合理論』（9章「女性とリーダーシップ」北大路書房
　　　1999）
　　　『ポジティブ精神医学』（2章「ポジティブな心理的特性」金剛出版 2018）

担当：監訳，推薦のことば，はしがき，編著者と著者紹介，序章，1章，9章，12章，
　　　付録

【翻訳者】（50音順）

吾郷智子（あごう　ともこ）
　　一般社団法人日本ポジティブ教育協会　理事
　　MAPP（Master of Applied Positive Psychology 応用ポジティブ心理学修士）
　　Certificate of Management; Human Resource Management　（New York University）
担当：5章，7章

石川利江（いしかわ　りえ）
　　桜美林大学大学院　教授
　　博士（人間科学）
　　公認心理師・指導健康心理士・臨床心理士
担当：2章

影山徹哉（かげやま　てつや）
　　京都造形芸術大学　客員教授
　　博士（医学）
　　Brain-Based Coaching Certificate（NeuroLeadership Institute）
担当：4章

河野梨香（かわの　りか）
　　桜美林大学非常勤講師
　　Ph.D. in Kinesiology（博士（身体学））
　　認定心理士
担当：3章

木内敬太（きうち けいた）
　　人間総合科学大学　助教
　　修士（心理学），博士（医学）
　　公認心理師，キャリアコンサルタント，臨床心理士
　　日本人生哲学感情心理学会認定REBT心理士
担当：編著者と著者紹介，6章

松田チャップマン与理子（まつだ　ちゃっぷまん よりこ）
　　桜美林大学健康福祉学群　准教授
　　博士（学術）
　　公認心理師，指導健康心理士，専門社会調査士
担当：10章，11章

森谷　満（もりや　みつる）
　　北海道医療大学　予防医療科学センター　教授
　　北海道医療大学病院　内科　心療内科
　　医学博士
　　医師
　　コーチクエスト認定プロフェッショナル・ウェルネス・コーチ
　　一般財団法人生涯学習開発財団認定プロフェッショナル・コーチ
担当：8章

ポジティブ心理学コーチングの実践

2019 年 11 月 10 日　印刷
2019 年 11 月 20 日　発行

編　者　スージー・グリーン＆ステファン・パーマー

監訳者　西垣　悦代

発行者　立石　正信

印刷・製本　太平印刷社

装丁　本間公俊

株式会社　金剛出版

〒 112-0005　東京都文京区水道 1-5-16
　　　　　　　電話 03（3815）6661（代）
　　　　　　　FAX03（3818）6848

ISBN978-4-7724-1724-2　C3011　　　　　　　Printed in Japan ©2019

JCOPY 〈（社）出版者著作権管理機構 委託出版物〉
本書の無断複製は著作権法上での例外を除き禁じられています。複製される場合は，そのつど事前に，出版者
著作権管理機構（電話03-5244-5088，FAX 03-5244-5089，e-mail: info@jcopy.or.jp）の許諾を得てください。

ポジティブ精神医学

ディリップ・V・ジェステ　バートン・W・パルマー［著］
大野裕　三村將［監訳］
日本ポジティブサイコロジー医学会［監修］

●A5判　●上製　●396頁　●本体 8,000円+税

すべてのセラピーに応用可能なポジティブ介入で
ウェルビーイングの理解と促進を目指す